O CAMINHAR DA IGREJA COM OS OPRIMIDOS

Leonardo Boff

O CAMINHAR DA IGREJA COM OS OPRIMIDOS

Do Vale de Lágrimas rumo à Terra Prometida

2ª Edição

Petrópolis
1998

© Leonardo Boff
Nihil Obstat
São Paulo, 21 de abril de 1988
Pe. Benedito Beni dos Santos
Censor ad hoc
Direitos de publicação Editora vozes Ltda.
Rua Frei Luís, 100
25689-900 Petrópolis, RJ
Internet: http://www. vozes. com.br
Brasil

Imprimatur
São Paulo, 22 de abril de 1988
Paulo Evaristo – Cardeal Arns
Arcebispo de São Paulo

Todos os direitos reservados. Nenhuma parte desta obra poderá ser reproduzida ou transmitida por qualquer forma e/ou quaisquer meios (eletrônico, ou mecânico, incluindo fotocópia e gravação) ou arquivada em qualquer sistema ou banco de dados sem permissão escrita da Editora.

FICHA TÉCNICA DA VOZES
PRESIDENTE
Gilberto M.S. Piscitelli, OFM

DIRETOR EDITORIAL
Avelino Grassi

EDITOR
Vitório Mazzuco, OFM

EDITOR INDUSTRIAL
José Luiz Castro

EDITOR DE ARTE
Omar Santos

EDITORAÇÃO
Revisão gráfica: Revitec SC
Diagramação: Roseni Marques *da Silva*
Supervisão gráfica: Valderes e Monique Rodrigues
ISBN 85.326.2063-9

Este livro foi composto e impresso pela Editora Vozes Ltda.

ESCLARECIMENTO

Editora Vozes piblica esta edição do livro *O Caminhar da Igreja com os Oprimidos*, que fora lançado pela Editora Codecri, do Rio de Janeiro. Surgiu a pedido de muitos intelectuais, entusiasmados pela atuação da Igreja do lado dos pobres contra o sistema social que continuamente reproduz os mecanismos geradores de exploração e miséria. Muitos me diziam: gostamos da Prática libertária da Igreja, mas gostaríamos de ver as razões que sustentam tal prática. Donde haurem forças para ir às periferias, sofrer maledicências, prisões de muitos, torturas e mortes de alguns? Estas perguntas sempre de novo são formuladas. É o que explica esta nova edição ampliada.

Tiramos alguns capítulos, cujo conteúdo já se tornara desatualizado. Acrescentamos outros. Há um *cantus firmus* que atravessa toda a obra: a perspectiva libertária do cristianismo. Sem ela, a mensagem cristã, propalada num contexto geral de opressão, perde relevância e significação histórica. Na América Latina, o Cristianismo ou é libertário, popular, comprometido com a causa dos oprimidos, ou continua sendo uma peça de reforço e reprodução do sistema de dominação sob o qual padecemos há 500 anos. Não aceitamos esta segunda possibilidade. Vemos com alegria que mais e mais a pujança do Cristianismo se renova em contato com os desafios e contradições de nossa realidade histórica.

Dedicamos o livro aos irmãos e irmãs negros. Da senzala foram jogados à favela. Agora do vale de lágrimas caminham rumo à Terra Prometida. Queremos ser companheiros de caminhada.

SUMÁRIO

Lamento de Cativeiro e de Libertação, 11
A Utopia Brasil, 13
Abreviaturas e Siglas, 21

PRIMEIRA PARTE: A FIGURA DE JOÃO PAULO II NO CONFLITO DAS INTERPRETAÇÕES

Carta aberta ao Papa, 25
A figura do Papa na história do Brasil, 33
Chaves para entender o Papa João Paulo II, 41
A herança de João Paulo II no Brasil, 50

SEGUNDA PARTE: O CAMINHAR DA IGREJA COM OS OPRIMIDOS

Para se entender o debate dentro da Igreja, 57
O caminhar latino-americano da Igreja, 63
O caminhar da Igreja no Brasil nos últimos 30 anos, 69
Uma igreja sob o signo da libertação: que libertação?, 79
Ganhos e avanços de Puebla: a consolidação de um Cristianismo libertário, 84

TERCEIRA PARTE: O CRISTIANISMO E A LIBERTAÇÃO DOS OPRIMIDOS

Religião: freio ou acelerador da libertação?, 103
Fé e política: tudo é político, mas o político não é tudo, 107
A comunidade cristã e a política concreta, 112
A função tribunícia da Igreja: a voz dos que não têm voz, 117
Do centro para a margem: o testemunho de um profeta, 121

QUARTA PARTE: A IGREJA NAS CLASSES SUBALTERNAS: UM NOVO PACTO

Igreja nas bases: o povo que se liberta, 127
Pelos pobres contra a pobreza, 133
Direitos humanos: direitos dos pobres, 141
A dimensão política da luta pelos direitos humanos, 145
Religiosidade popular: o seu bom uso político, 149
Dom Helder Câmara: místico, poeta, profeta e pastor, 153
Um cardeal teólogo, amigo dos teólogos e defensor da liberdade de pensamento, 158
O bispo da teimosia e da liberdade: um símbolo real, 162
Arcebispo Romero: é daqueles que não morrem, 166

QUINTA PARTE: TEOLOGIA E COMPROMISSO POLÍTICO

Teologia: a construção religiosa da realidade, 173
Teologia para pagãos ou para cristãos?, 177
Duas versões: do fiel e do teólogo, 181
Tendências teológicas na atualidade, 185
Toda teologia é comprometida: a teologia latino-americana, 193
Libertação: uma expressão política da fé bíblica, 197

SEXTA PARTE: CONFRONTOS: A LUTA CONTRA O MEDO DENTRO DA IGREJA

Quem tem medo da opção preferencial pelos pobres?, 215
Quem tem medo da "Igreja Popular"?, 219
Quem tem medo da Teologia da Libertação?, 223
Qual é a tensão real que existe na Igreja?, 227
Quem detém a hegemonia dentro da Igreja?, 232
O antievangelho de alguns cristãos, 236

SÉTIMA PARTE: MÍSTICA E POLÍTICA

A Santíssima Trindade é o nosso programa de libertação, 243
Teologia da Libertação: o grito articulado do oprimido, 261
Marxismo na teologia: a fé precisa de eficácia, 277
Mística e política: contemplativo na libertação, 289

O socialismo como desafio teológico, 301

A mensagem libertadora da Bíblia para as opressões de nosso tempo, 321

A nostalgia do mistério: Einstein desafia o homem secular, 339

OITAVA PARTE: CONCLUSÃO: MORRER PARA VIVER MAIS E MELHOR

A libertação de todas as opressões: a ressurreição na morte, 347

Do quinto Evangelho: proclamação de Jesus aos oprimidos, 353

GLOSSÁRIO, 366

1888-1988: CENTENÁRIO DA LEI ÁUREA

LAMENTO DE CATIVEIRO E DE LIBERTAÇÃO

Meu irmão branco, minha irmã branca,
meu povo:
Que te fiz eu e em que te contristei?
Responde-me!

Eu te mostrei o que significa ser templo de Deus. E, por isso, como sentir Deus no corpo e celebrá-lo no ritmo, na ginga e na dança. E tu reprimiste minhas religiões afro-brasileiras. E fizeste da macumba caso de polícia.

Eu te inspirei a música carregada de banzo e o ritmo contagiante. Eu te ensinei como usar o bumbo, a cuíca e o atabaque. Fui eu que te dei o samba e o rock. E tu tomaste do que era meu, fizeste nome e renome, acumulaste dinheiro com tuas composições e nada me devolveste.

Meu irmão branco, minha irmã branca,
meu povo:
Que te fiz eu e em que te contristei?
Responde-me!

Eu desci os morros, te mostrei um mundo de sonhos, de uma fraternidade sem barreiras. Eu criei mil fantasias multicores e te preparei a maior festa do mundo: dancei o carnaval para ti. E tu alegraste e me aplaudiste de pé. Mas logo, logo, me esqueceste, me deixaste na favela, na realidade nua e crua da fome, do desemprego e da opressão.

Eu te dei em herança o prato do dia-a-dia, o feijão e o arroz. Dos restos que recebia fiz a feijoada, o vatapá, o efó e o acarajé, a cozinha típica do Brasil. E tu me deixaste passar fome. E permites que minhas crianças morram antes do tempo ou que seus cérebros sejam irremediavelmente afetados, imbecilizando-as para sempre.

Meu irmão branco, minha irmã branca,
meu povo:
Que te fiz eu e em que te contristei?
Responde-me!

Eu fui arrancado violentamente de minha pátria africana. Eu conheci o navio-fantasma dos negreiros. Eu fui feito coisa, peça, escravo. Eu fui a mãe-preta para teus filhos. Eu cultivei os campos, plantei o fumo e a cana. Eu fiz todos os trabalhos. E tu me chamas de preguiçoso, me prendes por vadiagem. Por causa da cor da minha pele me discriminas e me tratas ainda como escravo.

Eu soube resistir, consegui fugir e fundar quilombos: sociedades fraternas, sem escravos, de homens e mulheres livres. Eu transmiti, apesar do açoite em minhas costas, a cordialidade e a doçura à alma brasileira. E tu me caçaste como bicho, arrasaste meus quilombos e ainda hoje impedes que a abolição dos escravos seja para sempre verdade verdadeira.

Meu irmão branco, minha irmã branca,
meu povo:
Que te fiz eu e em que te contristei?
Responde-me!

A UTOPIA BRASIL

Nós brasileiros surgimos de um empreendimento colonial que não tinha nenhum propósito de fundar um povo. Queria tão-somente gerar lucros empresariais exportáveis, com pródigo desgaste de gentes.

Neste processo perverso de desfazimento se destacam, desde a primeira hora, ao lado dos duros colonizadores com suas cruas cobiças, uns homens mais humanos, buscando criar aqui uma humanidade melhor. Fracassaram todos, é certo, em seus verdes, às vezes torpes, esforços de destruir e reconstruir o humano, inspirados no ardor religioso. Generosos erros deles que, ao menos, dignificaram suas vidas. Doloridas dores nossas que sofremos na carne o seu fervor.

Não se pode dizer, talvez, de povo algum que, como nós, tenha sido feito – ainda que tão mal feito – à luz da inspiração de refazer o humano, como utopia. Nascemos desta aspiração suspirada. Nela vivemos e morremos todo dia, os mais de nós, sem jamais sermos o que quiséramos.

Foramos, se a sorte sobejasse, o que buscava o Infante, queimando-se pelo amor de Deus com seu cinto de cilício e urdindo sua heresia pentecostal. *Houve um Tempo do Pai de que reza o Velho Testamento. Depois, um Tempo do Filho de que o Novo Testamento é a crônica. Agora, é chegada a Hora do Espírito Santo, em que os homens edificarão o Paraíso neste mundo.*

Os navegantes que primeiro aportaram às praiais tropicais americanas com as naus de velas latinas, armadas de astrolábios, bússolas e lemes que o Infante lhes dera, cuidaram que chegavam ao Éden. Os europeus que primeiro põem os pés em terra brasileira se perguntam também, surpresos, se não seria gente do Paraíso aquela indiada louçã na beleza inocente de sua nudez emplumada. Os índios, ouvindo a soleníssima missa primeira, na fala latina do padre engalanado, campainhas tinindo, galinhas inaugurais cacarejando, se perguntavam, certamente, se não seria o povo de Maíra que chegava para melhorar mais seu belo mundo já tão gozoso de se viver.

Inocentes marinheiros. Índios inocentes. Não podiam supor que presenciavam a montagem da mó do engenho que mais gente consumiu e corrompeu neste mundo, por amor da pecúnia.

Desde então se desencadeia, atropelada, a porfia do real e da quimera. São golfadas de esperança vívida. São hecatombes de sofrimento atroz. No chão sólido do mundo, a comunidade indígena solidária do comunismo primevo, chamada à utopia da cristandade, se desfaz no cativeiro da civilização. *Cento e sessenta aldeias incendiadas. Passado tudo a fio de espada*, cantaria depois, em versos mil, o tolo santo, na louvação ao braço secular sujigador do gentio – *De Gestis Mendi Saa*.

No chão espiritual, a utopia outra vez é sonhada. Calvino funda o Rio de Janeiro do primeiro dia para ser a Cidade de Deus, sem jaça nem graça. Generosos e desatinados, tão cheios de amor como de fúria, seus doze apóstolos genebrinos nem vêem ali os Tamoios atentos que, pronto, seriam desfeitos. Só vêem e só crêem é nos 1.000 huguenotes que na verde terra ensolarada edificariam a utopia protestante. Logo desavindos se engalfinham, enforcando-se uns aos outros, por boas razões de doutrina e se afundando na pestilência e no pecado. Estala aí, então, a suja guerra santa de *Mairs* contra *Perós*, da Reforma e da Contra-reforma que se guerreia com os corpos dos índios confederados. Dez mil morrem para não caírem em tentação.

No balanço final das contas, a seara de Calvino só deu frutos podres de dor e de morte. Mas dela surgiram, inspirados, os textos utópicos que por séculos acalentam os homens: Tomás Morus, Erasmo de Roterdam, Campanella, Rousseau invertem o entendimento humano. Desalojam a utopia do Paraíso Perdido do passado e a projetam, mirífica, no futuro. O Éden não foi, nem se perdeu, porque não é dádiva divina. É tarefa de homens que se farão a si mesmos, no porvir, quando proibirem o passado de gerar o futuro com suas marcas.

Utopia mais veraz e persistente, concreta utopia, também enganosa e sofrida, foi a de Loyola, o possesso. Atado a todo atraso só quer reter o passado parado. Restaurar, contra o tempo, a verdade que não fora. Em sua fé abrasada, erra no discurso e erra no mundo. Generosos erros, *mea-culpa*, erros de quem corre o risco de procurar acertar. No seu ímpeto sai ele, mundo afora, que nem deus e o diabo, a refazer os mundos. Veda, enquanto pode, com suas parcas mãos, as águas fluentes dos mundos coloniais que seriam. Fracassa afinal.

Nóbrega, seu obreiro principal, tecnojesuíta sábio e terrível, planeja a colonização do Brasil, pedindo ao século a domesticação do gentio selvagem para que ele, depois, o refizesse pio e candoroso. Para a glória de Deus. Para lucros d'El Rei. É ele quem faz a cabeça da rapaziada inocente: Anchieta chega aqui com 19 anos; Figueira, o grande língua, aos 18; Chico Pinto, o pajé Amanaiara, tinha 16; Leonardo do Vale – também dono da fala – só 15. Engabelados na utopia de Deus nem suspeitam, temerários, das dificuldades da empresa ambiciosa de refazer o humano. Afundam todos no feio ofício de amansadores de índios para a morte ou o cativeiro. Depois, se dando conta, lamentarão por todos os seus anos de velhice envilecida: *com um anzol os converto, com dois eu desconverto*, porque não convertemos ninguém. E choram: *Jamais se cuidou que tanta gente, em tão pouco tempo, se gastara*. E se gastou.

Mas a utopia incitadora prossegue feroz por ínvios caminhos. No Paraguai de Montoya – hoje brasis – milagrosamente floresce a primeira República Comunista e Seráfica. Só floresce, porém, para ser destruída – flor que se corta pelo talo – nas mãos possessas dos mamelucos paulistas. Triste sina destes castigadores do gentio materno. Refeita outra vez, até as alturas de esplendor máximo da cristandade, a República Comunista e Cristã é abandonada à sua feia sorte. Mais fiéis ao Rei do que aos seus catecúmenos, os loyos se vão, deixando descabeçado o povo que desvirilizaram. Mais escravos para as fornalhas da civilização.

Na Amazônia, Vieira – afoito Isaías com a boca queimada da palavra de Deus – sobe rios impossíveis, devassa selvas impensáveis. Quer nada mais, nada menos, que reunir o gentio inteiro da floresta virgem para fundar ali o socialismo antes de Stalin, no meio do cerco colonial. Também fracassa. De tudo fica o cabloco destribalizado, perdido para si e para a indianidade; cativo. Sem passado recuperável, ele só presta para o futuro que há de construir, amanhã, na próxima cabanagem.

Destas concretas utopias brasileiras fica algo mais. Fica a lição mais incitadora que a Igreja jamais ouviu: a conclamação por uma Igreja dos Humildes que ouse tanto quanto os profetas utópicos, mas que ouse com mais sabedoria. Esta incitação é que vibrou no ar, por séculos, como um desafio, esperando o Papa João.

A Igreja colonial dos sucessores daqueles rudes santos homens foi a Igreja da ortodoxia, do luxo, do ritual. Sem ilusões utópicas, nem inspirações pentecostais, se contentou em ser, se tanto, a consoladora dos aflitos; a grande resignadora dos pobres com a pobreza; a Igreja conivente com o mundo de César.

Em lugar de se fazer a voz de um projeto alternativo, foi tão-só a sacralizadora da colonização escravista que regeu nosso processo de gestação. O resultado dele, visto hoje, é um povo de 120 milhões, falando uma língua sem dialetos; um povo mestiçado no corpo e na alma com todas as raças e qualidades de homens; mas um povo despedaçado por antagonismos sociais insondáveis. À unidade nacional e cultural, admiráveis, se contrapõe aqui uma dilaceração classista tão funda como a das castas que separa e opõe os pobres aos ricos, como nem o racismo, nem a intolerância dividiram jamais a povo algum. Existindo juntos a elite e os párias, vivem apartados por um *modus vivendi* que mal deixa se verem uns aos outros. É como se vivessem em universos distintos. E assim é porque um é o mundo ostentatório, bem nutrido, elegante das minorias ricas. Corteses. Educadas. Bonitas. O outro é o contramundo multitudinário da feiúra e da rudeza dos pobres. Famélicos. Banguelas. Maltrapilhos. Enfermos. Ignorantes. Fedorentos.

Ao longo dos anos, os ricos puseram nos pobres a culpa do atraso e da pobreza. Seriam as raças demasiadamente misturadas. Seria o clima tropical, insofrível. Seria a religião católica alentadora da moleza. Seria a descendência lusitana tacanha. Seria, sobretudo, a vadiagem, a preguiça, a luxúria inatas dos mestiços. Hoje ninguém crê na verdade destas explicações justificatórias. Tornou-se, afinal, evidente para todos que os culpados de tanta fome e tanta dor somos nós mesmos, os privilegiados, os instruídos, os brancos, os refinados, os malignos.

A causa real de nosso atraso é, por um lado, a estreiteza de um projeto econômico classista muito lucrativo para os ricos, mas incapaz de gerar a prosperidade generalizável que o próprio capitalismo alcançou em tantas partes; é, por outro lado, a astúcia de uma classe dominante retrógrada que não só consome o povo na espoliação mais vil, como o impede pela repressão de estruturar-se politicamente para comandar o seu destino.

O assombroso é que, ao fim de cinco séculos, o mesmo projeto que nos fez para sermos a pobre humanidade que somos continua vigente. Atuante. Agora em bases mais cruéis. Ontem, faminto de mão-de-obra, desgastou 5 milhões de índios no cativeiro. Insaciável, importou mais 6 milhões de negros africanos, para queimar na escravidão. Hoje, o povo acrescido, excedendo às necessidades de mão-de-obra do sistema, passou a ser o fantasma de seus mais negros temores. Sessenta milhões de brasileiros marginalizados só aspiram a um emprego estável de salário mínimo, e nem isso alcançam. Queixam-se. Lamentam-se. Não se revoltarão amanhã? *Nada escapará à fúria do povo alçado*, profetizam os que estão contentes com o Brasil tal quel ele é. A solução oficial, pesquisada, propugnada e, afinal, adotada, é reduzir os brasileiros à justa proporção: otimizar a população; não podendo vender e nem mesmo dar a vastíssima tonelagem humana excedente das suas necessidades empresariais, eles optaram pela contenção demogenética. Por enquanto, montam vastos programas governamentais de distribuição gratuita e persuasória de pílulas e de aparelhinhos assassinos. Amanhã será a esterilização em massa de todas as mulheres pobres.

Tudo isso para que durma tranqüila a velha classe dominante, ontem colonial, depois consular, hoje gerencial das multinacionais, carente de continuar luxando e enriquecendo. Nos trilhos em que ela nos pôs e nos mantém, seremos, no terceiro milênio, outra vez, um povo de segunda: feio, atrasado e faminto, porque proibido de realizar suas potencialidades.

Onde está a Igreja nestes negros tempos de um novo genocídio? Onde a Igreja da ousadia do pensamento utópico?

Para onde foi o Príncipe que primeiro viu que o mundo era redondo e anteviu o Paraíso Terrenal do Espírito Santo?

Onde se queda o púber Rei que se joga e perece com toda a juventude portuguesa na batalha insensata, tão-só para nos dar a certeza de que este mundo é um encantado a desencantar: *o sertão vai virar mar*.

Onde o fervor dos calvinistas cariocas?

Onde o zelo utópico socialista dos Jesuítas heróicos, errando no furor de acertar.

Enganosas utopias de nossos desencontrados ancestrais ideológicos, em nome das quais fomos gestados. Vencidas todas, o que aqui floresceu jamais foi a utopia dos seus desvarios, foi o projeto colonial-escravista-latifundiário exportador que estruturou o Brasil de ontem e de hoje como um proletariado externo. Um povo inteiro que não existe para si, mas para ser gastado plantando o que não come, edificando a casa sempre alheia.

Conclamo aqui, agora, a todos os nossos profetas utópicos. Que venha D. Henrique e El Rei D. Sebastião. Que venham juntos Calvino e Loyola, Nóbrega e Vieira. Que venham também Tomás Morus, Erasmo, Campanella, Rousseau e Marx. Que venham Calabar, Tiradentes, Angelin e Antônio Conselheiro. Venham todos, entregar ao Santo Padre este livro de Leonardo, o novo.

Venham logo, porque urge pedir ao Papa João Paulo II que nos olhe com o claro olhar solidário de Leonardo para nos ver tal qual somos; mas também tal qual quiséramos ser: o sofrido povo das grandes utopias incumpridas da Igreja, ainda cheio de esperanças. O povão que, amanhã, olhará, perplexo e encantado, Sua Santidade, pedindo o milagre: encarne, Papa João Paulo, reencarne com coragem e com fidelidade inteira, a mensagem do Para João. Acabe de romper a servidão da Igreja aos ricos para, de vez, se colocar ao lado dos oprimidos. Tanto vão esforço utópico, vertido por tantos séculos aqui, sofridamente, precisa ser retomado. Agora para vencer!

Vamos, Papa João Paulo, lave os olhos do Cardeal Wojtyla para ver que o Brasil não é Cracóvia nem Roma. Venha a nós, Pastor das Gentes, para, juntos, com o coração incendido da fé dos nossos falidos profetas utópicos, edificar, aqui e agora, o paraíso henricano. Singelo Paraíso em que todos comam todo dia; morem decentemente; estudem o primário completo; sejam socorridos e tratados nas dores maiores; tenham um emprego permanente, por humilde que seja; e não morram ao desamparo na velhice. Além destas grandes conquistas primaciais que hoje não estão nem visíveis no horizonte de esperanças mais longínquas da maioria dos brasileiros, temos outras aspirações.

Quiséramos poder pensar, falar e escrever sem sermos premiados nem punidos por nossas idéias. Também quiséramos, como todo povo civilizado, viver em liberdade, debaixo do império da lei, governado por autoridades eleitas, sem ameaças de golpes e de violências repressivas.

Aspiramos, por igual, que cada brasileiro possa viver sua vida e buscar sua felicidade sem medo da polícia nem dos bandidos.

Ouça, Santo Padre, o clamor do povo que o aclama. Bendiga esta católica cristandade neolatina de ultramar, vestida de carnes morenas de negros e de índios. Veja, com os olhos de Leonardo, que é o Povo de Deus e só pode a utopia: o singelo paraíso terrenal do Espírito Santo.

Rio de Janeiro, julho de 1980, por ocasião da visita do Papa ao Brasil

Darcy Ribeiro

ABREVIATURAS E SIGLAS

1. Siglas bíblicas

At –   Atos dos Apóstolos; livro do Novo Testamento.

Cl –   Colossenses: carta de S. Paulo aos habitantes da cidade de Colossos.

1 e 2Cor –   Coríntios: primeira e segunda cartas de São Paulo aos habitantes de Corinto, na Grécia.

Dt –   Deuteronômio: livro do Antigo Testamento.

Eclo –   Eclesiástico: livro do Antigo Testamento.

Ex –   Êxodo: livro do Antigo Testamento.

Gn –   Gênesis: primeiro livro do Antigo Testamento.

Hb –   Hebreus; carta de S. Paulo.

Is –   Isaías: profeta do Antigo Testamento.

Jo –   João: quarto evangelho do Novo Testamento.

Jt –   Judite: livro do Antigo Testamento.

Lc –   Lucas: terceiro evangelho do Novo Testamento.

Mc –   Marcos: segundo evangelho do Novo Testamento.

Mt –   Mateus: primeiro evangelho do Novo Testamento.

NT –   Novo Testamento: conjunto de 27 textos sobre Jesus e os Apóstolos que se distinguem do Antigo Testamento que perfaz 46 livros relatando a história e a revelação de Deus aos judeus.

2Pd –   Pedro: segunda carta de S. Pedro, do Novo Testamento.

Rm –   Romanos: carta de S. Paulo aos romanos.

Tg –   Tiago: carta do apóstolo S. Tiago.

2. Outras siglas

ACO – Ação Operária Católica: organismo de Igreja para a pastoral operária.

AL – América Latina.

AP – Ação Popular: partido cristão de esquerda, reunindo especialmente leigos católicos comprometidos com a libertação das classes populares, fundado em 1962 e desmantelado pela repressão do regime de 1964.

CEB – Comunidade Eclesial de Base: grupo de cristãos que se reúnem para ouvir a Palavra de Deus e agirem juntos na promoção humana.

CELAM – Conselho Episcopal Latino-Americano fundado em 1955 no Rio de Janeiro para animar a atividade conjunta dos bispos latino-americanos.

CNBB – Conferência Nacional dos Bispos do Brasil criada em 1952.

JEC – Juventude Estudantil Católica: movimento de pastoral católica.

JIC – Juventude Independente Católica.

JOC – Juventude Operária Católica; pastoral católica para jovens operários.

JUC – Juventude Universitária Católica: pastoral para universitários.

MEB – Movimento de Educação de Base: organização católica para educação de adultos.

REB – Revista Eclesiástica Brasileira: principal revista do clero brasileiro, trimestral e fundada em 1941.

TL – Teologia da libertação, surgida na América Latina por volta de 1962-64, interessada em mostrar a força libertadora do Cristianismo.

PRIMEIRA PARTE

A FIGURA DE JOÃO PAULO II NO CONFLITO DAS INTERPRETAÇÕES

CARTA ABERTA AO PAPA

João Paulo II: vem, ajuda-nos!

Como o povo não pode ir a Roma para ver o Papa, então o Papa vem ao povo. Deixa-se ver e quer ver. Quando João Paulo II pisar solo pátrio, quase a absoluta maioria dos brasileiros não verá nele o chefe de Estado do Vaticano. Verá o Pai de nossa fé apostólica, o sucessor de Pedro, daquele a quem o Senhor, um dia, trocou o nome de Simão para Pedro-pedra e lhe confiara o mandato: "Uma vez convertido, confirma teus irmãos na fé" (cf. Lc 22,32). Neste momento, para alguns, se tornarão concretas as perguntas que Jesus, noutro tempo, formulara a Pedro e que hoje nós atualizamos: "João Paulo II, sucessor de João e de Paulo, amas-me mais do que estes?" (E Jesus tornou três vezes à mesma pergunta). E João Paulo II, entre constrangido e perplexo, certamente responderá como outrora Pedro: "Senhor, tu sabes tudo, sabes também que te amo" (cf. Jo 21,15-17). E ouvir-se-á novamente a mesma delegação: "Apascenta meus cordeiros, apascenta minhas ovelhas" (Jo 21,15-17). Por causa deste amor evangélico e em razão de seu ministério de pastor, ele vem nos visitar. É sob estes títulos que será acolhido e ovacionado por todos os brasileiros.

1. Três compreensões

Por estar tão próximo e por ser o irmão maior dos que crêem, podemos confiantes gritar e esperar ser ouvidos: João Paulo II, vem, ajuda-nos.

Sentir-nos-íamos verdadeiramente confirmados[*] se o Papa *compreendesse* três realidades importantes e seríamos de fato ajudados se reforçasse três tendências.

a) A iniqüidade do sistema social

Em primeiro lugar, importa compreender a iniqüidade do sistema social no qual vivem e sofrem milhões de brasileiros. O Brasil é um país grande, mas não é feito para todos. Cerca de 75% vivem em regime de marginalidade relativa. A pirâmide maldita da estratificação social nos mostra que existem 1% de muito ricos, 4% de ricos, 15% de remediados, 30% de meio pobres e 50% de pobres. Nos últimos 15 anos, o fosso que separa ricos e pobres aumentou em cerca de 15,7%. Os números revelam uma tragédia social de fome, de doença, de desemprego, de desestruturação familiar e de encurtamento da vida sob um imenso silêncio a que estão submetidos os oprimidos.

A atual forma de convivência não tem mais nada a oferecer ao povo a não ser o achatamento crescente de seus salários, a insegurança no trabalho e a permanente violação de seus direitos. Para assegurar a ordem na desordem, o Governo criou uma nova mensagem social: o medo e a repressão em nome da segurança nacional. O povo inteiro é temido e reprimido para desmantelar sua resistência e esvaziar o seu protesto. Há milhares de mártires anônimos que, nos últimos 20 anos, foram massacrados em defesa da dignidade mínima da pessoa e da nação.

A abertura política na direção de uma democracia representativa não se transformou em abertura social; por isso, não concerne diretamente às classes populares. A causa principal, embora não exclusiva, desta iniqüidade social reside no sistema capitalista dependente, associado e

---

[*] Os termos assinalados com asteriscos encontram-se, entre outros, no glossário ao final da obra. Veja também lista de abreviaturas e siglas.

excludente. Desde os primórdios de nossa nacionalidade vivemos na dependência de sucessivos centros hegemônicos que controlam nosso destino e fazem com que nossa voz seja quase sempre eco da voz dos outros.

João Paulo II precisa compreender o grito abafado dos milhões de brasileiros que sobe ao céu suplicando justiça e libertação. Não poderá cair no engodo da linguagem oficialista que em vão pretende mostrar que os benefícios de nosso desenvolvimento atingem parcelas crescentes do povo brasileiro que a revolução de 1964 possui um compromisso irretratável com a promoção do bem-estar de todos. O Papa poderá ajudar no desocultamento destas falsificações; sentido ético e profético não lhe faltam.

b) A Igreja do lado do povo oprimido

No transfundo das contradições sociais deverá o Papa compreender o compromisso libertador de nossas Igrejas cristãs. Não se há de negar que a Igreja foi companheira no projeto colonizador e, até certo ponto, cúmplice com a dominação; mas hoje mostra-se solidária com os processos de libertação do povo. Começou dando-se conta dos excessos insuportáveis do sistema capitalista; em seguida passou a descobrir a iniqüidade do próprio sistema, cuja dinâmica é acumuladora e, por isso, excludente e geradora de estruturas injustas; por fim, se comprometeu efetivamente com o povo, que um de nossos melhores historiadores (Capistrano de Abreu) descreveu como "capado e recapado, sangrado e ressangrado" pelo sistema de dominação. Soube articular adequadamente sua missão evangelizadora com a libertação social.O Evangelho e a própria fé a induziram a falar, como o próprio João Paulo II pedia em Puebla (1979), "a linguagem da dor, da experiência e da espernaça", da libertação, dos direitos humanos, da urgência da participação social e política do povo, da necessidade de sua organização e da dignidade de suas lutas. O Centro Indigenista Missionário (CIMI), a Comissão Pastoral da Terra (CPT), a Comissão Justiça e

Paz e outros órgãos ligados à Conferência dos Bispos corporificam a presença oficial da Igreja junto ao processo conscientizador e libertador do povo. A Igreja mais e mais está convencida de que seu destino evangélico está inarredavelmente associado ao destino social e político das classes subalternas. Se estas não acederem a um nível razoável de participação e de comunhão social, a mesma Igreja entende que fracassou em sua tarefa evangelizadora.

Esperamos que o Papa compreenda a caminhada da Igreja junto do povo e tenha palavras de ânimo. Toda possível crítica por parte do Papa deve ser muito cuidadosa porque esta Igreja constitui parcela importante da esperança do povo. E este não pode ser novamente defraudado.

c) O povo oprimido constrói a Igreja libertadora

Nosso povo é oprimido e crente. Começou a organizar-se em sua fé dando origem às Comunidades Eclesiais de Base[*]; está assumindo mais e mais seu próprio destino histórico, entrando num processo de libertação a partir dos movimentos populares, que impõem limites à estratégia de dominação das classes hegemônicas. João Paulo II precisa compreender esta efervescência nas bases da sociedade e da Igreja como a irrupção de um novo sujeito histórico, portador da esperança de um mundo e de uma Igreja renovados. Não precisa temer a expressão "Igreja que nasce do povo pelo Espírito de Deus". Ela quer expressar a passagem do Espírito no meio dos pobres que se reúnem para ouvir a Palavra de Deus e, à luz dela, comprometer-se na transformação da sociedade. É mais do que ser uma Igreja *para* os pobres e *com* os pobres; trata-se de uma Igreja *de* pobres. Este tipo de Igreja não é inimigo da Igreja que recebemos da grande Tradição. Ela não se opõe à assim chamada Igreja institucional. Ela se opõe sim àqueles segmentos de Igreja ligados à dominação das classes populares, por isso insensíveis à justiça social e às mdanças necessárias. Nesta Igreja dos pobres estão cardeais, arcebispos, bispos, sacerdotes, religiosos e a imensa multidão dos leigos; todos buscam a libertação inspirados e iluminados pelo Evangelho e pela pessoa de Jesus que, quando passou entre nós, fez uma ineludível opção preferencial pelos pobres e injustiçados.

É importante que o Papa compreenda a novidade das Comunidades Eclesiais de Base onde o povo oprimido e crente expressa a sua fé e busca a sua humanização; por elas trafega a encarnação do Evangelho dentro da cultura popular.

2. Três tendências

Pela própria organização do poder sagrado dentro da Igreja, a pessoa do Papa possui a hegemonia na condução da comunidade cristã-católica. Suas permissões significam caminhos que se abrem ou se legitimam. Daí a importância de seu aval. Discernimos três tendências para as quais importa garantir pelo menos sua tolerância.

a) A Igreja se converte para a mudança

A Igreja não é apenas uma milenar instituição com sua doutrina, seus hierarcas, seus cânones e tradições; é também acontecimento que aflora todas as vezes que pessoas ouvem a mensagem do Evangelho, se encontram e se dispõem a juntas seguir Jesus Cristo. Pode ser debaixo de uma árvore, como nas comunidades de base da Amazônia, ou num barracão, como no centro do Brasil. Aí acontece a verdadeira Igreja do Cristo ressuscitado e de seu Espírito. Cumpre evitar o paralelismo de um e outro tipo de Igreja, mas buscar a mútua frutificação. O novo pode renovar profundamente o velho. Surge então um novo estilo de ser bispo, verdadeiro animador no meio de sua comunidade; uma nova forma de viver o sacerdócio inserido no meio do povo e compartindo de suas buscas e lutas; uma nova maneira de ser religioso que une a paixão por Deus com a apaixão pela justiça social; um novo jeito de ser leigo, não passivo e mero freguês, mas participante e assumindo os mais distintos ministérios (funções) dentro da comunidade. O destino da Igreja não pode mais ser entregue a um corpo de peritos – os clérigos. Condição de sua subsistência como realidade histórico-social significativa é permitir o acesso do leigo ao centro do poder eclesial. Uma Igreja verdadeiramente evangélica não tem uma cosmovisão a defender e uma cidade a habitar; ela testemunha a libertação de Cristo no interior de todos os sistemas e professa a sua fé em todas as cidades dos homens; ela significa uma potência de serviço a tudo que é ensaio humano em busca de uma maior identidade. Por isso, ela precisa superar a rígida divisão eclesiástica do trabalho[*] e aceitar a ativação de todas as forças produtivas da fé e sem medo acolher novas relações religiosas. A mulher não será marginalizada como na atual estruturação eclesiástica; casados poderão assumir funções presbiterais como na Igreja primitiva; a política comporá o lugar privilegiado do testemunho cristão. Então ver-se-á que no baú do Evangelho não haverá apenas coisas velhas, mas, surpreendentemente, muitas coisas novas.

b) Assunção dos valores da cultura popular

A encarnação da Igreja nas classes subalternas permitiu que ela descobrisse a originalidade e o valor da cultura popular e do catolicismo do povo, outrora olhado com suspeição e tolerado a contragosto. Há nestas manifestações enorme densidade evangélica. Foi na religião que o povo hauriu forças para agüentar os séculos de dominação e elaborar espaços de liberdade. As mais significativas construções de nossa nacionalidade são resultado da criatividade popular: a nossa grandeza territorial, a homogeneidade cultural, a tolerância racial e religiosa. Ao congregar-se em Igreja, o povo tem direito a permanecer povo com todos os seus valores. Seu material simbólico deve constituir a matéria da oração litúrgica; sua criatividade ritual deve ter cidadania assegurada no interior da oração oficial da Igreja. É importante ajudar o Papa a compreender que o pluralismo não se opõe à unidade, mas à ideologia falsa da homogeneização e do legalismo. O pluralismo é expressão da catolicidade e a catolicidade expressa a unidade do desígnio salvador de Deus a quem a Igreja serve e a partir donde elabora e entende sua própria unidade eclesial.

Assumir a cultura popular implica também assumir criticamente (no popular há sempre alguns elementos antipopulares) as formas de associação que o povo desenvolveu historicamente (por exemplo, o mutirão), sua maneira de relacionar-se com a natureza e com os demais homens, seus caminhos de solução dos conflitos existenciais e sociais. Só assim a Igreja na base pode elaborar sua identidade e transfigurar as relações sociais.

c) Coragem para um novo sincretismo com a cultura afro-brasileira

No Brasil existem atualmente cerca de 40 milhões de negros e mulatos que constituem os mais pobres dos pobres. Sobre nosso país pesa uma grave hipoteca moral com referência a todos estes; foram todos escravizados e, uma vez libertos, foram mantidos numa nova forma de escravidão que é a condição de subproletários. Numa sociedade em que ninguém trabalhava, somente eles, foram ainda difamados como indolentes e preguiçosos; e este preconceito perdura até hoje. A Igreja nunca organizou uma catequese sistemática para os negros como fizera para os indígenas. A catequese foi entregue ao próprio senhor de escravos. Podemos imaginar a catequese que o lobo faz às ovelhas. Atente-se ainda ao fato de que, por volta da Independência do Brasil (1822), mais da metade da população era constituída de escravos (sobre dois milhões ao todo, mais de um milhão eram escravos).

Submetidos aos senhores de escravos católicos, tiveram que aceitar o catolicismo. A longa convivência permitiu que a fé cristã lançasse profundas raízes na alma dos negros e mulatos. Mas era sempre a religião do opressor e do raptor de sua liberdade. Por outro lado, persistia sempre a herança de suas religiões africanas, religião de sua verdadeira alma e dos antepassados. Estas duas heranças se amalgamaram e constituem hoje o catolicismo afro-brasileiro e os cultos afro-brasileiros com o ingrediente da herança indígena.

Estas formas religiosas perfazem o espaço de resistência à dominação e o lugar da elaboração de um sentido de vida e de liberdade negado, sistematicamente, pela sociedade outrora escravocrata e hoje capitalista. Elas possuem, por isso, uma dignidade teológica que se impõe por si mesma. Aí Deus os encontrou e eles encontraram Deus como último consolo num mundo sem consolo e futuro. O futuro religioso do Brasil passa pela capacidade de sintetização entre a experiência cristã e a experiência destas formas religiosas que revelam enorme criatividade. O catolicismo europeu e oficial é fruto do sincretismo (conceito analiticamente positivo) da experiência religiosa antiga dos gregos, romanos e bárbaros com a tradição judeu-cristã. A América Latina e o Brasil jamais poderão ser a reprodução dos quadros católicos da Europa porque o nosso catolicismo foi sempre colonial, ao passo que o catolicismo europeu foi sempre independente e hegemônico. Abre-se a chance histórico-salvífica de um ensaio original para a fé cristã ao sincretizar-se com a experiência profundamente religiosa feita nas camadas populares do Brasil, especialmente entre os negros e mulatos. Faz-se mister captar adequadamente este desafio e armar-se de coragem para um novo e surpreendente ensaio de encarnação da fé cristã. Seja-nos permitido esperar que Cristo fale nossas línguas, se revista de nossa cor, seja celebrado nas nossas danças e louvado em nosso corpo, realidades com as quais os negros e mulatos enriqueceram nossa nação brasileira.

João Paulo II, que fala em nome do Deus que tudo compreende e que permite todo o bem, irá – estamos certos – também compreender e confirmar o fundado de nossa esperança. Quanto a nós, cabe manter sempre desperta a inteligência na leitura dos sinais dos tempos. Não queremos merecer a censura do Senhor: "Hipócritas, sabeis julgar os fenômenos da terra e do céu; então como não sabeis julgar o momento presente?" (Lc 12,56). Preferimos aceitar o desafio à coragem: "Por que não julgais por vós mesmos o que é justo?" (Lc 12,57).

A FIGURA DO PAPA NA HISTÓRIA DO BRASIL

A importância da figura do Papa para o catolicismo brasileiro não possui mais de um século de vigência. Até então, o contato com o Papa era indireto e controlado pelo regime do padroado régio. Por esta instituição, o Papa transferia ao Chefe de Estado (imperador ou rei) toda a organização, expansão, manutenção da Igreja, de tal sorte que as dioceses, paróquias e missões eram peças criadas, providas e mantidas pelo Governo. A origem do padroado data de 1456, quando Afonso V de Portugal recebeu do Papa Calisto III semelhante poder, que passou depois aos imperadores brasileiros. Com isso se descartava a influência direta do Papa e de Roma sobre a Igreja do Brasil; existia até o beneplácito régio que, precedente ou conseqüente, vetava ou controlava a publicação e execução de atos pontifícios dentro do império. A criação da Propaganda Fide[*] em 1622, que visava furar este férreo controle estatal sobre a Igreja com o envio de missionários diretamente de Roma aos distintos países do mundo, não teve resultados duradouros no Brasil.

1. A presença indireta do Papa

Com a transferência da corte de D. João VI de Lisboa para o Rio, fugindo das tropas de Napoleão Bonaparte, veio, pouco depois, também o Núncio Apostólico D. Lourenço Caleppi (1808-1816). Ele e os demais internúncios sentiam-se mais representantes de uma instituição, a Cúria Romana, e embaixadores de uma organização política, os Estados Pontifícios, do que verdadeiros pastores preocupados com o destino da fé no Brasil. As várias tentativas de fazer valer a autoridade de Roma frente ao estatuto do padroado foram prontamente rejeitadas tanto pelo imperador quanto pelos próprios bispos. Quando em 1813 Caleppi quer intervir no Seminário de S. José do Rio de Janeiro, proibindo um manual de teologia que defendia o regalismo (padroado) e outras doutrinas reprovadas por Roma, recebe do bispo local, D. José Caetano da Silva Coutinho, contundente resposta: "Os decretos proibitivos dos tribunais de Roma não são todos decisões dogmáticas sem discussão nem réplica", reafirmando o direito régio de controle sobre publicação e vigência de tais ordens e o direito inalienável do bispo; e não obedece.

Após a independência do Brasil (1822), o Imperador D. Pedro I enviava em 1824, como plenipotenciário junto ao Vaticano, o conselheiro de Estado Mons. Francisco Correia Vidigal para garantir os privilégios do padroado, além de conseguir a nomeação de novos bispados e a dispensa de sujeição de religiosos brasileiros a superiores portugueses. Dentro do país se delineavam duas correntes: uma, liderada pelo regente padre Diogo Antônio Feijó e integrada por boa parte do clero paulistano, postulando a constituição de uma Igreja nacional, governada pelo Concílio Nacional e com um clero desligado da disciplina do celibato; a outra, capitaneada pelo arcebispo da Bahia, D. Romualdo Antônio de Seixas, propunha uma profunda reforma dos costumes do clero, mais estreita ligação a Roma e autonomia do poder espiritual face ao sistema do padroado. Esta foi a que definitivamente acabou triunfando. Sob o longo pontificado de Pio IX (1846-1878) – também chamado de "Papa da América Latina", por ter trabalhado como secretário do Vigário Apostólico no Chile (1822) e assim ter tido contato com a realidade latino-americana – lançaram-se as bases para aquilo que se chamou "a romanização da Igreja do Brasil" (R. Azzi, Pedro Ribeiro de Oliveira), que iria liquidar o secular regime do padroado. Tratava-se de revitalizar a Igreja mediante profunda reforma moral e disciplinar do clero em grande decadência. A estratégia pontifícia foi iniciar *ab ovo*[*] com a formação de um tipo diferente de clero, do qual sairiam bispos novos.

A chave era introduzir uma prática eclesial diferente com uma teologia adequada: criar seminários onde os formadores seriam importados da Europa e reforçar mais e mais a ligação direta ao Papa, às suas reformas antiliberais, antimaçônicas e antimodernas e com o cultivo da devoção ao Papa.

2. O processo de romanização

Primeiramente criou-se, em 1858, o Colégio Pio Latino-Americano em Roma, onde os seminaristas eram introduzidos nesta teologia (ideologia), e daí sairiam os principais bispos da América Latina e do Brasil. Em seguida se instauraram os novos seminários; os capuchinhos vieram para São Paulo (1853) e, posteriormente, em levas sucessivas, os lazaristas para os seminários de Mariana, Rio de Janeiro, Fortaleza e Diamantina, enquanto os jesuítas europeus regressavam ao Rio Grande do Sul, Santa Catarina, São Paulo e Pernambuco. As novas congregações aqui chegadas, os novos padres formados nos seminários reformulados, desmantelam pouco a pouco, mas de forma sistemática, o cristianismo colonial. Este se assentava na participação do leigo, nas confrarias que ele controlava (irmandades e ordens-terceiras), nas devoções aos santos, romarias, promessas e procissões com festas dedicadas aos Santos, com um transfundo social e popular nítido; agora o eixo é clerical, sacramental, litúrgico e caracterizado pelas novas devoções (Lurdes, Sagrado Coração, S. José operário etc.). Diz um historiador: "Consolidaram-se os alicerces de um catolicismo conservador e tradicionalista, voltado mais para os problemas internos da Igreja e para o espiritual do que para as questões vitais da sociedade e para o temporal, desenvolvendo-se um tipo de catolicismo avesso às inovações nos diversos níveis da realidade social sob pretexto de defesa da ordem em perigo, com uma estrutura mental de autodefesa, de uma religião apologética e polemista muito diversa de uma visão ecumênica e pluralista" (Oscar de Figueiredo Lustosa). Não se há de esquecer que Pio IX é o autor do *Syllabus* (1864), onde se condenam aquelas realidades que depois no Vaticano II[*] serão aprovadas: a liberdade de religião, de consciência, a democracia etc.

A participação de sete bispos brasileiros (sobre 11) no Concílio Vaticano I, no qual se proclamou o dogma da infalibilidade do Papa (1870), trouxe a consciência da necessidade de cerrar fileiras ao redor do Papa, difamado por todos os lados pelos liberais e maçons e debulhado em seu poder temporal pela perda dos Estados Pontifícios. Os bispos voltaram com o firme propósito de se orientarem de ora em diante não mais pelo imperador, mas pelo Papa. Dom Vital e D. Macedo Costa aplicam as medidas do *Syllabus* às Irmandades de Olinda e de Belém do Pará, expulsando os membros maçons. Como, segundo a instituição do padroado, as bulas condenatórias não se aplicavam ao Brasil, criou-se a questão religiosa (1872-1875), chegando-se à condenação dos dois bispos (1873) porque não aceitavam a ingerência do Estado em questões, segundo eles, exclusivas da Igreja. Por outro lado, incentivava-se em todo o país a devoção ao Papa, "o doce prisioneiro do Vaticano"; a 3 de junho de 1877 fazia-se, pela primeira vez em nossa história, uma romaria a Roma para ver o Papa.

A partir da separação da Igreja do Estado a 7 de janeiro de 1890 com a proclamação da República (1889), completa-se o processo de romanização. Os internúncios assumem a organização da Igreja no Brasil a partr de critérios centralistas da Cúria Romana. Os bispos procuram fazer um Concílio Plenário Brasileiro para concertar a nova posição da Igreja, mas são impedidos por Roma e convencidos a participar do Concílio Plenário Latino-Americano em 1899 em Roma, onde todos os peritos eram canonistas[*] da cúria, sem atender às especificidades da situação do Brasil, bem diversa daquela dos demais países da América Latina. A insistência dos bispos de adaptarem este Concílio à situação brasileira não é acolhida pela cúria romana. Somente em 1939, quando já se havia completado o projeto de romanização, Roma acedeu à vontade coletiva e se realizou o Concílio Plenário Brasileiro. Mesmo assim, este Concílio Plenário, exarado todo em latim, tendo os bispos usado o latim em suas sessões no Rio de Janeiro, cujo texto básico fora feito em Roma por um canonista que jamais estivera no Brasil, Mons. Giuseppe Bruno, significou o auge da homogeneização da Igreja brasileira à mentalidade jurídica, abstrata e impessoal do centro condutor de toda a Igreja – Roma e seus aparelhos. Não admira, pois, que tenha tido pouca incidência na vida eclesial concreta. Prova disto é a reedição em 1950 da Pastoral Coletiva de 1915 que fora o resultado de 15 anos de busca do episcopado no sentido de encontrar respostas concretas a problemas pastorais concretos. Esta pastoral[*] constitui um verdadeiro *vale-mécum*[*] pastoral, catequético e litúrgico, vazado numa linguagem cristalina. Entretanto, o Concílio Plenário produziu um fruto inestimável: a união da consciência episcopal de sempre procurar uma ação conjunta e de caráter nacional. Esta consciência colegial está na base da força que o episcopado brasileiro goza face às instâncias do centro hegemônico em Roma, bem como face às pressões do Estado burguês. Procura-se manter eqüidistância e equilibrada adesão, seja para com a Santa Sé, seja para com os distintos Governos. Depois da Revolução de 1930, a Igreja consegue antecipar-se a Roma e impede uma concordata da Santa Sé com o Estado; tal fato a marginalizaria, permanecendo atada a um e a outro; consegue-o mediante a ampla mobilização de todas as forças religiosas, manifestações de massa (1931), liga eleitoral católica (1932-1933), atuação dos intelectuais católicos (Centro Dom Vital). A Constituição de 1934 garantiu todas as reivindicações católicas; a de 1937 as aboliu juridicamente, mas as manteve de fato. O Episcopado brasileiro sempre teve influente atuação política; não mediante um partido católico, pelo perigo de ele ganhar autonomia face ao poder colegial-episcopal, mas mediante acertadas mobilizações das massas que eram logo desmobilizadas quando se alcançavam os objetivos. A atuação possui um nítido caráter corporativo, em defesa dos interesses da Igreja.

3. A piedade filial para com o supremo Pastor

Ao lado deste aspecto político, a Igreja e os fiéis mantiveram uma profunda piedade filial ao Papa, cuja figura, não raro, é mitizada e alçada à altura do divino; funciona como momento ideológico em favor de uma unidade fortemente centralizada e equilibradora dos anseios de nacionalização. Esta mentalidade não foi afetada quando D. Carlos Duarte da Costa funda uma Igreja dissidente e nacional: a Igreja Católica Brasileira.

Sem embargo, sempre foi forte no seio da Igreja brasileira a vontade de encarnação e de lançar raízes na nossa polícroma cultura, qual cadinho onde se mesclam inúmeras raças. Testemunho desta tendência foi a criação da Conferência Nacional dos Bispos do Brasil (CNBB) em 1953, primeiro organismo no gênero em todo o mundo. Ligada à CNBB está a pastoral de conjunto ao lado da criação dos sete Secretariados Regionais visando dar maior articulação e inserção da Igreja na realidade nacional. Em 1955 criou-se, não sem a influência decisiva dos bispos do Brasil, nomeadamente de D. Helder Câmara, o Conselho Episcopal Latino-Americano (CELAM) – com os mesmos intentos que presidiram a fundação da CNBB, mas agora em nível continental. Estes dois organismos e a experiência que propiciaram aos bispos de um trabalho colegial e conjugado foram de decisiva importância no Concílio Vaticano II (1962-1965). Foi por uma articulação extremamente bem conduzida por D. Helder que, logo na primeira sessão, se mudou a dinâmica das comissões e das sessões plenárias. Foi ele quem conseguiu aproximar os vários episcopados, dando força à atuação das Conferências Nacionais de Bispos para a definição de temas importantes do Concílio, evitando o voluntarismo e individualismo dos bispos. Contribuiu significativamente para que, a exemplo do CELAM, se criassem organismos continentais na África, Estados Unidos, Canadá e Europa, fortificando assim a descentralização do poder.

O Vaticano II significou uma revitalização de todas as forças católicas; inicialmente atingindo o clero, passou aos leigos e, por fim, no mesmo espírito, chegou às bases populares. É após o Vaticano II que a Igreja brasileira encontra seu caminho de penetração no continente dos pobres. Foi no interior da Igreja brasileira que maduraram os grandes temas oficializados por Medellín (1968) e aprofundados por Puebla (1979)[*], como haveremos de ver mais adiante: opção pelo povo, pelos pobres, por sua libertação, pelos direitos humanos, particularmente os direitos dos empobrecidos, pelas Comunidades Eclesiais de Base. Tais temas só puderam ser formulados dentro de uma prática de inserção na realidade conflitiva mediante uma adequada articulação do discurso da fé com o discurso da sociedade.

Semelhante prática pastoral, que está projetando grandes figuras episcopais para além de limites da pátria, como um D. Helder Câmara, D. Paulo Evaristo Arns, D. José Maria Pires, D. Pedro Casaldáliga, D. Tomás Balduíno, D. Moacyr Grechi, D. Adriano Hypolito, e outros, cria, inevitavelmente, tensões com o centro hegemônico do sistema católico (Roma) e seus vários dicastérios[*]. Esta é uma questão do poder sagrado que dificilmente escapa à lógica de todo poder; quando descentralizado, sente-se enfraquecido e daí ameaçado; a reação imediata é a centralização com a depotenciação dos corpos intermediários (conferências nacionais, bispos etc.). No Brasil, notamos a seguinte dialética: na medida em que a Igreja como um todo estreita seus laços com o centro (Roma), reproduz seus modelos pastorais, litúrgicos e disciplinares, se fortifica corporativamente e fortalece sua unidade interna; mas perde o povo, fica abstrata e alienada das principais questões sociais e deixa o campo aberto à proliferação das seitas e dos cultos afro-brasileiros, porque estes respondem concretamente à demanda religiosa do povo. Ou, então, na medida em que a Igreja se insere na realidade, assume a paixão do povo, organiza uma pastoral adequada aos desafios conscientizados, se distancia do centro e então começa a temer a perda de unidade, especialmente quando se dá conta dos conflitos de classe. A tentação é voltar a uma visão mais doutrinária e refugiar-se para dentro de si mesma. Não obstante, mais e mais bispos compreendem que o pluralismo não milita contra a unidade; a verdadeira catolicidade implica concreção e Roma constitui o centro da unidade e da catolicidade teológicas na medida em que favorece o testemunho concreto dentro de cada grande desafio sócio-histórico. A unidade interna da Igreja não pode ser construída a preço do alheamento do meio em que vive nem da vida real que quer dirigir.

CHAVES PARA ENTENDER O PAPA JOÃO PAULO II

Não se trata de emitir um juízo sobre a pessoa de João Paulo II; como todas as pessoas, ela é inefável; o juízo sobre o sentido de uma vida não cabe à história, mas unicamente a Deus. Trata-se, sim, de compreender, na medida do possível, o significado histórico do Papa como função no quadro da situação atual do mundo e da Igreja.

Primeiramente, faz-se mister acertar com a exata embocadura da questão. Não se há de entender a função papal nela mesma, como se ela sozinha fosse suficiente para clarificar a atuação de João Paulo II. Deve-se obviar o reducionismo idealista que na análise da história privilegia os protagonistas individuais, suas intenções e feitos. Eles são, inegavelmente, importantes, mas no transfundo de cada agente histórico atuam forças sociais e eclesiais; estas se impõem, objetivamente, a todos e encontram nos centros de poder condutos significativos; por isso, cumpre dialetizar a análise. No caso do Papa, é necessário atender aos aspectos pessoais, porque se trata de alguém com excepcionais poderes de decisão pessoal, dada a estrutura monárquica da condução da Igreja.

1. A articulação Reino-Mundo-Igreja

Ademais, importa articular três eixos sobre os quais se constrói a correta compreensão da Igreja: o Reino, o mundo e a Igreja. *O Reino* é uma categoria bíblica para expressar a utopia da Igreja e também o fim transcendente e feliz da história; a razão da existência da Igreja reside no Reino. A Igreja não é diretamente o Reino, mas seu sinal e instrumento de implementação do mundo. O *mundo* constitui o espaço dentro do qual vive a Igreja; a Igreja testemunha que o Reino está dentro do mundo e que o mundo, em seu termo, será transfigurado em Reino de Deus após o oneroso processo de construção e de purificação. Este mundo vem pervadido de toda sorte de conflitos e é sempre organizado dentro de um determinado modo de produção a partir do qual se estabelecem as modalidades de relações sociais; a Igreja é penetrada por tudo isto. A *Igreja* é aquela parte do mundo que creu em Jesus Cristo como salvador e na encarnação de Deus (Filho de Deus) e que é a portadora da consciência do Reino, celebra sua presença no mundo e em si mesma e detém a gramática de seu anúncio.

Estes três eixos devem ser sempre articulados numa ordem correta. Primeiro é o *Reino* como a realidade mais abrangente envolvendo mundo e Igreja; depois é o *mundo*, lugar de realização histórica do Reino; por fim é a *Igreja*, como parte do mundo, que se coloca a serviço do Reino para que se antecipe mais plenamente no mundo. Pode ocorrer que a articulação seja mal feita; fica-se com o *Reino* esquecendo o mundo e a Igreja; afloram então os utopismos de quem quer o fim sem querer os meios, os espiritualismos, as várias alienações religiosas que sempre têm como característica *desistorizar* as soluções e permanecer no abstrato. Pode acontecer que se inflacione a categoria *mundo* a ponto de perder a relação necessária com o Reino e a Igreja; disto resulta o secularismo, a profanização, a politização instrumentalizadora da fé e até a simonia (negócios com o sagrado). Pode outro concentrar-se tanto no eixo *Igreja* que descure as outras realidades do mundo e do Reino; impera então o clericalismo, o pietismo, o eclesiocentrismo, o teologismo etc.

A história mostra que a manutenção de uma adequada articulação destes três eixos, respeitando a hierarquia de valores, constitui uma raridade; exige certo distanciamento das forças históricas em presença e forte capacidade analítica. Geralmente as conjunturas históricas impõem este ou aquele acento e os agentes sociais (eclesiais) estão à mercê da dinâmica dominante.

Entender a atuação do Papa é discernir onde ele coloca os acentos e em que ordem articula Reino-Mundo-Igreja. Para emitirmos um juízo mais balanceado e consistente, precisamos ter em conta a conjuntura atual da Igreja e do mundo.

2. Crise no aparelho eclesiástico e no sistema ocidental

De forma muito geral, deve-se reconhecer que a Igreja atual está saindo de um enorme processo de adaptação ao mundo moderno, científico-técnico, numa palavra, burguês; esta transformação, que já estava em curso há mais de um século, foi oficialmente propiciada pelo Vaticano II (1962-1965). Emergiu uma Igreja francamente progressista e, por isso, mais funcional ao mundo em que vivemos sob a hegemonia da classe que controla o capital e os principais aparelhos do Estado. Esta dinâmica que favorece a participação democrática, o espírito crítico e a modernização acelerada, características da modernidade, criou um duplo conflito dentro da Igreja: o primeiro, com o aparelho eclesiástico de estrutura centralizadora, onde a decisão cabe a um pequeno corpo sacerdotal (Papa-bispos-padres). O papado, episcopado e presbiterato são de instituição divina; entretanto, a forma como eles se organizaram é histórica e não possui mais de 1.000 anos. Então este tipo de exercício do poder sagrado (não o poder sagrado em si) mostra grande disfuncionalidade, exigindo uma nova encarnação. Ela está ocorrendo, não tanto por via teórica, mas por via prática; bispos conduzem a diocese de uma maneira nova e mais ligada às formas da Primitiva Igreja onde a participação era menos excludente; sacerdotes exercem um ministério mais inserido no povo etc. Apesar disto, as fricções estruturais se fazem freqüentemente sentir. O segundo conflito se originou com aqueles grupos que querem ser fiéis às opções anteriores ao Vaticano II; são os tradicionalistas que querem cotinuar com a missa em latim, com os símbolos do poder religioso (hábito religioso), com a liturgia de Pio V (1566-1572) etc. Seus "inimigos" (ideológicos) são os progressistas.

A dinâmica renovada da Igreja avançou para além do mundo moderno e penetrou num continente e cultura novos, o mundo dos pobres e das classes subalternas. Os cristãos descobriram aí os níveis da opressão e da violação dos direitos humanos, os anelos de libertação e a elaboração de um projeto alternativo de sociedade. Desta experiência, da qual participam desde cardeais, arcebispos, bispos, clero, religiosos e grande parte dos leigos, começa a irromper uma forma nova de Igreja, que se refaz a partir da fé do povo, mais participante, mais comprometida com as causas da justiça e com a mudança social. Não se trata mais de uma Igreja progressista, mas libertária. A situação nova recoloca o problema da organização da Igreja em bases mais igualitárias e menos elitistas; e aflora destarte outro leque de tensões. O Terceiro Mundo se faz o lugar de uma verdadeira eclesiogênese[*], uma terceira Igreja (a primeira é a concretização romana, a segunda a historificação ortodoxa). Os "inimigos" (ideológicos) dos libertários são os progressistas, porque estes acabam reforçando o sistema que deve ser superado; os tradicionalistas são considerados como persistência anacrônica de algo que não carrega o futuro e por isso não constituem perigo real. Como se situa o Papa João Paulo II dentro de tal efervescência eclesial?

O sistema capitalista ocidental, dentro do qual em grande parte vive a Igreja, passa por uma grave crise de estrutura. Realizou quase todas as suas possibilidades históricas, não consegue oferecer nenhuma utopia às sociedades assimiladas a ele e mal e mal alcança administrar a crise no próprio coração da metrópole. A iniqüidade social que distila não pode ser ocultada por nenhum recurso ideológico; há um sentimento de impotência generalizado e emigrou a esperança de um futuro melhor; tudo piora, o que provoca um grave vazio de sentido histórico. A civilização cristã ocidental, cuja elaboração coube à Europa, vive sem promessas, o que significa os prenúncios da morte. Como salvar esta herança?

O sistema socialista perdeu sua *verve* revolucionária pela cristalização na tecnoburocracia e pela leviatanização* do Estado; deixou de ser para os oprimidos uma alternativa desejável; o socialismo democrático, *desideratum* de todos, deve ser ainda construído.

Neste transfundo social e eclesial intervém o Papa João Paulo II. Tomamos consciência das forças eclesiais e históricas em jogo que atuam sobre João Paulo II; faz-se mister conscientizar também seus condicionamentos pessoais pois também eles entram na síntese dialética de suas intervenções significantes. Entre outros fatores, parecem ressaltar dois: o fato de provir do cristianismo polonês e de um país socialista com ideologia marxista-leninista.

3. Papa polonês de um país socialista

O cristianismo polonês possui um forte componente de heroísmo; constituiu-se e se manteve enfrentando e resistindo a numerosas pressões: contra os ortodoxos ao leste, contra a penetração muçulmana ao sul e contra o protestantismo ao oeste. *Polonia fidelis* é uma expressão recorrente na boca do Papa e expressa toda uma profundidade de lutas e de martírios. João Paulo II criou-se sob dois regimes totalitários e inimigos da religião cristã: o nazismo e o marxismo-leninismo. Face a um regime que considera a religião ópio e alienação, tudo o que for da tradição cristã deve ser defendido, desde a água benta até a eucaristia; qualquer modernização representa ceder ao inimigo e pôr em perigo a identidade ameaçada. Compreende-se que seja um cristianismo conservador e batalheiro. O Papa guardou em sua trajetória o custo da luta pela liberdade de expressão religiosa. O tema sempre volta em seus pronunciamentos: pertence a um dos direitos fundamentais do ser humano expressar-se religiosamente.

Ademais, a Polônia vive sob um regime marxista-leninista dentro do sistema socialista. Há que reconhecer que o socialismo conseguiu resolver os problemas da infra-estrutrura da população: comida, casa, escola, hospital, segurança no trabalho, aposentadoria; não resolveu os problemas das liberdades políticas, de opinião, de religião, de locomoção etc., tão caras à tradição burguesa. Dito mais simplesmente: o socialismo fez a revolucão da fome, mas não fez a revolução da política; o capitalismo fez a revolução da política e até hoje não fez ainda e impede, o mais que pode, a revolução da fome. Para o Papa, que vem de semelhante situação da Polônia, os problemas relevantes são aqueles da política: da liberdade religiosa, política, de expressão, e não, fundamentalmente, os problemas da fome e da marginalização. Eleito Papa e tendo que viver dentro de uma sociedade capitalista (Roma), e não mais socialista, pode não ter transposto totalmente o esquema mental. Daí se deriva um vaivém compreensível em seus discursos sobre os direitos humanos e a forma como aprecia os vários sistemas.

4. O projeto do Papa: consolidar com fidelidade a herança recebida

Neste contexto global e pessoal, qual seria o projeto de fundo do atual Papa? Não é fácil a partir da mole imensa de seus pronunciamentos discernir com nitidez qual seria seu projeto de fundo; primeiramente porque o tempo de seu pontificado é ainda demasiadamente curto; depois porque o gênero literário de suas intervenções aparenta ser extremamente complexo, uma verdadeira alquimia semântica.

Não obstante, reporta um *cantus firmus*[*] que constitui o eixo básico ou a idéia-força de sua concepção. Pode-se resumir no seguinte imperativo: *consolidar com fidelidade a herança* recebida do Vaticano II.

Primeiramente, João Paulo II insiste na *herança* do Vaticano II. Na sua primeira mensagem ao mundo, ainda na Capela Sistina (17.10.79), dizia: "Consideramos obrigação fundamental promover (...) a mais exata execução das normas e orientações do Concílio, favorecendo primeiramente a aquisição duma mentalidade adequada". Como sabemos, em muitos pontos este Concílio inovou, mas, em termos da estrutura da Igreja, apenas renovou, reforçando muito a figura do bispo. Recorrendo ao Vaticano II, consegue fazer frente ao mesmo tempo a dois flancos da Igreja: aos conservadores (tipo Lefebvre), que ficaram aquém do Concílio, cobrando-lhes a aceleração dos passos; aos progressistas, que foram além do Concílio, moderando-lhes os passos. A "herança" abre o primeiro grande capítulo de sua encíclica inaugural *Redemptor Hominis* (4.3.79) e define o rumo de sua atuação. Esta perspectiva faz com que, na articulação Reino-Mundo-Igreja, o papa privilegie o eixo *Igreja*; isso é claro na referida encíclica. A partir da consciência da Igreja, de sua identidade cristã, define as demais relações; por isso a tônica de seus principais pronunciamentos é intra-eclesial e é a partir daí que estabelece as demais relações, mesmo quando fala da exploração do homem pelo homem e critica as violações dos direitos humanos.

Outro tema recorrente em João Paulo II é o da *fidelidade* ligado àquele da herança. Seu primeiro pronunciamento (17.10.79) vem com o título: "Sob o signo da fidelidade". Cobra a fidelidade aos distintos estratos da Igreja e quase sempre a fidelidade possui uma referência eclesial mais que ao Evangelho. Poderíamos multiplicar às centenas os textos concernentes à fidelidade. Baste-nos a consciência do fato e sua importância na identificação do projeto de Igreja: fidelidade ao Vaticano II, fidelidade ao sucessor de Pedro, fidelidade aos bispos, fidelidade às constituições religiosas, enfim, fidelidade à Igreja sem a qual a fidelidade a Cristo e a Deus, segundo o Papa, perde consistência.

O efeito desta estratégia eclesial é a *consolidação* da Igreja como corporação religiosa. O Papa não discute nem aceita discutir a estruturação atual da Igreja; a divisão eclesiástica do trabalho eclesial é fortemente reafirmada: por um lado, está a Igreja discente e, de outro, a docente; não se deve misturar sacerdote com leigo; cada um tem sua tarefa e sua ontologia teológica. Com isso, passa-se por cima do específico da renovação pós-conciliar que revitalizou as forças eclesiais de base que subjazem às estruturações que possuem caráter histórico. Assim se entende a explanação dissimétrica do documento sobre a catequese (1980) e a reafirmação massiva da praxe tradicional na carta aos Bispos sobre o Mistério e o Culto da SS. Eucaristia (1980). O Papa não assume ainda como valor teológico todo o aspecto criativo da liturgia popular, das comunidades que se reúnem sem o sacerdote e celebram sua fé.

O esquema básico de seu pensamento é dedutivo: parte da fé e daí enfrentra os desafios de nosso tempo. Mais que falar de mundo com seus conflitos, prefere falar de homem, numa perspectiva ontológica, na qual se borram as diferenças entre o rico e o pobre, o injustiçado e o opressor. Não que não tenha aguda sensibilidade pelos problemas sociais e pela violação dos direitos humanos. Mas não parte, fundamentalmente, das angústias e esperanças de nosso mundo e submundo, como fez a *Gaudium et Spes* [*], e a partir daí interroga o tesouro da fé.

Dentro de sua estratégia, mal cabe uma Igreja que nasce da fé do povo, que se refaz pela participação popular e que se reinventa por novos ministérios. Nem se pense numa Igreja *dos* pobres, mas somente numa Igreja *para* os pobres.

Por várias vezes João Paulo II deixou entrever que julga providencial que, no limiar do segundo milênio, Deus tenha elegido um eslavo e polonês para a suprema condução da Igreja. A herança cultural e cristã da Europa pode uma vez mais ser salva pela Polônia, como outrora contra a ameaça muçulmana. Daí a consolidação da Igreja obedecer também a imperativos culturais. A mobilização do religioso, feita em grande estilo por João Paulo II, se inscreve dentro do espírito do populismo: o povo é convocado a participar num projeto que não é elaborado, fundamentalmente, por ele, nem é dele a condução, mas cabe, basicamente, ao clero. Esta estratégia é pensada, em sua articulação essencial, em função de salvar o cristianismo cêntrico; exportado para o Terceiro Mundo cristão, este modelo significaria perpetuar os esquemas neocoloniais. O Papa não conscientizou suficientemente a novidade eclesial que está ocorrendo no Terceiro Mundo: ensaia-se uma gigantesca experiência nova de encarnação do Evangelho dentro de uma nova cultura, em especial aquela das classes historicamente subjugadas e que, somente agora, emergem como os novos sujeitos da história de amanhã. Apostar neles é apostar no futuro da Igreja.

A HERANÇA DE JOÃO PAULO II NO BRASIL

Num ponto vigora consenso unânime: o maior saldo da visita do Papa ao Brasil é o próprio Papa. Nele a personalidade é mais importante do que sua própria mensagem. Sua profunda religiosidade, sua cristalina humanidade, sua calorosa cordialidade, sua fome e sede de justiça social, particularmente pelos empobrecidos, alimentarão a memória coletiva de nossa geração como um permanente marco de referência. Parafraseando o poeta Pablo Neruda, vale dizer: foi memorável e ao mesmo tempo dilacerador para o Papa ter encarnado para a maioria dos brasileiros, durante 12 dias, a esperança. Apesar de todas as contradições do momento, jamais foi tão verdadeira, quanto agora, a consigna: o Brasil é um país de esperança. Por causa de João Paulo II.

Queremos agora colher em 10 pontos o saldo positivo de sua peregrinação pastoral e missionária entre nós. Texto de referência são os 50 discursos pronunciados nas 13 cidades que visitou. Seus pronunciamentos constituem parte, para a grande maioria, nem a mais importante, do evento global onde as multidões, as ovações, os slogans, as celebrações e a expectativa geral desempenharam papel decisivo. O sentido das homilias do Papa desborda de sua letra; ele foi amplificado pela caixa de ressonância do povo; este foi co-autor dos pronunciamentos papais na medida em que o crepitar dos aplausos e a proclamação de slogans (como: João, o Papa é nosso irmão) colocavam acentos novos especialmente em torno da temática da justiça, dos direitos humanos, dos direitos dos trabalhadores e dos indígenas, da dignidade dos pobres, da urgência de reformas profundas.

1. Expectativas face à visita do Papa

A relevância da mensagem do Papa se mede também em confronto com as expectativas prévias por parte dos vários segmentos da sociedade. Setores ligados à situação esperavam que a visita do Papa tivesse uma função corretiva: reconduzir a Igreja a seu campo específico, que é a gestão do sagrado, contra o que consideravam a politização indevida de significativo número de bispos e padres. Outros de ambientes eclesiásticos queriam ver reforçada a dimensão espiritual e mística da Igreja. Outros por fim, especialmente as parcelas mais comprometidas com a problemática social, aguardavam uma confirmação das grandes linhas pastorais da Conferência Nacional dos Bispos. Sabemos que persistiam mal-entendidos entre Igreja e Estado com referência à pastoral social dinamizada nos últimos 15 anos. O Concílio Vaticano II (1962-1965) devolveu à Igreja a consciência de que ela está no mundo e numa missão de serviço; por isso, a comunidade cristã não pode alhear-se ao trabalho, à técnica e à construção da cidade dos homens. Medellín (1968) e Puebla (1979) abriram o Episcopado ao mundo da injustiça, do empobrecimento das grandes maiorias, dos direitos humanos. Daí emergiu uma evangelização libertadora, corporificada na opção preferencial, não exclusiva, mas solidária, pelos pobres. A mensagem do Papa significou um ganhar altura para permitir ver mais claro; foi um imponente discurso sinfônico que usou todos os registros e atendeu a altos e baixos para expressar o tom melódico que vem do Vaticano II, de Medellín e de Puebla. 10 temas, entre outros, articulam esta sinfonia.

2. 10 acentos fortes nos pronunciamentos do Papa

1. A presença do Papa, bem como da Igreja no Brasil, possui um caráter *pastoral*. Ao pastor cabe animar a esperança e confirmar na fé, em primeiro lugar, e, em seguida, "à luz da fé tornar possível uma sociedade mais justa e fraterna". A perspectiva pastoral comporta também "uma

nítida mensagem sobre o homem, seus valores, sua dignidade e sua convivência social". Isso o Papa o repetiu em todas as modulações e em todos os lugares.

2. A *religião* é fundamental para o homem e para a sociedade. Sua direção primeira é vertical, para Deus, apontado pela transcendência humana. O vertical se verga para o horizontal e se abre para o homem, imagem e semelhança de Deus. É no espaço da religião que a Igreja elabora sua identidade, a mística de sua ação e a ótica sob a qual contempla todas as coisas. A partir da fé o Papa diz: "Não é vontade de Deus que seus filhos vivam uma vida subumana". A religião está na raiz de nossa cultura.

3. O *homem*, em sua transcendência, que funda sua inviolabilidade e dignidade, constitui um eixo central de todos os pronunciamentos papais. Ele se fez paladino da defesa da dignidade dos pobres, dos índios, dos trabalhadores. Mesmo dentro da miséria, o homem jamais perde sua dignidade.

4. Uma *sociedade justa e fraterna* a ser construída foi a maior conclamação do papa no Brasil em todos os discursos até naquele às crianças. Ele denunciou duramente a desumanização que vem tanto pela carência da pobreza quanto pela superabundância do consumismo. A ambas opõe uma sociedade justa e digna. O novo nome do bem comum é a justiça social, disse aos operários no Morumbi. Convoca a todos para "a nobre luta em prol da justiça social". Sem ela a sociedade corre risco de ser destruída por dentro.

5. O caminho para uma sociedade justa reside nas "*reformas profundas* e corajosas", em grandes transformações nas mentes e na sociedade e "no desenvolvimento solidário". Para o Papa, os atuais sistemas sociais e econômicos têm de ser superados: convoca a todos para uma nova criatividade humana e social. No dizer de um vaticanista, o Papa "tocou o samba da libertação com o violão polonês", vale dizer: assumiu a temática da libertação de Medellín, de Puebla e dos bispos brasileiros, mas a partir da religião que é a grande força da Igreja polonesa. Ou se fazem tais

reformas, que produzirão a justiça social, ou esta virá pelas forças da violência sem resultado duradouro: "Cada um deve fazer a sua escolha nesta hora histórica". O futuro depende da justiça social.

6. O direito e o dever de uma *pastoral social* é fortemente enfatizado pelo Papa. A comunidade cristã distribui assim as atribuições na construção de uma sociedade justa: à hierarquia eclesiástica (incluídos os religiosos) não cabe uma militância político-partidária; a ela cumpre "tomar o partido da consciência, dos princípios da justiça...", propor uma pastoral social, denunciar as injustiças; aos leigos compete a luta no campo específico da política partidária, no trabalho concreto nos processos de mudança social. A uns e outros importa um compromisso especial com os pobres e fracos.

7. *Trabalhar juntos*, todos – Estado, sociedade, ricos, pobres, Igreja –, "ultrapassar as fronteiras, as divisões, as oposições" na construção da sociedade justa: eis um apelo constante do Papa. Deixa claro: "a Igreja não combate o poder", mas cobra-lhe o serviço do bem comum; aos ricos pede "assumir sem reserva e sem retorno a causa dos irmãos pobres"; os pobres devem ser "os primeiros autores da própria promoção humana". A justiça não está de um lado, mas à frente de todos e todos devem buscá-la.

8. *Opção preferencial e solidária pelos pobres* é "uma opção cristã" e foi assimilada plenamente no discurso do Papa. Fala sempre a todos a partir das exigências de dignidade dos pobres. Todos podem ser pobres em espírito, tanto os pobres reais na medida em que conservam sua dignidade humana, quanto os ricos concretos na medida em que se solidarizam com os pobres. O pobre não é só um carente, é também rico em força histórica.

9. *Não à violência* e à luta de classes constitui um apelo que atravessa todos os pronunciamentos. A luta de classes não perfaz nenhum princípio de atuação social e a violência é eticamente condenável "porque é contra a vida e é destruidora do homem".

10. *Por uma civilização do amor*: "só o amor salva, só o amor constrói" é uma frase corrente na boca do Papa. É um chamado à utopia de uma sociedade totalmente solidária. Só o amor é adequado à grandeza do homem.

Como se depreende, os pronunciamentos do Papa significam uma bem travejada articulação entre o discurso da religião e o discurso da sociedade. João paulo II confirmou seus irmãos no episcopado em suas iniciativas de pastoral social. Ninguém mais poderá dizer que ao defender os direitos dos posseiros, dos operários e dos índios, eles exorbitam de suas funções religiosas; eles estão praticando a pastoral social. O Governo, mais que criticado, é encorajado a prosseguir em sua abertura na direção de uma mais ampla participação de todos. As classes dominantes são convidadas a associar-se à luta dos pobres em sua libertação. E eles, os pobres, foram encorajados em suas lutas em prol da justiça. Mudaram os problemas? Não. Mudaram os brasileiros. Temos agora mais esperança. Graças à visita de João Paulo II.

SEGUNDA PARTE

O CAMINHAR DA IGREJA COM OS OPRIMIDOS

PARA SE ENTENDER O DEBATE DENTRO DA IGREJA

Em toda a América Latina, com repercussões em todos os estratos eclesiais, trava-se um acirrado debate envolvendo os meios de comunicação de massa tanto dos grupos hegemônicos como das classes subalternas acerca do peso político, social e libertário que se quer adjudicar à fé cristã. A controvérsia assume duas versões, uma intra-sistêmica, eclesial, e outra social, analítica. Dentro da Igreja se defrontam dois grupos.

1. Corrente continuadora

O primeiro sustenta que a missão da Igreja é essencialmente religiosa. Por isso, ela não deve se intrometer na política, que é o campo secular do Estado e dos partidos. Sua função se ordena ao espiritual e à animação das coisas temporais, como derivativo da prática religiosa. Jesus foi claro: "Meu Reino não é deste mundo!" (Jo 18,36). Ele não atuou como um líder político e sua libertação não intencionava a economia e a política, mas a relação religiosa homem-Deus, que se traduz em termos de pecado ou graça, conversão ou endurecimento do coração. Extrapolar desta vigência é ideologizar a fé e manipulá-la em função de interesses que desnaturam o Evangelho.

2. Corrente inovadora

O segundo grupo afirma que a missão da Igreja é mais do que religiosa, é integral, porque a salvação é também integral. Ela concerne, além do espírito, também ao corpo e ao mundo, porque estes são vocacionados igualmente ao Reino de Deus. Por isso, a fé e a Igreja (o espaço organizado da vivência da fé) possuem, independentemente da vontade de seus atores religiosos, uma dimensão política estrutural. Jesus também disse: "O Reino de Deus está em vosso meio" (Lc 17,21). Ele foi condenado sob Pôncio Pilatos (representante do poder imperial), e sua crucificação não foi uma fatalidade, mas conseqüência de uma mensagem e de uma prática que conflitavam com os poderes estabelecidos de então. A comunidade cristã deve sempre atualizar a memória perigosa e libertária de seu fundador que, inegavelmente, privilegiou os pobres e marginalizados.

A primeira posição, politicamente, favorece as classes dominantes da sociedade que, por natureza, são conservadoras e tendem a representar a vida social como um organismo funcionando de forma compartimentada: ao político cabe a política e a tribuna; ao padre, a oração e o púlpito.

A segunda vem ao encontro dos anelos de libertação das classes mantidas subalternas, interessadas na mobilização social que lhes traga mais poder e participação, tendendo a representar a sociedade como totalidade dinâmica e conflitiva com interferências de toda ordem de um campo sobre o outro. A política não é atribuição de alguns cidadãos, mas de todos, porque o ser humano é essencialmente um "animal político", e a religião não é privilégio de alguns, mas de todo homem que se abre a um sentido último, chamado Deus.

Função do pensamento – na ocorrência, do pensamento teológico – não é apenas constatar as duas posições, mas tentar decidir de sua justeza face aos marcos maiores da fé, testemunhados pelas Escrituras e pela vivência histórica da comunidade eclesial. Assim, cremos que a primeira posição – da Igreja com uma missão essencialmente religiosa – identifica com demasiada facilidade Cristianismo com religião. Evidentemente, o Cristianismo se apresenta a uma primeira análise como religião, quer dizer, como um conjunto de ritos, dogmas, prescrições e práticas, mas esta determinação não caracteriza sua positividade básica. Esta quer ser o prolongamento do processo de encarnação de Deus que culminou em Jesus Cristo, processo este no qual tudo vai sendo assumido, desde o mais infra-estrutural até o mais alto. Por causa disso, tudo interessa à fé cristã, e não apenas o compartimento religioso. Ademais, não basta afirmar a natureza essencialmente religiosa da Igreja, porque a verdade da religião não está só na religião, mas principalmente fora dela. A razão está em que a religião se situa no regime dos significantes (sinais e símbolos) e esses são tão-somente verdadeiros na medida em que expressam a realidade da qual são sinal. Em outras palavras, a religião é vedadeira só quando expressa a realidade da justiça, do amor solidário e da misericórdia concretamente vividos e não apenas proclamados ou simbolizados pelos ritos. É assim que toda a tradição bíblica representa a verdade da religião e a faz agradável a Deus. Da mesma forma, a tradição bíblica e teológica não se preocupa apenas com a fé certa em sua reta apreensão e expressão (ortodoxia), mas principalmente com a fé verdadeira. Fé verdadeira – a única que de fato salva – é aquela que vem informada pelo amor, vale dizer, que se faz prática solidária e libertadora (ortopraxia). Não são, portanto, as prédicas, mas as práticas, que decidem da verdade da fé cristã, práticas geradoras de mais simetria e justiça; numa linguagem religiosa, produtoras de maior santidade.

3. Não são as prédicas mas as práticas que salvam

Em ter compreendido isto reside a consistência da segunda posição que sustenta a missão integral da Igreja. Ela inclui a política na religião e descobre a dimensão religiosa da política. Não cabe opor práticas religiosas a práticas éticas. Cumpre estabelecer a reta prioridade e articular uma com a outra. O desafio que se lança hoje à consciência cristã é este: como ser e continuar cristão num mundo de marginalizados? A fé cristã só se sustenta em sua verdade e não descamba a ser um totem legitimador do *status quo*, caso seja solidária com os empobrecidos de nosso Continente. Outra coisa não quer dizer, senão exatamente isto, o discurso libertador da Igreja proferido nos últimos anos em todos os registros sonoros. Certamente, o Reino não é deste mundo (por sua origem), mas, como dizia Santo Agostinho, ele já está se realizando neste mundo.

Importa evitar aqui um duplo reducionismo, um religioso (teologismo) e outro político (secularismo). O Papa Paulo VI, na sua famosa exortação apostólica *A Evangelização no mundo contemporâneo* (1975), sustenta claramente que "a Igreja não admite circunscrever a sua missão apenas ao campo religioso, como se se desinteressasse dos problemas temporais do homem" (n. 34). Os bispos reunidos em Puebla foram até mais explícitos: "O Cristianismo deve evangelizar a totalidade da existência humana, inclusive a dimensão política. Por isso, a Igreja critica aqueles que tendem a reduzir o espaço da fé à vida pessoal ou familiar, excluindo a ordem profissional, econômica, social e política, como se o pecado, o amor, a oração e o perdão não tivessem importância aí" (n. 515). O que se quer inculcar é uma correta compreensão do Cristianismo: não como uma região da realidade (campo religioso) mas precisamente como processo de encarnação libertadora de toda a realidade para fazê-la matéria do Reino de Deus.

O segundo risco consiste no reducionismo político (secularismo): restringe-se a importância da fé ao campo do social e político. Nas palavras de Paulo VI: "A missão da Igreja seria reduzida às dimensões de um projeto simplesmente temporal; os seus objetivos, a uma visão antropocêntrica; a salvação de que ela é mensageira e sacramento, a um bem-estar material; a sua atividade – esquecendo todas as preocupações espirituais e religiosas –, a iniciativas de ordem política ou social" (n. 32; Puebla, n. 483). A fé possui, sim, uma dimensão voltada à sociedade; mas não se deixa consumir totalmente nisto; seu olhar originário se orienta para a dimensão eterna da existência e a partir daí contempla a política, a economia e a sociedade como possíveis caminhos ou descaminhos para o Reino de Deus. Importa articular a salvação em Jesus Cristo, matéria do anúncio evangélico, com as libertações históricas que concretizam o que seja a salvação na história. "A Igreja se esforça por inserir sempre a luta cristã em favor da libertação no desígnio global da salvação, que ela própria anuncia" (Paulo VI, n. 38; Puebla, n. 483).

A segunda versão do debate sobre o peso político da fé cristã se processa na esfera da análise de nossa sociedade dissimétrica. Em termos simples: como ajuizar o nosso sistema capitalista periférico, dependente e associado dentro do qual se verifica tanta iniqüidade social, com tantos pobres e tão poucos beneficiários do desenvolvimento, feito com o trabalho de todos? Existe nexo causal entre modo de produção capitalista e geração de miséria crescente. É possível postular uma convivência com relativa justiça social mantendo este sistema capitalista? Sabemos que a *Populorum Progressio*[*], de Paulo VI (1967), o estigmatizou de "nefasto sistema" (n. 26). Os bispos em Puebla foram contundentes: chamaram-no de "idolatria da riqueza individual" (n. 542; 494), de "materialismo" (n. 55; 1065), de "humanismo fechado" (n. 546) e por fim de "ateísmo prático" (546). O que antes estávamos habituados a ouvir contra o comunismo e o marxismo, ouvimos agora contra o capitalismo. A condenação formal custou a vir, mas finalmente veio. Apesar disso, não são poucos os bispos que continuam acreditando na possibilidade de integração dos marginalizados no sistema e assim alcançar uma sociedade sem carências básicas. Para esses, a fé desempenha uma função de animação para o desenvolvimento e o progresso, secundando o projeto do Estado e das classes dominantes. Elabora-se então uma teologia do desenvolvimento, como o fizeram e estão ainda fazendo os teólogos metropolitanos da Europa e dos Estados Unidos. Sem embargo, cresce cada vez mais o número daqueles que vêem no subdesenvolvimento o reverso da medalha do desenvolvimento em moldes da acumulação capitalista: o empobrecimento de muitos é produzido pelo enriquecimento de poucos. A fé, para os que assim interpretam, assume uma função social de crítica e de animação das forças libertárias dos oprimidos e marginalizados. Fala-se então de práticas libertadores e de uma Teologia da Libertação, como é pensada pelos teólogos periféricos da América Latina, Ásia e África. Com ansiedade participamos deste debate: para que lado penderá o fiel da balança? A decisão não deixará indiferente nem a comunidade cristã nem a sociedade latino-americana e brasileira.

O CAMINHAR LATINO-AMERICANO DA IGREJA

A América Latina (AL) como um todo é um continente oprimido e crente. O Catolicismo penetrou no tecido de nossos povos e moldou, em boa parte, a identidade continental. Atualmente, a AL ocupa mais e mais o centro de atenções da Igreja universal. Primeiramente, porque é aqui que se desenham os contornos do futuro da Igreja universal, porquanto é neste continente que a Igreja possui sua maior reserva numérica. Dentro de pouco, mais da metade dos católicos viverão na AL. Os países europeus, com o declínio demográfico e sua parca criatividade religiosa (a teologia, a liturgia e a pastoral são quase meras reproduções das sínteses do passado), perdem mais e mais relevância universal. Em seguida, porque é na AL que se lançam os principais e novos desafios para a fé cristã: como articular o Evangelho com a libertação dos oprimidos? Como combinar amor cristão com a desenfreada luta de classes pela qual passamos? Como pode o Cristianismo ajudar a superar as relações de injustiça internacional nas relações dissimétricas entre países ricos e países pobres?

Não é irrelevante o fato de o Papa João Paulo II ter feito a primeira visita de seu Pontificado à AL. A periferia é a portadora da esperança e do futuro; o eixo da história cristã não passa mais pela Europa, mas pela AL. Lenta mas persistentemente aflora um rosto novo de fé encarnada em nossas culturas. Ensaia-se uma forma nova de ser cristão.

Para entender essa evolução vamos utilizar duas abordagens: uma compreendendo a Igreja dentro da história mais ampla latino-americana, e outra procurando discernir os níveis de autoconsciência que a Igreja faz de si mesma e como internamente, com recursos de seu próprio capital simbólico, ela foi elaborando sua evolução.

1. A função da Igreja no bloco histórico das classes hegemônicas

Se quisermos periodizar a história da Igreja na AL, à luz da relação Igreja-sociedade civil-Estado, cumpre ressaltar três marcos fundamentais: o primeiro, que vai de 1492 a 1808, define a cristandade colonial latino-americana; o segundo, de 1808 a 1960, demarca a nova cristandade; e o terceiro, de 1960 a 1980, precisa a crise da nova cristandade e fixa a emergência de uma Igreja popular.

Os primeiros dois períodos caracterizam a Igreja assimilada ao projeto dos grupos hegemônicos dentro de uma formação social latino-americana periférica e dependente do capitalismo mercantil em expansão. A Igreja que foi plantada na AL constituía um dos componentes da empresa colonizadora: tratava-se de dilatar "a fé e o Império". A evangelização durante todo o período da Colônia, do Império e da primeira República foi feita a partir do lugar das classes dominantes. Evidentemente, a Igreja sempre se preocupou com o povo, os pobres, os escravos, os proletários; mas sua preocupação se inscrevia dentro do espírito paternalista e assistencialista, próprio daqueles grupos que compõem a classe hegemônica da sociedade. A preocupação não se expressava e organizava a partir do povo, de seus anelos e de sua capacidade transformadora. Era *para* o povo, mas nunca *com* o povo e *como* o povo ansiava. Daí ter sido parca a importância da Igreja na defesa dos índios, nos debates pela proclamação da libertação dos escravos e no apoio às lutas trabalhistas, apesar de alguns profetas como Las Casas, no México, e Antônio Vieira, no Brasil, terem denunciado o compromisso iníquo da Igreja com o sistema de exploração do índio ou do escravo. Por causa da vinculação da Igreja com o bloco dominante, se entende que os Papas lastimassem a emancipação política latino-americana. Pela encíclica *Etsi Longissimo*[*], de 30 de janeiro de 1816, o Papa, condenando a independência de vários países latino-americanos, pedia obediência ao "nosso caríssimo filho em Jesus Cristo, Fernando, vosso rei católico". O que preocupava a Igreja eram os "gravíssimos danos da rebelião". A partir de uma perspectiva de povo, podemos perguntar: não são os pobres, a gente do povo, tanto senão mais "filhos caríssimos em Jesus Cristo" quanto o rei católico Fernando? Para quem a rebelião traz danos gravíssimos? Não é para os privilégios das classes opulentas? Por que não se denunciam os gravíssimos danos da opressão econômica, social e política a que estava e está secularmente submetido o povo? Sobre isto as vozes não são uníssonas.

2. Uma Igreja encarnada nas classes subalternas

A partir dos anos 60 se produz uma crise estrutural no pacto Igreja-classe hegemônica. Esta crise está ligada à reestruturação do mercado internacional, à transnacionalização da produção, do capital e das finanças e à rearticulação da dominação imperialista (regimes de segurança nacional, trilateralismo etc.). As contradições sociais atingem um ponto tão chocante que comovem a quem ainda não perdeu a humanidade. A Igreja alarga significativamente sua base social, para as classes médias e populares. Ela passa da posição de defensiva contra o liberalismo para a de ofensiva contra o subdesenvolvimento. De uma Igreja centrada em devoções formais e em manifestações religiosas de massa, absorvida com problemas familiares e educacionais, avança para uma Igreja aberta aos problemas sociais e políticos, sensível ao grito dos oprimidos. Inicialmente, emerge uma espécie de "popularismo eclesiástico" que permite à Igreja conquistar largos setores das classes médias e populares, sem romper sua aliança com os grupos oligárquicos. Mas lentamente essa situação se torna mais e mais conflitante. Para a Igreja aponta um dilema ineludível: ou ela faz corpo com o povo e com sua aspiração libertária, participando de suas lutas e de sua marginalização, aceitando o conflito gerado pelo rompimento com o sistema discricionário e excludente, ou ela mantém e prolonga a aliança com o Estado capitalista e com as classes que nele se representam, garantindo a paz para sua atividade pastoral, mas ao preço de não poder evangelizar os pobres nem denunciar a violação dos direitos humanos.

A II Conferência Geral do Episcopado Latino-Americano, realizada em Medellín (1968), fez uma opção histórica. A Igreja optou pelo povo, pelos pobres, por sua libertação integral e pelas Comunidades Eclesiais de Base. Aqui se erige o marco básico e oficial da nova Igreja que se propõe encarnar-se nas classes dominadas e mantidas subalternas. Desde os tempos dos mártires (três primeiros séculos) não se ouvia uma linguagem como esta.

Os anos do pós-Medellín (1968-1979) significaram para a Igreja um esforço gigantesco de tradução desta opção fundadora para uma nova prática eclesial. Efetivamente, de Medellín (1968) a Puebla (1979), a Igreja configurou uma nova imagem: solidária com as causas dos pobres, corajosa em face do Estado autoritário, defensora dos direitos dos humildes e encarnada muito mais nos meios populares com milhares de Comunidades Eclesiais de Base onde o povo se reúne para rezar,refletir comunitariamente e organizar práticas comunitárias de sentido libertador. Os conflitos internos persistem dentro da Igreja, pois não é fácil abandonar práticas ligadas aos privilegiados da socieade e definir um novo lugar social (povo), a partir do qual se fala, organiza e age. Mais e mais se firma a convicção de que a opção pelo povo e sua libertação é já irreversível. Estamos assistindo ao advento de uma Igreja popular, articulada com o movimento popular de luta pela justiça, por maior participação e poder decisório.

Essa opção exigiu um preço à Igreja: contam-se em cerca de 900 as pessoas ligadas diretamente à pastoral que nos últimos 10 anos foram perseguidas ou presas, expulsas ou torturadas ou mortas; entre elas há índios, leigos, freiras, padres e até bispos.

3. Três níveis de consciência eclesial, três tipos de práticas

As revoluções na Igreja e na sociedade não se introduzem pelo veículo de meras idéias novas. É o que se depreendeu das considerações acima feitas. As idéias só têm audiência e viabilidade, se anteriormente se tiverem ensaiado práticas e atitudes novas face a desafios sócio-históricos novos. Isso ocorreu particularmente nos últimos 10 anos. Parece-me discernir três práticas na Igreja com suas correspondentes teorias (teologias).

A primeira – *uma Igreja fora do mundo* – subsiste na figura de bispos clássicos. Esta visão limita a atividade da Igreja ao campo estritamente religioso. Entende a sociedade, funcionalisticamente, repartida em instâncias e competências sem interferência de umas nas outras. A Igreja agencia o religioso, como o patrão, o sistema econômico; entende-se acima do mundo, fora dos conflitos e para além da história; ela é necessária para a salvação, daí sua importância universal. Fala para um mundo que se encontra fora dela e para o qual tem uma missão divina. Tais práticas e sua teoria justificadora se justificariam dentro de um regime social onde o espaço não apresentaria rupturas, Igreja e sociedade se recobrindo mutuamente. É o modelo da cristandade medieval, historicamente superado, mas povoando ainda a mente de muitos cristãos. Esta visão não descobriu ainda o irreversível da profanidade e legítima autonomia das realidades terrestres. Embora ultrapassada pelos próprios documentos oficiais do Vaticano II (1962-1965), esta posição perdura ainda porque práticas não se desfazem senão com outras práticas. As teorias novas apenas as deslegitimam, mas não conseguem sustá-las.

A segunda – *uma Igreja dentro do mundo* – supõe práticas cristãs dentro do mundo, e não apenas dentro dos quadros eclesiásticos. É a Igreja dos grandes movimentos leigos dos séculos XIX e XX (partidos cristãos etc.). O Vaticano II assimilou a teoria implícita e a fez sua: afirma a Igreja dentro do mundo, e não o mundo dentro da Igreja. Mas de que mundo se trata? É o mundo da modernidade, da ciência e da técnica, com o qual a Igreja carregava um conflito histórico. Agora faz com ele as pazes. De repente a própria Igreja se moderniza e seu discurso se articula em termos de progresso e desenvolvimento. A burguesia o ouve com prazer e o apóia.

A terceira – *uma Igreja dentro do submundo* – só foi possível por causa da segunda. Arranca de práticas de cristãos que fizeram corpo com aqueles que lutam contra as conseqüências do desenvolvimento e progresso em moldes capitalistas, a pobreza e a exploração. O desenvolvimento não é feito para o povo, mas à sua custa. Emerge um submundo ao lado do grande mundo. Onde deve estar presente a Igreja? Medellín definiu a posição da Igreja dentro do submundo dos pobres; abandona o discurso desenvolvimentista e fala de libertação integral e de justiça para todos. Opta por encarnar-se nas classes subalternas e apóia as Comunidades Eclesiais de Base, lugar natural de realização da face nova da Igreja.

Medellín significou esta reviravolta dentro da Igreja: definiu um novo lugar social a partir do qual a Igreja organiza sua presença no mundo. Aqui se abre o caminho para um novo ensaio histórico: o Evangelho apropriado pelos pobres que dele fazem aquilo para o qual foi escrito com o sangue dos Apóstolos, Evangelistas e Mártires: a libertação integral dos oprimidos.

O CAMINHAR DA IGREJA NO BRASIL NOS ÚLTIMOS 30 ANOS

A Igreja católica sempre foi em nossa pátria um fator decisivo na formação de nossa identidade social. Ela pervade capilarmente todo o tecido social; por isso, sua realidade é contraditória, como o é nossa sociedade, profundamente conflitiva e dissimétrica. Está presente nos movimentos libertários, bem como nos estratos mais conservadores. Sem embargo, nos últimos 40 anos foi se perfilando uma vertente que se avolumou, conquistou a hegemonia e hoje caracteriza, em suas grandes opções, a Igreja do Brasil. Trata-se de um movimento que, lentamente, vai desalienando a Igreja de seu antigo pacto colonial e neocolonial até chegar a um compromisso decidido com a base da estrutura social, isto é, com as classes populares dominadas.

De 1950 a 1988 podemos discernir quatro grandes fases:

A primeira se estende de 1950 a 1965: é a Igreja-grande-instituição que se renova e impõe a todo o corpo eclesial a renovação.

Na segunda, de 1962 a 1970, é a Igreja-na-base a portadora da renovação; aflora uma dinâmica qualitativamente diversa daquela da Igreja-grande-instituição. São movimentos mais ou menos paralelos.

Na terceira, de 1968 a 1980, nota-se o esforço de uma convergência e de uma integração na dinâmica renovadora e inovadora que pervade toda a Igreja. A instituição apóia as bases, consolidando seus avanços, e as bases conferem novo sentido à instituição, dando-lhe nova funcionalidade.

Na quarta, de 1980 a 1988, dá-se a consolidação da Igreja popular, cujo sujeito principal de sua constituição é o próprio povo. Este elabora um novo projeto de sociedade e, dentro dele, um novo modelo de Igreja.

Estes quatro momentos, como a própria datação mostra, ao entrar um no outro, não são sucessivos. Superpõem-se e permeiam-se até a data presente; existem, evidentemente, predominâncias, mas sem anular a persistência das quatro fases.

1. 1950-1965: a modernização da instituição eclesial

No primeiro momento, como se disse, ocorreu a reforma mais no nível da Igreja-grande-instituição; foi induzida de fora, especialmente pelos novos documentos emanados de Roma, sob Pio XII, sobre a liturgia, a exegese, a catequese, e ensaiados nos países do norte europeu e de lá transferidos para cá. Esta renovação não atingiu a estrutura de poder na Igreja, antes ela se viu reforçada; o clero é mais ilustrado na reta doutrina, disciplinado e coeso funcionalmente. A partir disto se entendem as campanhas de esclarecimento contra o espiritismo, a maçonaria, as seitas, a religiosidade popular, feitas totalmente dentro dos critérios de uma teologia ilustrada e clerical. Foi em 1955, no Brasil, que se criou a Conferência Nacional dos Bispos do Brasil, o que propicia elaborar uma Pastoral de Conjunto e reforçar enormemente o corpo episcopal. Mas a Igreja-grande-instituição não troca seu lugar social, que continua sendo aquele dos setores médios e opulentos do país. Suas relações são de cúpula eclesiástica com cúpula governamental; tem poder de negociar com as autoridades e de exercer pressão sobre elas: na questão do ensino particular, da reforma agrária, do não-reconhecimento da umbanda, do divórcio etc. Sem ambargo, a Igreja-grande-instituição revela sensibilidade pelo grave problema social: suas propostas são, todavia, moralizantes e proclamatórias; endossa o projeto governamental desenvolvimentista e oferece-lhe colaboração. Impressiona-se com as declarações de intenção dos governantes, que, nos marcos do populismo, falam de reformas sociais profundas; não atina ainda com suas práticas, inscritas dentro da dinâmica do sistema capitalista dependente e associado. Está ausente uma crítica ao sistema e não conscientizou o nexo causal entre riqueza e pobreza. As mazelas sociais não provêm da estrutura, tida por boa, mas da conjuntura e dos abusos. Devido às insuficiências de análise do sistema imperante, a Igreja-grande-instituição, involuntariamente, acaba sendo reforço ideológico do projeto das minorias poderosas. Em outras palavras: em termos de Igreja-sociedade, ela é apenas progressista, mantendo a estrutura vigente.

Não é sintomático o fato de os dois maiores representantes da Igreja-grande-instituição, com sua teoria e suas práticas, os Cardeais D. Vicente Scherer e D. Eugênio Sales, que retratam ainda hoje esta postura política, receberem em seus pronunciamentos ampla cobertura da imprensa que corporifica e defende o projeto da classe opulenta dominante? Outros, no mesmo nível hierárquico deles, porque representam um projeto popular alternativo e diferente, são simplesmente silenciados. Teologicamente analisando, coloca-se aqui um grave problema à consciência da Igreja-grande-instituição: poderá ela confrontar-se com as exigências básicas do Evangelho e da prática do Jesus histórico? Seu projeto não era herodiano (poder civil), nem fariseu (poder religioso), mas popular, privilegiando os pobres. Inevitavelmente, a Igreja-grande-instituição, caso não troque de lugar social, se obriga a uma leitura ideológica da mensagem cristã e do projeto de Jesus. É curioso observar que aqueles bispos que mais falam contra a ideologização da fé são os mais ideologizados em função da presente ordem. Mas não se dão conta de que seu discurso goza de boa funcionalidade dentro do sistema, sistema que discrimina, elitiza, quando não reprime.

2. 1962 a 1970: o caminho da desalienação

O segundo momento (1962/70) vem marcado pelo interesse de muitos da Igreja-grande-instituição nos problemas concretos do país, lidos na ótica própria de um país subdesenvolvido. Os vários grupos (geralmente dos setores médios), como a JOC, JUC, JIC, AP, ACO[*], e outros, começaram a aprofundar a análise do sistema, detectando o mecanismo gerador do subdesenvolvimento como associação e dependência dos grandes centros hegemônicos do império capitalista. Esta teoria exigia práticas não mais desenvolvimentistas, mas libertárias. Estabelecem-se as bases mínimas para um projeto histórico de base popular (Ação Popular). O sujeito histórico de tal discurso não é mais a Igreja-grande-instituição, mas o laicato[*], apoiado por sacerdotes e assistentes comprometidos. Fazem-se exigências à hierarquia, consideradas por ela inegociáveis. Houve a ruptura da JUC, JIC e AP com o poder hierárquico. Trata-se de uma luta de poder e de confronto de dois projetos excludentes. Os leigos perdem o respaldo institucional e, desprotegidos, são vítimas da repressão política e policial. Acabam como força de Igreja que ainda não consegue comprometer-se com algo mais do que o puro desenvolvimento dentro da mesma estrutura vigente.

Pode-se perguntar: não foi porventura estratégica e taticamente equivocada esta ruptura? Quem ganhou? Não perderam todos, Igreja-grande-instituição, leigos, dinâmica de transformação? Na conjuntura atual do tipo de relações estabelecidas entre Igreja e sociedade, parece poder-se tirar uma lição: é importante ao laicato nunca perder sua ligação orgânica com a instituição. Ademais, surge um problema teológico: como pode um grupo de leigos conservar sua identidade cristã (enquanto cristã) rompendo com a instância legitimadora da fé, a hierarquia? Por outro lado: esta questão não deveria colocar uma interrogação de fundo ao sistema de poder na Igreja? Não é ela estruturalmente elitista e, por isso, provocadora de conflito permanente? Como se justifica, teologicamente, face ao Evangelho, um poder que estruturalmente discrimina e marginaliza os leigos, concentrando todo o poder sagrado nas mãos de alguns?

Fracassada a experiência da Igreja com os setores médios (JOC, JUC etc.), iniciou-se um trabalho lá onde certamente deveria ter começado antes: nas bases populares. Muitos da Igreja-instituição (padres, religiosos) passaram a viver mais *para* o povo e não poucos *com* o povo e até *como* o povo. Surgiram comunidades populares de base, onde predomina a característica popular. Nascidas da Igreja-grande-instituição, as CEBs elaboraram sua autonomia própria, dentro de uma maneira própria de ser Igreja, de organizar os ministérios, de distribuir a palavra e de fazer a síntese entre fé e vida. A reflexão nas CEBs não se reduz a uma totalização *ad intra* (para dentro), mas se abre ao exercício da razão crítica, desocultando os mecanismos geradores de sua pobreza. Percebe, ao nível da fé, a iniqüidade social como pecado que contradiz o projeto histórico de Deus. Ensaia, ao nível de grupo, uma prática libertadora. Esta rede de comunidades possui seu centro sociológico e cultural no mundo dos pobres; estabelece relações horizontais e vinculações entre pessoas e pequenos grupos. Não tem acesso aos meios de comunicação e cumpre, no meio popular, uma discreta denúncia profética com os inevitáveis riscos.

Surge uma tensão entre Igreja-grande-instituição, ligada aos setores ricos, e a Igreja-na-base, ligada ao povo pobre. A Igreja-na-base cobra e exige um apoio mais decidido por parte da Igreja-instituição. Isto implica que ela se faça mais voz dos sem-vez. Fazendo isso, estremece suas relações com o poder e passa a correr riscos que antes não corria. Começa a perder a segurança e a pesar sobre ela a suspeita de subversão. Ou então a Igreja-instituição tolera apenas a Igreja-na-base, criando-se um paralelismo, prejudicial a ambas as partes e à atuação do Cristianismo como possível força de transformação social.

3. 1968-1980; a convergência e o compromisso com os empobrecidos

Nesta terceira fase da dinâmica renovadora da Igreja nota-se uma decidida convergência da Igreja-grande-instituição com a Igreja-rede-de-comunidades. O conflito criado entre cúpulas governamentais e cúpulas eclesiásticas tem propiciado a aproximação da Igreja com o povo. A inserção cada vez mais crescente do país no sistema capitalista mundial, a internacionalização cada vez mais intensiva do capital e o controle de nossa economia pelas companhias transnacionais têm aguçado as contradições na sociedade e deteriorado a qualidade da vida do povo. Tal fato ajudou a hierarquia a compreender o caráter intrinsecamente nefasto do sistema capitalista, sua dinâmica antipopular e excludente. Simultaneamente e por força das contradições, a instituição começou a compreender que o projeto evangélico e o ideário fundamental do Cristianismo fazem pender a consciência cristã para o projeto do povo; este substancialmente, embora com contornos vagos, quer uma mudança qualitativa da sociedade, intenciona mais participação e dignidade para o trabalho.

A despeito das vacilações e dos conflitos, esta compreensão está se impondo ao nível coletivo de todo o corpo episcopal, no âmbito de teoria (visão teológica) e no plano das práticas (pastoral). Foi nos grupos brasileiros de reflexão e calcada sobre as práticas populares que se elaborou a base daquilo que se chama hoje internacionalmente de Teologia da Libertação. As causas dos posseiros expulsos de suas glebas, dos indígenas açulados de seus territórios e ameaçados em sua sobrevivência, dos operários explorados e impedidos de se organizar em sindicatos livres foram assumidas por grande parte dos bispos. Em 1968 D. Cândido Padin elabora rigorosa crítica à Doutrina da Segurança Nacional à luz da Doutrina Social da Igreja. Em 1973 um grupo de bispos e religiosos do Nordeste, liderados por D. Helder Câmara, lança um documento, *Eu ouvi os clamores do meu povo*, do mais alto teor profético e denunciatório, numa época de dura repressão política sob o mais sinistro governo de nossa história, aquele do Gen. Médici. Aí se diz claramente: "A classe dominada não tem outra saída para se libertar senão através de longa e difícil caminhada, já em curso, em favor da propriedade social dos meios de produção. Este é o fundamento principal do gigantesco projeto histórico para a transformação global da atual sociedade, numa sociedade nova, onde seja possível criar as condições objetivas para os oprimidos recuperarem a sua humanidade despojada, lançarem por terra os grilhões de seus sofrimentos, vencerem o antagonismo de classe, conquistarem, por fim, a liberdade".

Em 1974 os bipos do Centro-Oeste lançam *Marginalização de um povo: grito das igrejas*. O documento é uma jóia de método e de linguagem popular para evidenciar o que está por detrás da superexploração a que está sujeito o povo: dinâmica cruel do sistema capitalista dependente e integrado. Começa-se citando uma frase de alguém do povo: "Nós, que vivemos na roça, que só temos o braço para viver, sabemos que no nosso mundo é como no rio: o peixe grande come o pequeno. Eles, os grandes, não querem só nosso trabalho. Querem mesmo é o sangue da gente. É por isso que nós morremos por aí". (...) Em 1976 a CNBB publica a *Comunicação pastoral ao povo de Deus*. Este documento marca a nova linguagem da Igreja oficial, ligada à libertação dos pobres e à solidariedade com sua paixão dolorosa. Arranca do fato das distintas opressões, procura discernir o sentido destes fatos e por fim propõe alguns princípios pastorais e identifica novos apelos de Deus. O documento de todo o Episcopado de 1978, *Exigências cristãs de uma ordem política*, define já claramente o compromisso de toda a Igreja com a causa popular, centralizada na tese da participação em todos os níveis. Por fim, as aplicações do documento continental de Puebla se orientam pela mesma opção básica e preferencial pelos empobrecidos: libertar para a comunhão e a participação mediante uma evangelização libertadora.

É errônea e equivocada a crítica que, em ambientes de Igreja, comumente se faz: está havendo um conflito aberto entre Igreja-instituição e as bases, entre as cúpulas hierárquicas e as Comunidades Eclesiais de Base, entre a Igreja oficial e a "Igreja popular". Esta crítica não colhe os fatos. Não há substancialmente um conflito entre instituição e bases. Ao contrário. A assim chamada Igreja que nasce da fé do povo (eclesiogênese) não é inimiga da instituição; cardeais, bispos e padres assumiram este movimento do povo que se reúne e faz Igreja. As bases querem os bispos, padres e religiosos no meio delas. O conflito é entre uma Igreja (instituição e bases) que optou pelo povo, por sua libertação e pelos empobrecidos e uma Igreja (instituição e movimentos cristãos, eventualmente cursilhos, carismáticos, grupos de casais cristãos etc.) que não optou e quer prolongar o velho pacto de uma Igreja incorporada à classe hegemônica da sociedade.

A grande questão que vai decidir dos caminhos futuros da Igreja é esta: a situação sócio-política vai obrigando a Igreja-grande-instituição a uma opção ineludível e a sustentá-la corajosamente: ou ela continua a manter relações com o Estado e oferecer-lhe sua colaboração e assim aceita as regras do seu jogo, mas ganhando em contrapartida segurança pessoal e institucional para os serviços religiosos e assistenciais, ou então a Igreja assume sua opção preferencial pelos pobres, apóia decididamente as CEBs e se faz porta-voz do esmagamento do povo, cujos sofrimentos e esperanças ela testemunha, urgindo mudanças estruturais, tendo em conseqüência que assumir a insegurança, a difamação e eventualmente a perseguição de muitos de seus membros em todos os escalões. Na primeira opção vê-se forçada a renunciar à missão evangelizadora e libertadora junto ao povo dos pobres. Na segunda deve contar com conflitos e com a sorte dos discípulos de Jesus.

Por outro lado, as Comunidades Eclesciais de Base tomam crescente consciência de seu poder próprio e articulado com a grande instituição eclesial; dão-se conta de seu peso social como base e como pobres que se vertebram com outros movimentos populares, ganhando assim força para imposição de seus projetos. Não são mais massa de manobra dos populismos dos anos 50; o conteúdo crítico de sua consciência postula algo alternativo para a sociedade. A Igreja tem sido uma grande pedagoga na formação de uma democracia participativa e popular. Destes cristãos novos se espera uma valiosa contribuição na gestação de uma sociedade brasileira aberta, democrática e socializante.

4. 1980-1988: consolidação da Igreja popular

O fruto melhor da opção da Igreja pelos pobres é a opção que os pobres foram lentamente fazendo pela Igreja. Mais e mais fica claro que a Igreja se constitui numa aliada confiável das lutas populares. Os movimentos populares contam com a participação atuante de grupos cristãos que formam sua consciência crítica e os motivos de seu engajamento no seio das Comunidades Eclesiais de Base. Do conjunto destas iniciativas populares sob o signo cristão está emergindo uma Igreja de cunho popular, cujo sujeito principal de sua constituição é o próprio povo. Já não é mais a massa sem projeto nem lutas específicas. É um povo que resulta de organizações que elaboram um novo projeto de sociedade e, dentro dela, um novo modelo de Igreja. Esse povo, entendido sociologicamente, se transforma em povo de Deus quando ilumina pela fé sua própria realidade e aceita Deus como uma realidade decisiva em suas vidas.

O importante nesta eclesiogênese (gênese de um novo modelo de Igreja) é constatar que o povo penetrou na Igreja, converteu muitos de seus bispos, ajudou a fazer a cabeça dos teólogos e obrigou os religiosos e religiosas a assumirem um novo perfil. O leigo já não é leigo no sentido da clássica distribuição social do trabalho religioso (bispo-padre-leigo), mas um membro da Comunidade Eclesial que assume sua responsabilidade no tocante à vida interna da comunidade e ao compromisso de transformação da sociedade. Essa Igreja popular, teologicamente, representa uma expressão histórica, latino-americana, do conceito bíblico "povo de Deus". Ele encontra várias concretizações temporais; a América Latina está conferindo à Igreja Universal esta historização que, finalmente, significa uma riqueza nossa à totalidade do Cristianismo.

UMA IGREJA SOB O SIGNO DA LIBERTAÇÃO: QUE LIBERTAÇÃO?

A II Assembléia-Geral do Conselho Episcopal Latino-Americano (CELAM), realizada em Medellín (1968), firmou três grandes opções da Igreja: pelos pobres, por sua libertação integral e pelas Comunidades Eclesiais de Base. O decisivo dessas opções é que implicam uma leitura e uma prática político-pastoral a partir das classes subalternas. Portanto, não se trata de uma postura de cima para baixo, dando origem ao espírito assistencialista e paternalista, espírito que, a despeito de sua misericórdia, não respeita o pobre porque não lhe reconhece o dinamismo participador, a justiça de suas reivindicações e o direito de suas lutas; mas se trata de uma perspectiva de baixo para cima, valorizando o que é próprio do povo, especialmente seu potencial transformador. Contra os clássicos analistas da função da religião na sociedade (Marx, Weber e Durkheim), que lhe assinalavam um desempenho legitimador das classes hegemônicas e apaziguador dos conflitos das classes subalternas, a Igreja mostrou que isto não é fatal. Ela pode – dado um certo grau de ruptura do bloco histórico, por razões evangélicas e pela própria compreensão da justiça de suas causas – optar e compor-se com os grupos marginalizados. Ela entra numa estratégia de libertação, legitimando os anelos do povo, contralegitimando a dominação que ele sofre e elaborando uma visão religiosa do mundo – grande parte do povo é profundamente religiosa – que se ajuste a seus interesses de transformação social. Medellín soube articular a Igreja aos vários movimentos populares, à maturação da consciência política e à efervescência libertária que vinha caracterizando o Continente desde os anos 50.

Analiticamente refletindo, trata-se de uma repercussão dentro da Igreja da dinâmica popular que se estava operando no seio da sociedade, principalmente nos intelectuais organicamente articulados com esta dinâmica.

A assunção destas opções marcou o caminhar da Igreja latino-americana até a presente data. Obrigou-a a dar novos passos, trouxe-lhe impasses e conquistou a boa fama que, inegavelmente, desfruta junto às Igrejas do mundo. Vejamos, rapidamente, como a Igreja viabilizou estas três opções.

1. Opção pelos pobres

Os pobres compõem as grandes maiorias de nosso continente. Segundo a Organização Internacional do Trabalho, cerca de 100 milhões (cem milhões) vivem em condições de grave pobreza, sendo que 70 milhões são indigentes. Tal situação supõe uma formação social com estruturas profundamente dissimétricas e com uma permanente violação dos direitos humanos. Muito antes que fosse propalada por Carter e pelo trilateralismo, a temática dos direitos humanos constituiu o cerne do anúncio pastoral da Igreja. Há que recuperar o verdadeiro sentido do tema: trata-se fundamentalmente dos direitos dos pobres e da denúncia da violência contra os humildes. Neste campo a Igreja soube emprestar seu peso social e sua credibilidade àqueles que são sempre silenciados; quando toda crítica era sufocada, ela teve a coragem de erguer-se contra o Estado autoritário e gritar-lhe: *Não te é permitido! Não oprimas teu irmão!* Evidentemente, teve que pagar uma taxa em termos de difamação, perseguição e repressão. Contam-se em vários centenares o número daqueles que, ligados diretamente à Igreja, foram na AL, por seu empenho junto ao povo empobrecido, ou perseguidos ou processados ou detidos ou presos ou expulsos ou torturados ou mortos. Correu sangue de mártires nestes últimos 20 anos. A repressão, não raro, matava invocando o nome de Deus. Os reprimidos sofriam ou morriam em nome de Deus. De que Deus se trata? Certamente o Deus do *status quo* que dá a morte não é o Deus de Jesus Cristo que dá a vida.

2. Opção pela libertação integral

Esta opção obrigou a Igreja a uma crítica mais pertinente às causas geradoras do empobrecimento generalizado. A principal reside no sistema capitalista dependente, associado e excludente que na AL se implantou de forma selvagem. A Igreja superou a postura meramente desenvolvimentista e progressista, carregada de euforia, mas que, na verdade, apenas beneficiava as classes privilegiadas. Quanto mais se inseria no povo, mais entendia que deveria falar em libertação operada pelo próprio povo. Há que reforçar um processo social a partir das bases, que geste uma forma de convivência mais simétrica e participada. A palavra *libertação* está prenhe de contestação ética e política: denuncia a opressão vigente e urge um processo de quebra de grilhões.

Quando se fala de libertação, importa ter sempre claro de que libertação se trata. Em primeiro plano, trata-se da libertação social dos oprimidos; isto implica a superação histórica do sistema capitalista, principal produtor de opressão, na direção de uma sociedade mais participada, com estruturas que gestem mais justiça para todos. Política e analiticamente falando, cumpre caminhar rumo a uma sociedade do tipo socialista, de democracia participativa. Como se depreende, libertação não é uma metáfora; é um processo histórico-social. Em segundo plano, faz-se mister dizer que a libertação social nunca é meramente social. Ela se constitui em fenômeno humano, carregado de significação, de dignidade e de grandeza humanística. Sempre é grande comprometer-se na luta pela produção de mais humanidade, fraternidade e participação no sentido de que o maior número possível de pessoas sejam sujeitos de seu próprio destino e participem na criação de um destino coletivo. Em terceiro lugar, à luz da fé, este processo histórico-social se ordena à salvação (ou à perdição), é antecipador e concretizador de dimensões daquilo que na utopia de Jesus Cristo se chamava Reino de Deus. Ele possui, portanto, uma significação transcendente: repercute na eternidade. Neste processo se realiza ou se frustra o desígnio último de Deus, embora o desígnio último tenha também outras dimensões além desta histórico-social. Por isso é que se fala de libertação integral. A fé pode discernir esta dimensão de profundidade; mas não só: ela se constitui em fator de mobilização em favor do compromisso com os oprimidos e por sua libertação. E, por fim, a fé celebra a presença vitoriosa da libertação operada pelos homens na força de Deus, que tudo penetra, e proclama também a plena libertação que já nos foi galardoada na vida, morte e ressurreição de alguém também oprimido, Jesus Cristo, como sinal de que nossa luta e esperança por uma total libertação não permanece no mero âmbito da utopia. Ela se transforma em ridente e completa topia.

3. Opção pelas Comunidades Eclesiais de Base

A comunidade é o espaço no qual os pobres se reúnem, meditam a Palavra, ajuízam a vida e se ajudam mutuamente e se articulam com os demais movimentos populares. O fato mais importante da eclesiologia dos últimos séculos é o surgimento das Comunidades Eclesiais de Base (CEBs). O povo, há séculos silenciado na sociedade e na Igreja, toma a palavra. É um ato de poder. É uma primeira libertação, a libertação da palavra cativa. A importância política de tal acontecimento é incomensurável; o tecido social rompido começa a ser costurado. Uma flor sem defesa pode ameaçar a selva selvagem que é a presente ordem antipopular e discricionária.

Essas três opções básicas trouxeram impasses à Igreja. Ela tomou consciência de que seu corpo eclesial é também atravessado pelos conflitos que dilaceram a sociedade. Em apenas 20 anos não se supera o pacto colonial e neocolonial da Igreja com o bloco histórico dominante. A troca de lugar social implicou para a Igreja um verdadeiro processo de conversão.

Começa agora a se abrir o caminho para um novo tipo de encarnação do Evangelho dentro de um continente ainda virgem: o continente dos pobres. Daí poderá nascer uma nova forma de organização da Igreja, mais popular, mais participada, mais ligada às causas da justiça e da dignidade da vida.

GANHOS E AVANÇOS DE PUEBLA: A CONSOLIDAÇÃO DE UM CRISTIANISMO LIBERTÁRIO

De 27 de janeiro a 13 de fevereiro de 1979, bispos, representando todos os episcopados latino-americanos, se reuniram em Puebla de Los Angeles, México, para fincar os marcos orientadores da evangelização no presente e no futuro da América Latina. Depois de uma longa e conflitiva preparação de quase dois anos, produziu-se um impressionante documento que, na edição da Vozes de Petrópolis, tem mais de 300 páginas.

O texto é extremamente longo, vazado em vários gêneros literários, representando a visão dos bispos acerca da evangelização no presente e no futuro na AL. Todo discurso está ligado a um lugar social. Na ocorrência, o lugar episcopal é aquele dos que detêm o poder sagrado e possuem a responsabilidade primeira pela unidade de toda a Igreja. Como todo lugar, também o episcopal permite, vale dizer, abre possibilidade para um certo tipo de discurso, bem como interdita, descarta e impossibilita certo gênero de intervenção significante. Do lugar do poder, espera-se geralmente um discurso conciliador, não conflitivo e reformista, e não tanto uma palavra profética, denunciadora e inovadora.

O que se verificou, no entanto, em Puebla, foi uma surpreendente conversão do episcopado. Os bispos aprofundaram sua opção pelo povo e pelo pobre. A partir do lugar do explorado, analisam a realidade sócio-econômica e religiosa, detectam o profundo e crescente abismo entre ricos e pobres, e proferem uma palavra profética e evangélica, postulando inovações estruturais em nossa sociedade.

Esta constatação é tanto mais importante quando sabemos do interesse de muitos, especialmente das classes privilegiadas, em apresentar, mediante seus órgãos de expressão, a imagem de um papa conservador e de uma assembléia de bispos em Puebla orientada a corrigir Medellín, de modo especial seu ideário libertador.

Digamos logo tudo e claro: Puebla cofirmou Medellín, aprofundou suas grandes opções e avançou especialmente pelos lados, alargando as bases do consenso eclesial.

1. Os dez eixos centrais do documento de Puebla

Puebla, como o disse João Paulo II, é um "espírito", uma resposta às necessidades e desafios do continente latino-americano. O texto não se entende por si mesmo, e sim dentro do contexto do caminhar e do processo global da Igreja. Puebla significa o momento textual de um processo mais amplo que vem desde o Vaticano II e Medellín. Por isso, o ponto de partida para a análise do documento não são propriamente as diferentes teologias, e sim as práticas predominantes que se experimentaram nos últimos 10 anos. Desde as práticas de uma Igreja que sempre mais vai tentando agir e pensar a partir da periferia, o texto se faz significativo. Sem esta referência à práxis eclesial o texto pode parecer medíocre teologicamente e irrelevante pastoralmente. Como já dito, o que caracterizou o caminho da Igreja desde Medellín foi uma mudança de lugar social e, a partir daí, uma redefinição de sua missão e de sua presença na sociedade dos sub-homens. As grandes opções que constituíram o perfil do rosto da Igreja foram e continuam sendo sua inserção no povo, nos pobres e no movimento de libertação, o fortalecimento da Igreja particular e a criação e ampliação das Comunidades Eclesiais de Base.

Esta virada histórica – Puebla a reconhece em diversas passagens (n. 79, 83 etc.) – significou para a Igreja sofrer incompreensões, perseguições e, em mais de uma ocasião, a prova suprema do martírio. Sem essa trajetória não se pode entender Puebla e a confirmação que ela significa para o batismo recebido em Medellín.

À luz deste tipo de hermenêutica, discernimos 10 temas-eixo que atravessam todo o tecido textual do documento, apesar das descontinuidades que se possam descobrir. São os temas que reforçam, confirmam e aprofundam a Igreja no rumo já definido por Medellín.

1.1. Consagração do método: pensar e viver a fé a partir da realidade social

A organização externa do material de Puebla já é muito significativa. Tudo vem exposto segundo uma metodologia já consagrada pela prática das comunidades cristãs na base e pela reflexão teológica do continente que se inscreve nos marcos da Teologia da Libertação (TL): *ver* analiticamente, *julgar* teologicamente e *agir* pastoralmente. Primeiro, começa o documento todo com uma ampla análise crítica da realidade social latino-americana, detectando as principais angústias e esperanças de nossos povos. Em seguida se monta uma reflexão teológica cuja função seria repensar à luz da fé os desafios identificados na parte analítica. Por fim, apontam-se as pistas da prática cristã como imperativo da análise e da reflexão em função de uma ação efetiva sobre a realidade. Também cada capítulo vem organizado dentro da mesma metodologia: situação-critérios teológicos-opções pastorais.

Toda verdadeira teologia, como ainda o veremos, é *ante et retro oculata*[*], tem um olhar voltado para o presente, detectando os sinais dos tempos, e outro voltado para o passado onde irrompeu a salvação em Jesus Cristo, à luz da qual se interpretam os sinais dos tempos para viver a fé de forma encarnada e libertadora na história. Essa metodologia realiza com toda a pertinência esta tarefa fundamental de toda teologia. Supera-se assim todo idealismo teológico que é um pensar a fé em si mesma e para si mesma, desvinculada de sua encarnação no tempo. A fé cristã não é primeiramente uma teoria, e sim uma práxis que contém sua teoria mas que jamais deve ser pensada, sob pena de se desnaturar, sem referência à práxis (em termos clássicos: sem preocupar-se com a produção de fé, esperança e amor). A primeira palavra tem-na a realidade sócio-histórica: a abordagem dessa realidade não pode, hoje, ser feita ingenuamente a olhos descobertos. Seria o empirismo, insuficiente para detectar os verdadeiros mecanismos de seu funcionamento; não basta também uma análise meramente funcionalista que privilegia o estudo das instituições, de sua função ou disfunção na totalidade social; esta perspectiva, em termos de ação, não passa de reformismo. Vê o funcionamento das partes, mas não se detém no todo; deve-se considerar atentamente as forças produtivas em suas tensões e conflitos, pois elas estão na base das instituições e do movimento histórico-social. Puebla, ao abordar a realidade da AL, desceu até a análise estrutural dessas forças e denunciou os "sistemas", as "estruturas" e os "mecanismos" que geram "ricos cada vez mais ricos à custa de pobres sempre mais pobres" (n. 30; cf. 64, 70, 437, 778, 1136, 1258). A análise se desdobra na consideração das diversas instâncias que compõem o social total: o histórico, o econômico, o político, o cultural, o ideológico e o religioso.

O problema central desse método, que parte sempre da realidade (interpretada sócio-analiticamente), é como articular três discursos de natureza diversa: o sócio-analítico, o teológico e o prático-pastoral. Que isto seja possível, mostrou-o a produção da TL que, a partir de certo momento de sua elaboração, conseguiu superar tanto o teologismo (a teologia como o único discurso válido para pensar o real social) como o sociologismo (as ciências do social como o único discurso legítimo) e ainda o bilingüismo (o paralelismo das duas linguagens, sem articulação), ou seja, a mixagem semântica (a mistura das duas linguagens em uma articulação mal feita). Infelizmente, Puebla se detém, em muitos aspectos, em uma articulação bilingüista. A teologia explícita sobre Cristo, a Igreja, a evangelização não se articula de forma suficiente com a análise social. Mas nas partes em que não havia preocupação com a ortodoxia, quando os bispos agiam como pastores (todas as outras partes pastorais do documento), aí se percebe uma feliz articulação entre situação-reflexão-ação.

Mas fica bem marcada a consagração do método. Inclusive se pede para "educar as comunidades e pessoas em uma metodologia de *análise* da realidade, para depois *refletir* sobre essa realidade a partir do Evangelho e *optar* pelos objetivos e meios mais aptos e fazer deles um uso mais racional na ação evangelizadora" (n. 1307). Os bispos fazem uma confissão de suma gravidade: desde 1955, quando se criou o CELAM, até hoje "a Igreja vem conquistando aos poucos a consciência cada vez mais clara e profunda de que a evangelização é sua missão fundamental e de que não é possível cumpri-la sem que se faça o esforço permanente de *conhecimento* da realidade e de *adaptação* dinâmica, nova, atraente, convincente da Mensagem aos homens de hoje" (n. 85).

1.2. *Três condenações proféticas*

A situação de extrema pobreza e de injustiça institucionalizada (n. 46, 536, 562, 1259 etc.) "acha-se em íntima conexão com o processo de expansão do capitalismo liberal" (n. 437). Ele não se constitui como a causa única, mas como a principal, manifestando-se como "imperialismo internacional do dinheiro" (n. 312), como "neocolonialismo (n. 26), com "novas formas de dominação supranacional" (n. 1264-1265; 427, 501, 1065). O capitalismo é condenado com as invectivas que antigamente se lançavam contra o marxismo; é "um sistema de pecado" (n. 92 no texto de Puebla; no texto de Bogotá: "sistema claramente marcado pelo pecado"); "materialismo" (55, 1065), "idolatria da riqueza individual" (n. 542, 494), "humanismo fechado" (n. 546) e "ateísmo prático" (n. 546). Esta condenação formal do sistema capitalista tem fundamental importância no continente, porque é o sistema reinante, defendido por muitos cristãos.

Para realizar seu projeto, o sistema necessita de regimes de força que são duramente condenados por Puebla porque produzem crescente opressão (n. 508; cf. 46, 793) e uma permanente violação da dignidade humana (n. 41; 1259).

A segunda condenação vinculada ao capitalismo (n. 547) é a Doutrina da Segurança Nacional, que "suprime a participação ampla do povo nas decisões políticas" (n. 547), apresenta-se "como um absoluto por cima das pessoas (...) e institucionaliza a insegurança dos indivíduos" (n. 314). Em seu caráter absolutista "não se harmonizaria com uma visão cristã do homem" (n. 549), embora existam aqueles que "pretendem proteger suas atitudes com uma profissão de fé cristã" (n. 49).

A terceira condenação é a do marxismo (n. 543-546) dentro da tradição das encíclicas sociais, embora se reconheça "sua crítica positiva ao feiticismo do mercado e ao desconhecimento do valor do trabalho humano" (n. 543).

1.3. Dimensão social e política da fé

Se o diagnóstico da realidade social denuncia que vivemos em uma "permanente violação da dignidade humana" (n. 41), em "um conflito estrutural grave" (n. 1209) e em "situação de pecado social" (n. 28), então a terapia não pode ser senão social. Os bispos dizem claramente que "nossa conduta social é parte integrante de nosso seguimento de Cristo" (n. 476). Jamais na história da consciência cristã se sublinhou com tanta força a dimensão política e social da fé. Explicitamente se diz: "A Igreja critica todos aqueles que tentam reduzir o espaço da fé à vida pessoal ou familiar, excluindo a ordem profissional, econômica, social e política, como se o pecado, o amor, a oração e o perdão não tivessem relevância aí" (n. 515; cf. 824). Faz-se talvez o maior elogio oficial da política, dizendo que "essa atividade nasce do mais íntimo da fé cristã" (n. 515) e constitui "uma forma de dar culto ao único Deus" (n. 521; cf. 291). Anunciar "um Evangelho sem conexões econômicas, sociais, culturais e políticas" significa, "na prática, mutilação, e equivale a certa conivência (...) com a ordem estabelecida" (n. 558). Em razão desta dimensão social e política da fé, fala-se conseqüentemente de "mudanças estruturais" (n. 134, 388, 438, 1055, 1155, 1250) e de gestação de uma "nova sociedade" (12, 642, 848, 1128, 1119, 1192, 1305).

1.4. Opção preferencial pelos pobres e contra a pobreza

A dimensão social e política da fé se historifica mediante a solene opção preferencial pelos pobres que os bispos em Puebla, com muita coragem, fizeram. Somente por esta opção já se santificou Puebla e se projetou definitivamente na história do continente.

Primeiramente, trata-se de uma *opção* que é de fato sinônimo de conversão: "O serviço ao pobre exige, de fato, uma conversão e purificação constantes em todos os cristãos, para alcançar-se uma identificação cada dia mais plena com Cristo pobre e com os pobres" (n. 1140).

É uma opção *preferencial*, ou seja, não excludente dos demais (n. 1134, 1165) e sim solidária com as grandes maiorias (1134, 974, cf. 27), superando a mentalidade paternalista. Com esta preferência Puebla quer definir o lugar de onde a Igreja deve falar e anunciar a mensagem libertadora. A partir dos pobres, para todos os outros. A partir deles se recupera a universalidade concreta da Igreja e de seu apelo à salvação porque, quando se fala a partir dos pobres, todas as demais classes sociais se sentem atingidas. O mesmo não ocorre quando se fala a partir dos poderosos porque, então, os pobres ficam efetivamente excluídos. Esta opção acarretou incompreensões à Igreja (n. 83), e "grupos economicamente fortes se sentiram abandonados pela Igreja que, segundo eles, deixou sua missão espiritual" (n. 79).

É uma opção preferencial *pelos pobres contra a pobreza*. Pobres aqui significa aqueles que sofrem injustiças, porque sua pobreza é produzida por mecanismos de empobrecimento e exploração (n. 30, 1160); é portanto um mal e uma injustiça. Optar pelos pobres implica optar pela justiça social, comprometer-se com eles na transformação da sociedade, contra a pobreza iníqua e lutar por uma sociedade mais justa e fraterna (n. 1136; 1154).

Puebla evita falar de pobreza espiritual e prefere a expressão pobreza cristã ou pobreza evangélica que implica participar na condição de vida dos pobres materiais (vida simples, sóbria e austera: n. 1149), uma extrojeção do rico introjetado (superação da cobiça e do orgulho: n. 1149) e por fim atitude de infância espiritual e de total disponibilidade ao serviço (abertura confiante em Deus: n. 1149). Esse tipo de pobreza é um modo de ser sem o qual a vivência do Evangelho é impossível quer para ricos quer para pobres.

Os pobres não têm apenas necessidades a que se deve atender, e sim têm capacidade de transformação histórica, dignidade e potencial evangelizador (n. 1147). A Igreja quer associar-se às suas lutas, angústias e esperanças para construir juntos uma convivência mais justa e livre (n. 1154, 1156; cf. 40).

1.5. Defesa e promoção da dignidade da pessoa humana

A permanente violação dos direitos humanos, especialmente dos pobres, constitui uma chaga que permanentemente sangra no continente latino-americano. Por isso, defender a dignidade da pessoa humana "pode ser o imperativo original desta hora de Deus, em nosso continente" (n. 320), é "grave obrigação" (n. 316) e pertence à tarefa evangelizadora como "parte integrante" (n. 1254, 1283) e como "valor evangélico" (n. 1254). Com uma expressão muito forte se afirma que o "amor de Deus (...) para nós hoje deve fazer-se sobretudo obra de justiça para com os oprimidos, esforço de libertação para os mais necessitados" (n. 327). Porque a opção básica de Puebla é considerar os problemas a partir do ângulo dos pobres, aqui se fala várias vezes não só de direitos humanos (linguagem de tradição burguesa e individualista) mas também de "direitos dos pobres e mais necessitados" (n. 1217, 320, 324, 711, 119), sublinhando muito os direitos sociais e emergentes (n. 1270-1273).

1.6. Opção pela libertação integral

Um tema-eixo que percorre todo o texto de Puebla é o da libertação, constituindo elemento da diretriz básica do documento: criação de comunhão e participação mediante um processo de libertação integral. Entre as coisas que "nossas Igrejas podem oferecer a todos como algo de original e importante" se inclui o "sentido de salvação e libertação" (n. 368). A urgência de libertação se impõe como resposta aos terríveis desafios que as contradições sociais e as opressões concretas exigem. O texto reassume uma formulação da *Evangelii Nuntiandi*[*] "A Igreja tem o dever de anuciar a libertação de milhões de seres humanos, entre os quais existem muitos filhos seus" (EN 30, n. 26). Essa libertação pertence "à própria essência da evangelização" (n. 480), é parte integrante, indispensável e essencial à missão da Igreja (n. 355, 476, 480, 562, 1254, 1283) que deve comunicar a todos "uma mensagem particularmente vigorosa em nossos dias sobre a libertação, sempre no desígnio global de salvação" (n. 479). Esta libertação deve ser global, baseada em dois pólos complementares e inseparáveis: "libertação *de* todas as servidões (...) e libertação *para* o crescimento progressivo no ser" (n. 482), abrangendo todas as relações da realidade (cf. n. 483). Por ser integral, a libertação não tolera reducionismos que são verdadeiras mutilações, quer esquecendo "a libertação do pecado" quer omitido "as dependências e escravidões que ferem os direitos humanos" (n. 485). A libertação começa na história (n. 483) e culmina na eternidade (n. 475, 141). Todas as atividades da Igreja devem revestir-se de uma dimensão libertadora: a evangelização (n. 485, 487, 488, 491); a liturgia deve levar a um compromisso libertador (n. 972); a educação deve proclamar explicitamente Jesus Cristo Libertador (n. 1031); deve-se apresentar à juventude Cristo como libertador integral (n. 1183); inclusive os grupos carismáticos são convidados ao compromisso social (n. 958). Em uma formulação bem completa, diz o texto de Puebla (modificado no texto de Bogotá): "O melhor serviço ao irmão é a evangelização que o livra das injustiças, promove-o integralmente e o dispõe a realizar-se como filho de Deus" (n. 1145). Aqui aflora aquilo que se quer dizer com a expressão "libertação integral".

O cristão se preocupa com libertar a partir da fé; pelo fato de seguir a Jesus Cristo é alguém comprometido com a libertação de si mesmo e junto com seus irmãos. Nos termos do documento, significa "ter uma corajosa profissão de fé e uma eficaz promoção da pessoa humana" (n. 320, 522): "A América Latina necessita de pessoas conscientes de sua responsabilidade histórica e de cristãos zelosos de sua identidade" (n. 864). O que se pede é uma síntese vigorosa entre "a fé que se professa e a prática com o compromisso real que se assume na realidade" (n. 783, 864, 320). Com tais afirmações ficam confirmadas as práticas libertadoras da Igreja e, indiretamente, as reflexões que se fazem, responsavelmente, sobre tais práticas (cf. n. 470).

1.7. Opção pelas Comunidades Eclesiais de Base

Um dos mais palpáveis fenômenos do Espírito nos últimos anos por todo o continente foi a emergência da Igreja na base, entre pobres e oprimidos. Ali puderam viver sua fé comunitária e tentar os passos de uma libertação que nasce e se alimenta da fé. Os bispos confirmaram a validade dessas experiências (n. 156), declaram que elas "são motivo de alegria e esperança" (n. 96, 262, 1309), "focos de evangelização e motores de libertação" (n. 96). Elas constituem parte da riqueza que nossa Igreja pode oferecer a todos (n. 368). As comunidades dão testemunho do desejo de participação (n. 125) e da vivência da Igreja como família (n. 239; cf. 261); sua vitalidade é fonte de novos ministérios (n. 97) e de "uma aproximação aos evangelhos e a uma busca do rosto sempre novo de Cristo, resposta à sua legítima aspiração a uma libertação integal" (n. 173). Seu significado supera o campo religioso, porque se fazem campo de realização de uma forma nova de convivência social, mais fraterna, solidária e participante (n. 273, 622, 629, 640, 643). Foi nelas que toda a Igreja descobriu o potencial evangelizador dos pobres (n. 1147).

Todas as instâncias da Igreja se vêem atingidas pelas comunidades de base, os bispos e presbíteros (n. 626), os diáconos (n. 119, 672), as vocações religiosas (n. 850, 867), a evangelização (n. 1309), a catequese (n. 983), o ecumenismo (n. 1122), a religiosidade popular (n. 462), a oração (n. 952). Existe um sentido verdadeiro na expressão igreja popular (cf. n. 263).

No final, os bispos fazem como que um juramento de "resolutamente promover, orientar e acompanhar as Comunidades Eclesiais de Base" (n. 648). Elas são os primeiros sinais de esperança e de alegria (n. 1309), por elas passa o futuro da Igreja no continente.

1.8. Assunção e purificação da religiosidade popular

Optar pelos pobres implica optar pela religião do povo e por sua cultura que se orienta dentro dos marcos de uma cosmovisão religiosa. O texto reconhece a legitimidade do catolicismo popular, como forma de os pobres e simples viverem a mensagem evangélica (n. 447). O catolicismo constitui "a matriz cultural do continente" (n. 445). Por ser assim, entende-se que a religiosidade popular é "uma forma ativa com que o povo se evangeliza continuamente a si mesmo" (n. 450); é também o conduto pelo qual aflora "o clamor por uma verdadeira libertação" (n. 452), que lhes é negada pela sociedade. Existem também aspectos negativos como a superstição, o fanatismo, o ritualismo (n. 45), que são um desafio à evangelização. Mas isto não impede que a Igreja assuma a religiosidade popular na liturgia (n. 506, 465) e as outras manifestações porque sem esta assunção a Igreja não seria universal (n. 462). Importa desenvolver uma personalização crescente e "uma solidariedade libertadora" (n. 466).

1.9. Opção preferencial pelos jovens

Quase a metade da população dos países da AL é constituída por jovens com menos de 18 anos. Esse fato tem o valor de um capital de esperança e de força renovadora da própria Igreja e da sociedade (n. 1170, 1178). Mas a grande parte está condenada a não poder viver sua juventude; são inseridos no processo produtivo como adultos (n. 1176) e compõem as massas empobrecidas; muitos deles sofrem obstáculos em sua capacidade de renovação do corpo social, reprimidos pelos sistemas de governo (n. 1179). Por ser o jovem o portador do futuro, constitui objeto de uma opção especial da Igreja: "a Igreja confia nos jovens" (n. 1186). A eles se dirige um apelo muito particular para que encontrem na Igreja "um lugar de sua comunhão com Deus e com os homens, a fim de construir a civilização do amor, edificar a paz e a justiça" (n. 1188). A pedagogia da Igreja deve orientá-los para a ação sócio-política e para as mudanças de estruturas (n. 1196) e para que "tenham predileção pelos mais pobres" (n. 1188). O decisivo é que em nossa sociedade se tornem "fatores de transformação" (n. 1187, 1196, 1197) dentro da sociedade e da Igreja.

1.10. Promoção e libertação da mulher

Este tema não ocupa lugar central na temática de Puebla, mas ganhou um tratamento relevante e consciente que pode abrir no futuro insuspeitadas perspectivas. O ponto de vista de Puebla é o dos pobres. A mulher aparece como o grupo humano mais oprimido entre os oprimidos por sua condição de mulher e de pobre (n. 834). A própria Igreja colaborou para a marginalização da mulher por não lhe abrir terreno à participação nas iniciativas pastorais (n. 839). Mas a Igreja apóia as aspirações de libertação e de promoção da mulher (n. 847); ela deve participar como mulher na transformação da sociedade (n. 848). Explicitamente se diz que ela deve "participar em organismos de planejamento, coordenação pastoral, catequese etc." (n. 845), abrindo-se também a possibilidade de novos ministérios. O capítulo sobre Maria sublinha muito o tema de Maria comprometida com os pobres e com a libertação (n. 293, 297, 302) e a apresenta como o modelo do Cristianismo, especialmente da mulher latino-americana.

O balanço de Puebla é positivo: consagra-se o rumo da caminhada da Igreja desde Medellín; as grandes opções dos últimos anos foram agora confirmadas e sacramentadas. Se na fase prepatória havia intranqüilidade e receio com relação à linha de fundo da Igreja, orientada pelo interesse de libertação, justiça social, direitos humanos, opção pelos empobrecidos e sua forma de associação (as comunidades de base), agora todos os fantasmas foram exorcizados. A direção foi socializada. O avanço não se fez tanto para a frente, mas antes para os lados e para o fundo. A base de sustentação do caminho está agora muito mais larga e oficialmente reconhecida. Se Medellín significou o batismo da Igreja latino-americana, Puebla pode ser considerada e celebrada como sua confirmação.

Existem no documento de Puebla muitas limitações de ordem teórica e prática já amplamente conscientizadas pelos diversos analistas, mas não cabe aqui pormenorizá-las. Quisemos acentuar aqueles pontos que fortificam aquilo que tem futuro promissor no continente da AL, especialmente na contribuição de reflexão e ação cristã sobre a contradição principal da realidade social, a brecha cada vez mais larga entre ricos e pobres e os crescentes anseios de libertação.

Que perspectivas se delineiam para o futuro próximo?

2. Olhar para o futuro: uma Igreja mais comprometida com o povo

Não queremos, nesta parte, entrar em muitos pormenores, entretanto, a partir das perspectivas que traçamos, desejamos fazer uma reflexão conclusiva a nível de sociedade e de Igreja.

2.1. A emergência de novos protagonistas do futuro da AL

A América Latina deve ser sempre compreendida não em si mesma, mas dentro da correlação de forças mundiais e das contradições internas do sistema capitalista. Existem tensões entre as potências imperialistas industriais (Mercado Comum Europeu, Estados Unidos, Japão), mas são controláveis devido ao problema do antagonismo entre o campo capitalista e o campo socialista. Em contrapartida verifica-se um conflito cada vez mais agudo entre países ricos e países pobres (relação norte-sul), entre países dependentes e seus centros exploradores.

Parece confirmar-se o fato de que a AL sempre será mais inserida no sistema capitalista dentro de sua nova fase de internacionalização do capital. O Estado, as burguesias nacionais e as corporações transnacionais formam o novo bloco histórico de caráter reconciliador. Os benefícios do desenvolvimento são distribuídos entre eles excluindo de forma cada vez mais exacerbada as classes populares. Esta contradição de ordem econômica exige regimes políticos autoritários e fortes (militares) embora se transformem em democracias relativas e tuteladas. Existe uma tendência a padronizar o desenvolvimento em níveis mundiais com uma nova distribuição internacional do trabalho. Os países centrais detêm para si os setores mais dinâmicos e limpos do desenvolvimento e transferem os clássicos e poluentes para os países periféricos, onde se garantem os lucros já pequenos nos países de origem. Este processo acaba marginalizando não só os operários e os camponeses, mas inclusive as classes médias e a importância do Estado como condutor do desenvolvimento.

As contradições sociais tendem a piorar porque as classes populares, apesar da repressão e da vigilância, terão mais capacidade de reivindicação e de propor um projeto alternativo libertador. Contrapõem uma industrialização para atender a necessidades mais fundamentais e populares (no econômico) e uma participação política mais efetiva (no político) para defender os direitos das maiorias e lentamente gestar uma democracia participativa com raízes na cultura nacional e dos diferentes povos, conferindo-lhes uma legitimação histórica. Estas classes permanecem subalternas, mas com crescente poder para impor mudanças na estratégia de dominação capitalista e preparar as condições históricas para uma nova sociedade mais socializada e simétrica.

2.2. A Igreja encarnada nas classes subalternas

Existem sinais seguros de que a linha iniciada por Medellín e sacramentada por Puebla se há de solidificar e aprofundar no pós-Puebla. O espírito de Puebla causou profundo inpacto em João Paulo II que, com muita coragem, denunciou as opressões sócio-históricas de nosso mundo e fez uma generalização para a Igreja inteira das instituições básicas da Teologia da Libertação. Existe a clara consciência em grupos comprometidos da AL de que as experiências eclesiológicas que se fazem em nosso continente têm uma significação universal; trata-se de encarnar a fé e o Evangelho em um novo mundo, o das classes subalternas, novo sujeito histórico emergente.

O núcleo fundamental de Puebla, como tentamos discernir acima, possivelmente há de conferir o perfil da Igreja latino-americana do futuro. Em um nível espiritual aflorará uma mística de compromisso inspirada na fé, de solidariedade até a identificação com aqueles que sofrem as conseqüências mais duras da exploração capitalista. No nível sócio-histórico, cada vez mais há de se tornar evidente a positiva achega do Cristianismo no processo de libertação dos oprimidos; já não será necessário argumentar e sublinhar a dimensão social e política da fé; esta será, possivelmente, carne e espírito da compreensão cristã.

No *social*, a temática da libertação integral será historificada de forma bem concreta: a libertação econômica, social e educacional constituirá o passo mais importante do compromisso cristão lido teologicamente como uma das concretizações do Reino de Deus. O integral e total passará inelutavelmente por esta mediação particular.

A opção preferencial pelos pobres será, certamente, interpretada, na linha aberta já por Puebla, como opção pelos empobrecidos e compromisso com a justiça social. Medellín falava de Igreja e pobreza; Puebla fala de Igreja e pobres, e o pós-Puebla falará sempre mais de Igreja e empobrecidos. Esta opção deverá ser ainda mais urgente dada a deterioração que o sistema porduzirá com a exacerbação das contradições sociais.

A promoção dos direitos humanos será concretizada como promoção dos direitos sociais das maiorias, ou seja, dos humilhados e ofendidos. A Igreja vai aprofundar a educação popular na linha de uma opção por uma sociedade alternativa e um descompromisso mais forte com o sistema imperante. As instituições médias e superiores da Igreja poderão levar os educandos a uma opção de fé no sentido da justiça social e de uma articulação orgânica do saber e do fazer técnico em função das camadas populares.

No *eclesial*, o eixo teológico fundamental de realização da Igreja será o Povo de Deus organizado em vasta rede de comunidades. Os leigos certamente participarão muito mais nas decisões da Igreja e a mulher terá importância sem-par nas comunidades de base e em outros organismos pastorais. Isto implicará uma redefinição do perfil e estilo do sacerdócio e do episcopado, muito mais articulados com o povo de Deus.

As Comunidades Eclesiais de Base, como tudo leva a crer, compaginarão com profundidade a fé com o compromisso de libertação, as práticas religiosas com as práticas político-éticas. Darão caráter mais acentuado, regionalizado às Igrejas locais, o que trará como conseqüência a assimilação dos valores da cultura popular e regional.

Como em todos os acontecimentos históricos significativos, não faltaram em Puebla as tensões e a manifestação dos jogos de poderes e de interesses. Mas teremos de levar muito a sério a admoestação recente do Papa João Paulo II, quando discursava no Aeroporto de Balice, ao despedir-se da Polônia para regressar a Roma (10.6.79): "Urge ter a coragem de caminhar em uma direção na qual ninguém andou até hoje, do mesmo modo que na antigüidade foi necessária muita coragem a Simão Pedro para se dirigir do lago de Genesaré, na Galiléia, rumo a Roma, que lhe era desconhecida".

O mais seguro hoje não é optar pelo passado e pelo caminho já trilhado, e sim pelo futuro e pelo caminho que se deve ainda abrir.

TERCEIRA PARTE

O CRISTIANISMO E A LIBERTAÇÃO DOS OPRIMIDOS

RELIGIÃO: FREIO OU ACELERADOR DA LIBERTAÇÃO?

Há dois fatos recentes que fazem pensar, quando se coloca o problema da religião como fator de mobilização social. O primeiro é o profeta religioso Khomeiny que, a partir da fé muçulmana, consegue colocar todo um povo em sublevação e derrubar uma das tiranias mais repressivas e bem sustentadas deste século. O segundo são as viagens do Papa João Paulo II atraindo multidões à sua passagem e atentas à sua mensagem. Esta constatação é tanto mais surpreendente quando verificamos que o mesmo não ocorreu quando, uma semana após a visita do Papa ao México (em 1979), foi Carter em visita oficial ao mesmo país – não exerceu nenhum fascínio sobre as multidões. Sabemos que os órgãos de Inteligência dos Estados Unidos subestimaram o potencial mobilizador da religião e se submeteram a rigorosa autocrítica. A pedido do próprio Carter, solicitou-se uma investigação minuciosa a ser feita sobre o fenômeno na AL (América Latina). A religião do povo pode-se transformar, aqui, num conduto de elaboração de teorias e práticas, visando uma sociedade alternativa que não interessa aos objetivos dos condutores atuais da história, especialmente do capital mundial. Ao mesmo tempo, constatamos e saudamos o fato de que em Medellín e, com muito mais determinação, em Puebla, a Igreja continental fez uma nítida opção pelo povo, pelos pobres, por sua libertação, por sua organização em Comunidades Eclesiais de Base e mostrou-se disposta a ajudar na construção de uma sociedade menos dissimétrica, com mais participação e comunhão de todos em tudo. Tudo isto nasce do imperativo da própria fé, quando esta é também vivida em sua dimensão política e social.

Neste contexto, cabe interrogar-se sobre o tipo de contribuição que se pode esperar da religião, no caso vertente, do Cristianismo, na transformação de nossa realidade social marcada, inegavelmente, por um abismo que separa cada vez mais ricos e pobres, como aliás os bispos em Puebla e também nossos bispos o constataram.

1. Dois reducionismos: o teologismo e o sociologismo

Importa colocar com justeza o problema e evitar dois tipos de reducionismo, um do lado do Cristianismo e outro do lado da sociedade. Primeiramente, do lado do Cristianismo, cumpre evitar o *teologismo*. O desvio teórico do teologismo, típico de uma visão eclesiástica do mundo, consiste em considerar o Cristianismo como algo que veio pronto e todo apetrechado do céu, não dependendo absolutamente em nada da história. Considera-se no Cristianismo a relação homem-Deus como a única verdadeira e explicadora da realidade cristã. Por isso, o único discurso adequado, que colhe toda a verdade do Cristianismo, seria o teológico. Os outros discursos que versam também sobre o Cristianismo seriam ideológicos. O erro do teologismo reside em que não se dá conta do enraizamento histórico de toda e qualquer realidade. O Cristianismo não opera em um campo desocupado, mas numa sociedade historicamente situada; querendo ou não, encontra-se limitado e orientado pelo contexto sócio-cultural, com uma população e com recursos limitados e estruturados dentro de um determinado modo de produção, distribuição e consumo. Por mais celestial que seja, o Cristianismo não escapa desta vincuação terrestre. Nele há um componente inegavelmente histórico e humano que deve ser sempre tomado em conta.

Em segundo lugar, do lado da sociedade, há que obviar outro tipo de reducionismo, aquele economicista ou *sociologista*, próprio do marxismo clássico. Marx e Engels na *Ideologia alemã* sustentaram a tese de que a religião é uma variável totalmente dependente da esrutura econômica. "Ela é o ópio do povo – diz Marx em uma passagem clássica –, o suspiro da criatura oprimida, a alma de uma sociedade sem alma, o espírito de um mundo carente de espírito. Superando-se as contradições sociais, desaparece a religião, pois não teria mais seu sustentáculo e perderia sua função". O erro deste reducionismo é não reconhecer um elemento irredutível da religião enquanto expressão da experiência do encontro do homem com o Absoluto (experiência abismal, a assim chamada experiência do "sentimento oceânico"). Só tematiza um lado da verdade religiosa – sua relação com a sociedade, mas se incapacita dever a outra – a relação para com o Absoluto.

2. Religião e sociedade: autonomia relativa

Hoje mais e mais vai se impondo entre os estudiosos do fenômeno religioso, na esteira de Gramsci, Portelli, Godelier, Bourdieu, o reconhecimento de que a religião goza de *autonomia relativa*. Pelo lado da autonomia, a religião possui a sua verdade própria e articula-se num campo que lhe é próprio, aquele do sagrado e do encontro com o Divino (o ponto de verdade de teologismo); pelo lado do relativo, a religião é vista como inserida dentro de uma formação social dada, participando das chances e limitações desta formação social dada (o ponto de verdade do sociologismo). Em outros termos, uma religião concreta (o Cristianismo, por exemplo) não é totalmente determinada pela sociedade ou pela relação com o Absoluto, nem é totalmente independente destas duas instâncias. Ela emerge da articulação de ambas.

O problema que aqui e agora nos interessa é saber em que medida a religião possui força transformadora da sociedade. Sabemos que Karl Marx e Max Weber, em tantas coisas tão opostos entre si, concordavam ao afirmar que a religião cumpre dupla função: ela é uma força legitimadora, totalmente insubstituível, do poder das classes dominantes e meio inigualável de domesticação dos dominados. Destarde, para usar uma expressão do universo gramsciano, a religião socialmente funciona como um "aparelho ideológico do Estado", na consolidação da hegemonia da classe dominante, responsável pela condução do bloco histórico. Entretanto, dadas certas contradições e com o aumento da capacidade de resistência e contestação das classes subalternas, o bloco histórico pode começar a rachar; a ideologia perde mais e mais sua função de costura. Intelectuais orgânicos (no caso, religiosos, agentes de pastoral, sacerdotes, bispos, teólogos, leigos) podem se articular com as forças emergentes nas suas lutas contra a dominação e por sua libertação. Assim, a religião pode ter o seu lugar dentro de uma estratégia de libertação, especialmente se o povo possuir uma cosmovisão religiosa como é o caso da AL. Estes grupos religiosos articulados com as causas de libertação do povo poderão elaborar uma visão religiosa do mundo, haurida da reserva simbólica da fé (a memória perigosa da pessoa e da mensagem de Jesus Cristo, crucificado sob Pôncio Pilatos, que, inegavelmente, privilegiava os pobres e marginalizados a quem chamava de bem-aventurados), e assim ajustar-se aos interesses libertários dos oprimidos, legitimando seus anseios de mudança. Aqui assume importância única a figura do profeta. Ele capta as urgências do momento histórico e as traduz para dentro do campo religioso, fazendo-o capaz da força transformadora da sociedade. Tanto Max Weber quanto Pierre Bourdieu mostraram, neste contexto, contra a recusa marxista a tomar em consideração a importância do indivíduo e dos pequenos grupos no processo de mudança, o fator decisivo que assume o profeta. Dele emanam forças que conduzem a uma inovação estrutural da sociedade. O caso de Khomeiny é elucidativo. À luz destas ponderações, ganham relevância extraordinária as grandes opções da Igreja latino-americana saída de Medellín (1968) e de Puebla (1979), que opta preferencialmente pelos pobres e por sua libertação e quer assumir uma função legitimadora de suas causas e contralegitimadora de suas opressões. A mudança social não é a Igreja que a faz, é o povo. Mas a fé pode ser um fator de mobilização e não de freio. Ela pode oferecer uma mística poderosa de compromisso com as causas da justiça, da liberdade, da participação, pois a própria fé garante que o definitivo que ela visa – Deus, seu Reino, o Sentido dos sentidos – já se antecipou historicamente e começou a se concretizar no coração da própria sociedade, quando são buscadas e realizadas as causas há pouco aduzidas. Finalmente, a justiça, a fraternidade e a liberdade, além de altos bens sociais, são para a fé constitutivos do Reino de Deus.

FÉ E POLÍTICA: TUDO É POLÍTICO, MAS O POLÍTICO NÃO É TUDO

Mais e mais cristãos, por causa de sua fé, se comprometem politicamente, postulando uma mudança qualitativa da sociedade. Mais e mais também se contempla a política não apenas como campo da disputa do poder e da correlação de forças, mas como uma forma de "dar culto ao único Deus", como o expressa o documento final de Puebla (n. 521), na medida em que a política significa a busa comum do bem comum. As posições que a Igreja assumiu nos últimos anos em defesa dos direitos humanos, especialmente dos pobres, seu enraizamento nas comunidades populares e, ultimamente, sua opção preferencial pelos injustiçados e por sua libertação, têm aguçado a questão acerca da relação entre fé a política. Os próprio bispos em Puebla reconheceram o caráter conflitivo deste posicionamento: "Grupos economicamente poderosos que se consideravam líderes do catolicismo se sentem como que abandonados pela Igreja que, segundo eles, teria deixado sua missão espiritual" (n. 79). Outros, habituados a um Cristianismo de práticas cultuais e devocionais, já não entendem a dimensão profética e social que as expressões da fé assumiram nos últimos anos. Criada a confusão, impõe-se um esforço de esclarecimento. A estratégia teórica, então, é procurar reduzir o complexo a seus termos simples e estabelecer a articulação correta entre eles, sem reduzi-los um ao outro. É o que sugere Aristóteles já na primeira página de sua *Política*. Comecemos pela categoria fé.

1. O que é fé?

A fé em seu sentido originário é um modo de ser mediante o qual a pessoa interpreta e vive a vida e a totalidade das experiências à luz de um sentido supremo, decifrado pelas religiões como Deus e pelo Cristianismo como Deus encarnado na figura histórica de Jesus de Nazaré. A fé, portanto, diretamente diz respeito a Deus, e não à política; define a dimensão transcendente do ser humano, não enquanto um agente social, patrão ou operário, preto ou amarelo, mas enquanto um ser humano, capaz de violar todos os tabus e dimensionar-se para além de todas as determinações históricas (liberdade e transcendência). A fé não é somente uma atitude face ao sentido último da vida. Ela possui também conteúdos bem definidos, como é o caso da fé cristã. Fala-se então da positividade da fé judeu-cristã. Assim, petence ao conteúdo material desta fé a afirmação de Deus como comunhão de Pai, Filho e Espírito Santo. O amor e a comunhão são as realidades fundamentais do Divino. Deverão ser a *fortiori*[*] também para todas as realidades criadas pela Trindade. O Filho se encarnou em nossa pobreza; Ele não foi um césar, mas um operário; pregou uma incrível esperança: o Reino da justiça, do amor e da paz já começando na terra e culminando no céu; esta Sua mensagem provocou conflitos com todos os poderosos de seu tempo que se sentiam ameaçados em seus privilégios; Sua morte é sacrifício pela causa do Reino e resulta do conflito que provocou e teve que enfrentar em fidelidade a Deus e aos irmãos. A ressurreição mostra a verdade de sua causa e o triundo do oprimido. O Espírito descido sobre Maria, engrandecendo infinitamente o feminino, completa a obra de Jesus e está como fermento dentro da história, especialmente na comunidade dos seguidores de Jesus. Numa palavra, Deus amou de tal forma os homens que se fez um deles, privilegiando os fracos e empobrecidos deste mundo, e garantiu para todos os que se converterem um desfecho feliz junto com a criação totalmente transfigurada num mundo novo onde não haverá lágrimas e vigorará a justiça. Como se depreende, pelo fato de definir um sentido dos sentidos (sentido supremo), a fé engloba e ordena toda a existência, também as práticas políticas. Neste sentido, a fé, indiretamente, diz respeito também à política. Por isso, com razão dizia Emanuel Mounier que "tudo é político, mas a política não é tudo".

2. O que é política?

Vamos agora à política. Aqui reinam muitas confusões, especialmente ente os cristãos. Importa delimitar, por isso, seu campo semântico e discernir os vários sentidos que a palavra política possui dentro dele. Sugerimos o seguinte esclarecimento semântico, procurando já articulá-lo com o campo da fé (e sua forma organizada em termos cristãos, a Igreja).

a) *O político* pode ser compreendido sob três sentidos: em sentido global, abrange tudo o que se refere à sociedade (pólis, dos antigos), como o Estado (e seus aparelhos), as instituições civis, os sindicatos, as organizações econômicas, culturais e religiosas. Neste sentido global a comunidade de fé (com seu aparelho eclesiástico, a hierarquia) pertence ao político; é um subsistema do sistema global da sociedade. A fé, portanto, é um princípio de organização comunitária com sua incidência sobre a totalidade social. Em sentido amplo: são as várias concepções (ideologias) de organização social, como o capitalismo, o socialismo, o marxismo, a social-democracia; cada uma destas concepções tem suas práticas e projeta sua visão do homem e da sociedade, de sua felicidade (em sentido aristotélico de Política) e de seu futuro. A fé vivida em comunidade (Igreja) participa do político porque possui e veicula a sua visão do mundo e do homem e a partir daí entra em relação de crítica, de rechaço ou de colaboração com outras ideologias políticas. Em sentido comum: todo empenho em prol do bem comum, como a promoção da justiça, dos direitos humanos individuais e sociais, da honestidade política contra toda corrupção etc. Neste sentido comum, a fé possui uma presença densa na política porque, em seu ideário, se privilegiam os valores da colaboração, da retidão, da verdade, não raro explorados em função de uma ética capitalista de acumulação privada.

b) *A política* é o campo da atividade humana que se destina à administração ou transformação da sociedade mediante a conquista e o exercício do poder do Estado. Isto, nos últimos 200 anos, se tem feito pelos partidos que têm suas ideologias, programas, estratégias e táticas. A política, nesta acepção, se define em sua referência ao poder e não à fé; por isso, a política pode ser exercida sem necessitar indispensavelmente da fé, embora a fé possa ser útil à política, no sentido de moderar a tentação de todo poder que é de absolutizar-se. A Igreja, entendida como o aparelho eclesiástico (bispos, padres, religiosos), não pode participar a título institucional; a fé não obriga a um determinado partido (que é sempre meio), pois existem sempre outros meios para atuar na política. Ademais, o partido impõe, e assim deve ser, uma disciplina, define suas táticas e o tipo de obediência necessária; a fé não pode ser enquadrada dentro de tais parâmetros, pois teria que renunciar a ser um sentido supremo. Quanto ao leigo cristão, deve e pode, iluminado pela fé, fazer suas opções políticas, mesmo quando não gozem do respaldo institucional da hierarquia. Essa liberdade lhe é garantida pelo Evangelho, pois este não só possui uma expressão oficial (hierarquia) mas também pessoal.

c) *Politização* é o nome que se dá a toda a atividade orientada para a educação do povo, no sentido da participação em termos globais ou em termos de partidos, no sentido da co-responsabilidade social, do espírito crítico etc. Neste campo, a comunidade cristã possui uma eminente função pedagógica. Ela ensina que a busca comum do bem comum é uma exigência ética da própria fé e um meio para a antecipação do Reino de Deus que já começa aqui na terra. Precisamos recuperar o sentido positivo desta palavra tão difamada por espíritos autoritários e individualistas porque a participação política não é meramente espontânea, precisa ser objeto de educação.

d) *A politicagem* é a corrupção da atividade política, quando o aparelho estatal ou o poder social são colocados a serviço dos interesses particulares, de grupos ou de inteiras classes sociais. A comunidade cristã pode ser envolvida, por privilégios que recebe, pelos mecanismos da politicagem. Na história, a religião se prestou, muitas vezes, a legitimar poderes autoritários e injustos; hoje, entretanto, mais e mais é princípio de crítica e de deslegitimação em função de uma sociedade mais aberta e participante.

Como se depreende, a fé possui sua incidência sobre a dimensão social e política. Ela não se esgota totalmente no social, pois atravessa-o, projetando um sentido terminal do homem e da história. Importa articular as duas dimensões de forma que a fé revele sua dimensão humanizadora e a política seja conduzida como virtude (como mediação para a justiça), e não apenas como técnica do poder. Os bispos em Puebla o formularam em uma frase forte e corajosa: "O amor de Deus... para nós, hoje, deve tornar-se sobretudo obra de justiça para com os oprimidos, esforço de libertação para quem mais precisa" (documento final, n. 327). E a política é um dos instrumentos mais importantes do amor social.

A COMUNIDADE CRISTÃ
E A POLÍTICA CONCRETA

Nos últimos anos para a Igreja da América Latina ficou cada vez mais claro que a política é uma dimensão intrínseca da própria fé. A fé não só fala de Deus e do reino dos justos na consumação da história, mas fala também dos meios e dos obstáculos que impedem ou permitem alcançar tais realidades. Não se promete apenas a ressurreição dos mortos, mas também a vida justa e honesta para o maior número possível de vivos. Os bispos em Puebla criticam "aqueles que tendem a reduzir o espaço da fé... excluindo a ordem profissional, econômica, social e política" (n. 515). A fé, portanto, intenciona uma política concreta, não no sentido de que diretamente dela se deriva um projeto político particular, mas no sentido de que para a fé nem tudo vale. Ela funciona como uma instância crítica, indicando caminhos políticos possíveis e outros condenáveis. Assim, os bispos em Puebla condenaram o capitalismo, o coletivismo ateu, a ideologia de Segurança Nacional. A fé significa uma fonte de inspiração e de animação de práticas políticas que apontam e constroem o bem social para todos, visto pela fé como um bem do reino de Deus antecipado.

1. Uma opção coletiva por um partido

Para ser concreta, a fé precisa de mediações teóricas e práticas. Somente do Evangelho não se apreende o funcionamento de uma sociedade de classes e os mecanismos da exploração capitalista; para isso precisa-se da análise crítica e do estudo científico. Para agir sobre a realidade, a fé necessita, outrossim, da mediação prática (movimentos, instituições, partidos). Neste ponto, a doutrina da Igreja recente distribuiu diferentemente as tarefas: à hierarquia (bispos e padres), porque possui o serviço da unidade entre todos os fiéis, cabe uma tarefa de iluminação da política e de apoio aos leigos comprometidos politicamente; aos leigos compete a política partidária com ideologia e estratégia adequada para alcançar seus legítimos fins.

Hoje, entretanto, a prática vai mostrando outra direção: toda a comunidade cristã se sente responsável pela dimensão política da fé. Não há só a relação política e fé; descobre-se a fé política, quer dizer, a política que incide sobre o poder, sobre as relações sociais e sobre os processos de transformação da sociedade. A função da comunidade não se restringe apenas ao processo sempre importante e continuado de conscientização acerca da importância da política partidária, deixando para cada cristão a opção concreta para um determinado partido. Vê-se a conveniência da própria comunidade, junto com os militantes, optar coletivamente por um determinado partido. Este partido é o que é, mas ele pode servir de conduto pelo qual os valores e opções da comunidade encontram sua expressão política e podem aparecer no cenário público. Isso não significa reduzir a fé somente a esta expressão; mas, face a determinadas conjunturas e à necessidade de se votar, importa concretizar a fé e conferir-lhe um peso político determinado. Estudando-se os documentos pontifícios e episcopais sobre as exigências cristãs de uma ordem política, percebe-se uma linha de fundo bem nítida. Ela é suficientemente concreta pra permitir ao cristão lúcido fazer um juízo crítico sobre os vários projetos políticos e seus correspondentes partidos que disputam o poder. Resumindo em alguns itens, podemos dizer que a fé cristã em nosso contexto de grande iniqüidade social nos aponta para a seguinte política:

1) Uma política *libertadora*: os níveis de degradação da vida são para o povo de tal ordem que uma simples reforma

se mostra insuficiente; urge uma nova sociedade de mais participação e justica, portanto, mediante um modelo libertador do capitalismo.

2) Uma política que se construa a partir dos *esquecidos da história*, portanto, que faça uma opção preferencial pelos pobres, deixando-os ser os principais agentes de sua própria libertação. Em termos concretos, importa sempre perguntar: este partido, esta medida, em que beneficia o povo, especialmente os mais empobrecidos?

3) Uma política que vise um *tipo diferente* de sociedade, onde todos tenham lugar (pluralista) e as formas de participação sejam acessíveis ao maior número possível.

4) Uma política que use os meios que os poderosos dificilmente podem usar: o direito, a verdade, a razão, a resistência ativa. Não só se quer uma sociedade pacífica e justa, mas também os meios devem ser justos e pacíficos.

2. Um decálogo da pastoral partidária

Tendo em conta tal orientação de fundo, fizeram-se dezenas de cartilhas políticas para introduzir o cristão na apreciação crítica das práticas sociais, dos partidos e de suas ideologias. A prelazia do Acre-Purus (Dom Moacyr Grechi) elaborou um "decálogo da pastoral partidária" que é bem representativo de uma linha de Igreja. Convém transcrevê-lo:

1) "Favorecer a educação política da comunidade de forma permanente e não somente nos tempos de eleição".

2) "fique claro nas comunidades este princípio: a participação partidária não é simplesmente livre, mas boa e necessária para o cristão. Note-se porém que esta participação pode se dar em diferentes graus: pelo voto, pela filiação ou pela liderança".

3) "Analisar criticamente partidos e políticos, medidas do governo e conjunturas. Para isso não basta dar critérios de orientação (formação). É preciso ainda fornecer material de informação (história dos partidos, seus programas, seus membros etc.). Isso, porém, deve ser feito de acordo com as necessidades dos vários grupos nos distintos níveis da Igreja: diocese, paróquia, CEB e grupo de evangelização".

4) "A comunidade manifesta sua preferência por um partido: que seja popular mesmo, isto é, que dê chance ao povo de participar de forma crescente até nos postos de liderança; que defenda os direitos dos oprimidos; que vise a mudança social e não sua própria manutenção; que combata a ditadura e todo poder opressor; que lute pela independência econômica do Brasil; que tenha uma orientação socialista, isto é, que vise colocar a economia nas mãos do povo organizado".

5) "Criar condições para que das comunidades surjam líderes que se engajem num partido popular; estes cristãos não se desliguem totalmente da comunidade de origem nem esta os abandone, mas antes os acompanhe fraternalmente com seu estímulo e questionamento".

6) "Que os cristãos tenham a liberdade de criar comitês que sejam lugares apropriados de debate e organização partidária".

7) "Os membros da comunidade tenham a liberdade de trocar francamente idéias em termos de preferência partidária com o objetivo de se ajudarem, como irmãos na fé, a se posicionar corretamente. Evite-se contudo dentro das CEBs toda espécie de propaganda partidária. A escolha final nunca pode ser imposta, mas deve ser deixada à responsabilidade cristã de cada um".

8) "Junto com esta nova frente de engajamento partidário, continuar e ampliar o trabalho de base nos órgãos não-

partidários: grupos de evangelização, sindicatos, associações, etc.".

9) "Que os setores de Periferia, Comissão Pastoral da Terra (CPT) e Centro de Defesa dos Direitos Humanos (CDDH) assumam a tarefa de ajudar as comunidades a tomar uma posição crítica no campo político".

10) "Todos esses critérios devem ser aplicados de modo flexível para se ajustarem às diferentes situações. E devem ser revistos periodicamente pela comunidade para acompanharem a conjuntura. Esse é o 'critério dos critérios'. Como se depreende, a fé fica concreta, libertadora, um verdadeiro instrumento da justiça para todos".

A FUNÇÃO TRIBUNÍCIA DA IGREJA: A VOZ DOS QUE NÃO TÊM VOZ

A conjuntura brasileira dos últimos anos vem se caracterizando pelo aumento crescente da brecha entre ricos e pobres e pela concentração do poder político em pouquíssimas mãos de militares. As estatísticas nos dizem que, de 1960-1977, os 10% mais ricos do país ficaram 17% mais ricos, enquanto nesse mesmo período os 90% restantes ficaram 6,4% mais pobres ainda que antes. Portanto, o fosso social entre uns e outros aumentou em 23,4%.

1. A relação de suplência: Igreja(povo)-Estado

Os representantes do povo, seja em termos de partidos, seja em termos dos corpos intermediários, foram mais e mais cerceados quando não amordaçados. A Igreja, por força de seu enraizamento nos meios populares, foi tomando e continua a tomar cada vez mais consciência da grave sangria a que está sendo submetido o povo. Em razão do vazio político e também por um dever evangélico, assumiu face ao Estado autoritário uma função tribunícia: ergueu sua voz contra a violência feita aos humildes e contra o desrespeito aos direitos humanos e se empenhou em criar em suas comunidades o sentido de solidariedade e a prática da participação. Representou, não sem um preço a pagar, as causas populares da justiça social, do direito à terra e da inviolabilidade da pessoa humana, especialmente dos pobres, posseiros e índios. Numa palavra, exerceu, quase a contragosto, um poder tribunício em favor do povo. Não precisamos recordar em pormenores esta sábia instituição da prática política dos romanos, surgida já em 494 aC., a do tribunato popular. Inicialmente dois, depois cinco e, por fim, 10 "tribunos da plebe" representavam o povo no Senado e contrabalançavam o poder da aristocracia corporificada na figura dos cônsules. Seu poder era sacrossanto. Todas as causas do povo eram defendidas até mediante o veto imposto às decisões dos cônsules. Graças aos tribunos do povo, a República romana funcionava com certa eqüidade, possível naquelas condições sócio-históricas. Na Bíblia, o profeta correspondia ao tribuno. Ele falava contra os poderosos em favor dos pobres e cobrava dos reis sua função de serviço à causa da justiça. Semelhante poder tribunício o profético foi exercido pela Igreja nos últimos 20 anos, granjeando-lhe respeitabilidade em amplos setores nacionais e internacionais. O documento final de Puebla consagrou o embasamento teórico (teológico) que subjaz a este tipo de prática. Fala da opção preferencial pelos pobres e da defesa e promoção dos direitos humanos como pertencendo à evangelização integral. O Papa atual João Paulo II enfatizou vigorosamente este ponto. Aos índios em Oaxaca no México dizia: "O Papa quer ser a vossa voz, a voz de quem não pode falar ou de quem é silenciado". Convocou os bispos a serem "defensores e promotores da dignidade humana"; insistiu em que "face à dignidade humana conculcada a nível individual e a nível social e político, como bispos não podem ficar indiferentes" (discurso inaugural em Puebla). Com isso, se selou um compromisso oficial e solene da Igreja com os humilhados e ofendidos da sociedade e isso ser-lhe-á cobrado pela história. De agora em diante não se poderá, impunemente, ficar aquém do nível de consciência alcançado acerca da dimensão social da fé e das práticas que ela inspira.

2. A verdadeira relação: Estado-povo(Igreja)

Este ponto é de suma importância face à tarefa nova que a Igreja deverá enfrentar. Ela está sendo solicitada pelo Governo, a partir da abertura política, a ser instrumento de mediação e reconciliação no processo de distensão lenta e gradual e nos conflitos que inevitavelmente irão surgir. A Igreja não poderá eximir-se desta função nobre e humanitária. Entretanto, deverá possuir, mais do que nunca, clarividência política e evangélica. Deverá entender que o problema real não reside na relação Igreja-Estado, mas na relação Estado-povo. Sua função de interlocutora do Governo é subsidiária. O povo deverá ter seus próprios representantes; jamais poderão, como regra, ser substituídos pela Igreja ou por qualquer outra instância. O que o Estado autocrático mais teme é o povo e a força dos pobres quando conscientizados e organizados. Esta exigência não poderá ser obviada mediante a mediação eventual da Igreja. Esta sua função tribunícia se justifica somente quando este imperativo for considerado inegociável, como o mostrou, por seu comportamento exemplar, D. Cláudio Hummes, por ocasião das greves no ABC paulista em 1979. Que interesses comandarão os passos da mediação? Na presente situação há que ser realista. Vive-se uma formação social profundamente dissimétrica: há conflitos de interesses cuja gravidade não pode ser escamoteada por nenhum recurso ideológico. Especialmente, os interesses do capital transnacional presente na economia brasileira conflitam com os interesses da grande maioria dos trabalhadores. A paz a ser construída com o auxílio da mediação da Igreja não poderá significar paz para o capital fazer o seu negócio, sob a guarida do Estado, à custa da justiça social, sem consideração para com a deterioração da vida do povo.

Ao aceitar a função de mediação, a Igreja deverá orientar-se pelas grandes diretrizes elaboradas no documento da CNBB, *Exigências cristãs de uma ordem política,* e pelo documento final de Puebla. Aí a Igreja definiu o lugar a partir de onde fala e dirige sua mensagem evangélica a todos os demais setores sociais: a partir dos pobres e dos sem-poder, das exigências da justiça e da dignidade humana. A partir daí reivindica participação e comunhão de todos em tudo o que for socialmente possível. Ver a realidade a partir do pobre implica perceber imediatamente que o dinamismo do sistema social sob o qual vivemos e sofremos se orienta pelo elitismo e pela acumulação excludente. A função tribunícia da Igreja consiste em representar face ao Estado a paixão dolorosa do povo, a dignidade de suas lutas e o direito de suas reivindicações por mais justiça e participação. O que a Igreja deve evitar a todo o custo – daí a vigilância política e evangélica – é cair nas malhas da lógica de todo poder. Os que o detêm, sagrado por um lado e político do outro, facilmente esquecem aqueles a quem estão representando, se unem para juntos buscarem equilíbrio exclusivo das cúpulas. Se isso ocorrer (o que Deus não permita!), a Igreja entrará em conflito com suas intenções manifestas e deixará de ser a voz dos que não têm voz. O que surgir daí não será a paz, mas a pacificação, conquistada mediante o encobrimento dos problemas da justiça e o recalque dos conflitos que dilaceram a sociedade. A paz, que estava no escudo papal de Pio XII, é fruto da justiça. Por outro lado, a Igreja deverá manter também presente que somente com a justiça não se conserva a paz; precisa-se da dedicação, do amor e da capacidade de perdão que transcendam as exigências da justiça. Sem isso não haverá reconciliação nacional nem um homem público verdadeiramente dedicado à causa pública como a um verdadeiro culto a Deus.

Finalmente, parodiando uma palavra da Escritura, deve-se dizer: em política, é preciso que o povo cresça e que a Igreja diminua.

DO CENTRO PARA A MARGEM:
O TESTEMUNHO DE UM PROFETA

Todo ponto de vista é a vista de um ponto. Mudan-do-se de ponto, muda-se também a vista que este ponto possibilita. Existem distintos lugares sociais (engajamento e práticas) e cada lugar social permite (e também interdita) distintas visões da realidade. Não é a mesma coisa ver São Paulo ou o Rio a partir de seu centro, de seus arranha-céus, do luxo de suas vitrines ou a partir da periferia, dos bairros populares, da miséria de suas casas e da falta de infra-estrutura. Lá as contradições se esfumam, aqui elas gritam; lá os mecanismos de exploração não se vêem, aqui eles estão a olho descoberto. Estas diferenças permitem discursos diferentes, com interesses também diversos. A sociologia do conhecimento (também teológico) nos chama a atenção para o laço que vigora entre o lugar social (condição e posição de classe) e as concepções que elaboramos e os interesses que projetamos.

Esta compreensão é importante para o tema que ora nos ocupa: o movimento da Igreja do Centro para a Margem. Durante séculos a Igreja ocupava um lugar social que se identificava ou ficava próximo ao poder econômico, político e cultural, numa palavra, ao Centro. Não queremos fazer um juízo crítico e ético sobre este lugar, ocupado a partir de Constantino e Teodósio no século V, fundando a era constantiniana na Igreja. Somos antes da opinião, para sermos realistas, de que ao Cristianismo não cabia grande margem de escolha: criara-se, com a decadência da cultura romana, um condicionamento histórico tal que ele teve que assumir a condução dos destinos do processo social. Assim se formou um Cristianismo ligado ao poder e ao Centro. O lugar do poder central permite uma leitura da realidade em hierarquias, de cima para baixo, privilegiando os valores da ordem, disciplina, harmonia, consentimento e integração. O poder religioso pode ser diverso de outros poderes por sua origem (divina), mas os mecanismos de seu funcionamento obedecem as leis de todo poder. A história da Igreja confirma esta asserção. Todo poder se exerce sobre alguém; o Centro cria sua Margem. Os níveis de participação no poder nunca foram grandes na sociedade e na Igreja. O poder é fortemente centralizado; isso dá origem a uma faixa larga, destinada à Margem.

O que ocorreu nos últimos 20 anos, a partir do Vaticano II (1962-1965), com mais força em Medellín (1968), e ainda com mais consciência em Puebla (1979), foi um movimento global da Igreja, deslocando-se do Centro em direção à Margem. Seria longo analisar os condicionamentos históricos e teológicos que propiciaram esta verdadeira conversão da Igreja, que implica a troca do seu tradicional lugar social, por um outro lugar, para nós novo, mas, para um historiador da Igreja, mais tradicional que o tradicional, porque mais próximo às origens de marginalidade e pobreza do Cristianismo primitivo. De toda maneira ocorreu esta viragem, especialmente nos países do Terceiro Mundo. Neste contexto é forçoso citar um nome de significado universal: D. Helder Câmara que, ao cair das luzes do Vaticano II, nas catacumbas de Roma lançou, junto com outros bispos, o apelo para uma Igreja pobre e dos pobres. Era a definição do novo lugar social da Igreja e da nova visão que daí resultou. Do Centro para a Margem: esta é uma fórmula que expressa bem a caminhada ainda em curso da Igreja. Este também é o título de um livro – *Do Centro para a Margem* – de um dos mais proféticos e conseqüentes bispos brasileiros, o Arcebispo da Paraíba, D. José Maria Pires (Editora Acauã, João Pessoa), com carinho cognominado Dom Pelé.

O livro de D. José Maria é, de certa forma, magistral porque mostra, numa prática escorada por uma lucidez teórica excepcional, o que significa pensar, viver e praticar um Cristianismo a partir da Margem. Inicialmente devemos reconhecer que o próprio Cristianismo como que reencontra suas próprias raízes quando se posiciona na Margem e a partir da Margem: Jesus, os Apóstolos e os primeiros cristãos viveram à Margem dos poderes daquele tempo. O Evangelho como Boa-Nova só é ouvido com impacto por quem está (realmente ou por opção) na Margem. Aí ele soa como libertação do oprimido, como justiça para o empobrecido e participação para o marginalizado, porque Deus privilegia os pobres e os faz os primeiros destinatários do Reino. Tudo isso se descobre no discurso de D. José Maria Pires com uma diafania, tranqüilidade e serenidade de quem já fez carne de sua carne e sangue do seu sangue semelhante compreensão do Evangelho e da Igreja. Parece que a partir da Margem o próprio Evangelho revela sua nascividade originária. O olhar fica mais puro para o essencial e tudo ganha uma força de convencimento impressionante. Gostaria de ressaltar quatro descobertas que um Cristianismo a partir da Margem permite e que se encontram bem refletidas no discurso de D. José Maria:

1. A descoberta da paixão do povo

A Margem é o lugar onde a vida é severina e onde o sistema econômico, social e político em que vivemos põe à mostra toda sua iniqüidade, deteriorando todas as formas de vida. A partir da Margem não é difícil ver, como o viu Puebla, que o capitalismo é "um sistema de pecado", anti-humano e praticamente ateu (n. 51, 403). Nas palavras de D. José Maria, "ele é irreconciliável com uma Igreja que pleiteia oportuniades para todos, ao passo que uma crescente socialização dos bens e dos meios de produção corresponde muito mais ao projeto de Deus para a humanidade" (p. 10). Isso não é a lição de um cientista social. É a lição de um pastor que mergulhou no meio dos marginalizados e pôde dizer: "eu ouvi os clamores do meu povo" (cf. Ex 3,7) e busca um caminho de libertação.

2. Descoberta da violência institucionalizada

A violação dos direitos dos pobres não é casual, mas é permanente. Eles são zeros econômicos que não são contemplados nos planejamentos oficiais. Daí se entende o compromisso da Igreja com a dignidade dos fracos e oprimidos.

3. A descoberta da força histórica dos pobres

Apesar de toda violência, o povo conserva uma capacidade quase ilimitada de resistência, de paciência histórica e sempre descobre maneiras de se associar. Especialmente a religiosidade popular constitui uma célula de libertação, um respiradouro que reanima a esperança e mantém vivo o sentido de vida.

4. A descoberta do potencial evangelizador dos humildes

Não obstante a miséria social que se abate sobre o povo, neles vivem fundamentais valores evangélicos de solidariedade, de hospitalidade, de sinceridade etc. Eles evangelizam toda a Igreja e talvez sejam atualmente os únicos evangelizadores dos bispos e dos padres.

A Margem lança uma mensagem e um desafio ao Centro. Milhões batem à porta e pedem uma única coisa: ser gente. E esse pedido nos julgará a todos.

QUARTA PARTE

A IGREJA
NAS CLASSES SUBALTERNAS:
UM NOVO PACTO

IGREJA NAS BASES: O POVO QUE SE LIBERTA

A novidade eclesial maior dos últimos tempos foi a Igreja surgindo nas bases da estrutura social: pobres se reúnem para juntos comentarem a Palavra de Deus, confrontando a página da bíblia com a página da vida, e juntos se ajudarem e se defenderem mutuamente. Os bons frutos deste ensaio de reinvenção da Igreja já podem começar a ser apreciados.

Nos dias 10 a 23 de julho de 1978 realizou-se em João Pessoa, PB, fato memorável para a história da Nova Igreja: o III Encontro Nacional e Intereclesial das Comunidades Eclesiais de Base (CEBs). Congregou 150 participantes entre representantes de Comunidades Eclesiais de 47 Igrejas de todo o país, 17 bispos, 18 agentes de pastoral e nove assessores de várias especialidades. Este evento marca um ponto culminante na trajetória da Igreja dos últimos 15 anos. A partir do Vaticano II, e particularmente desde Medellín em 1968, a consciência eclesial viu-se despertada pelo fato escandaloso das imensas maiorias empobrecidas e exploradas que compõem a nossa realidade latino-americana. E quase todos eram cristãos esbulhados por outros cristãos, minorias ricas economicamente, e reacionárias socialmente. Lenta mas persistentemente foi se perfilando em amplos setores da Igreja uma opção clara: opção pelo povo, pelos pobres, pela libertação. A Comunidade Eclesial de Base (CEB) seria o lugar onde se realizaria a essência teológica da Igreja e, ao mesmo tempo, a prática de libertação dos pobres pelos próprios pobres. A experiência foi tão bem sucedida que em 1975, em Vitória, ES, se fez o primeiro encontro nacional, reunindo os agentes de pastoral e bom número de bispos que buscaram tomar o pulso do fato e trocar informações sobre as CEBs. O lema era significativo: *Igreja que nasce do Povo pelo Espírito de Deus*. Uma realidade se impunha com a clareza dos fenômenos originários: o que nascia não era mais uma reprodução da Igreja tradicional assentada sobre o eixo sacerdotal e sacramental. Era uma nova realidade que nascia do coração do próprio povo pobre em virtude do Espírito inovador de Deus, organizada pelo leigo em torno da Palavra de Deus e do seguimento de Jesus Cristo. Chamou-se a esse movimento de eclesiogênese: gênese de uma Igreja. Esta palavra, nascida no seio do Encontro de Vitória, correu mundo. Hoje constitui uma palavra técnica para definir o que ocorre nas bases da Igreja e da sociedade.

Em 1976, na mesma cidade de Vitória, organizado pela diocese presidida por dois bispos dos mais lúcidos deste país, D. João Batista Motta e D. Luís Fernandes, celebrou-se o II Encontro Intereclesial de Comunidades de Base. Seu *motto* identificava o fato novo: *Igreja, povo que caminha*. Nesse encontro se faziam presentes bispos e agentes de pastoral e inúmeros representantes das bases, estes compondo metade da Assembléia. Costatou-se a caminhada do povo. Não apenas nascia uma maneira nova de ser Igreja, "nascida da velha Sara que, quase estéril, finalmente concebera e dera à luz uma criança que já engatinhava vigorosa".

E então, dois anos após, em João Pessoa, manifesta-se fato notável: a Assembléia é constituída em sua grande maioria pelos próprios representantes das bases. Eles que organizam, falam, decidem. Os bispos, os agentes de pastoral e os assessores escutam e aprendem. Poderíamos em poucos pontos caracterizar este encontro que levava como lema: *Igreja, povo que se liberta*.

1. A Igreja da base toma a palavra

Eis um fato inaudito nos quase 480 anos de história pátria e eclesial brasileira: o povo toma a palavra. Esta palavra ficara sempre monopólio de um corpo de peritos da Igreja: do catequista, do padre, do bispo. O povo fora reduzido a simples receptor e reprodutor do discurso dos outros. Sua voz fora sempre eco da voz dos superiores. Agora se ouve a voz do povo. Durante os quatro dias do encontro a própria base abordou estas quatro grandes questões: A nossa realidade e a ação sobre ela; Análise desta realidade e desta ação detectando: qual a raiz principal que explica a realidade do empobrecimento, quem está adubando essa raiz e se o que as comunidades fazem aduba ou corta a raiz. Em terceiro lugar, operava-se uma leitura de nossa realidade à luz do Evangelho, desmascarando o que está por detrás e a iniqüidade da raiz que alimenta uma árvore que produz maus frutos. Por fim, e em quarto lugar, decidiam-se os passos de continuidade, ao nível das comunidades locais, regionais e da articulação nacional.

Os assessores e bispos puderam ouvir da boca do próprio povo a sua paixão, a espoliação econômica, política e cultural a que estão submetidos, seus gritos por justiça e sua fome de participação. Faziam-no não como exacerbados profetas de mau agouro, mas com a serenidade de quem conhece os passos lentos mas seguros da libertação que implica sofrimentos e repressão. Aconteceu uma verdadeira celebração da fala: quando rezavam e comentavam o Evangelho, quando representavam ao vivo seus próprios dramas, quando analisavam a realidade social e eclesial e quando votavam pistas de atuação. Aí estavam os mártires e confessores das lutas pela justiça, camponeses quais Davis lutando contra os Golias latifundiários, para os quais o gado e a cana contam mais que a pessoa humana. Aí estavam falando operários que se articularam com outros movimentos para conseguir, mediante o expediente último, a greve, conservar o mínimo de dignidade do trabalho face à deterioração do custo de vida, produzida pelas grandes indústrias que os utilizam como combustível para o seu projeto de acumulação desmesurada.

2. Igreja da base une fé e vida, oração e libertação

Outro fato se revelava logo ao ouvinte atento: o povo da base não conhece eufemismos. Não existe isto de vida de um lado e fé de outro. A fé é prática que se compromete com a libertação. Não ocorriam muito as palavras Deus, Cristo, graça, Espírito Santo, sobrenatural. Alguém habituado ao discurso oficial tradicional seria levado a estranhar e a pensar: aqui estamos diante de uma fé secularizada que perdeu a memória de sua origem evangélica. Poderia imaginar: aqui se fala mais de libertação, de união, de defesa dos direitos pisoteados, da terra roubada, do salário retido etc. do que da realidade sobrenatural e da referência ao Reino. Ledo engano: o povo não separa libertação e Evangelho, natural e sobrenatural. Para ele, Cristo, o Reino, a graça, a referência transcendente é carne da carne, força do espírito e móvel de toda a prática. Vigora uma unidade profunda: a vida é plena e completa como um tronco de árvore. O sobrenatural, a graça e o Reino não são discursos nem se encontram automaticamente quando e onde se fala deles; são realidades sempre e estruturalmente presentes nas práticas verdadeiras que buscam a justiça e a fraternidade. Neste sentido, o encontro de João Pessoa estava cheio de Deus e do Evangelho, o que se percebia quando a cada dia se faziam as celebrações e se explicitava o sobrenatural presente no dia-a-dia. Sintoma de separação entre vida e fé é a necessidade de continuamente ter de se falar de Deus, do Reino e da Graça. Ora, este é o vício mais comum entre religiosos, padres, bispos; graças a Deus, em grande parte debelado pelo povo na base.

3. A Igreja da base sabe que é Igreja dos pobres, Igreja de Cristo

Um dos participantes no encontro dizia, a certa altura, com uma pitadinha de amargor: a Igreja tradicional não sabe que não é o Reino, não sabe que não é a sociedade e não tem consciência de que não sabe. Os cristãos das CEBs possuem a nítida consciência de que são uma classe oprimida, de que o pobre tem que acreditar no pobre e têm consciência de que por causa disto são eles os portadores do evangelho e do privilégio de Jesus e do Reino. Sentem-se, os camponeses e operários, apesar da diversidade de situações, solidários e participando de um mesmo drama: têm um mesmo inimigo comum, o sistema capitalista que os espolia; uma mesma prática de libertação e uma mesma esperança, a de ajudar a construir uma sociedade mais igualitária, cuja matéria possa tornar mais crível e concreto o Reino de Deus neste mundo.

Não se trata mais de uma Igreja para os pobres, nem com os pobres. Mas de uma verdadeira Igreja *dos* pobres. Os pobres se reúnem. Vivem o Evangelho cujo sentido libertador foi seqüestrado por tantos séculos. Sabem-se Igreja dos apóstolos e de Jesus Cristo e por isso em comunhão com a Tradição da Igreja e com a Igreja de seus Pastores e do Papa em Roma. Jamais se notou nos três encontros de CEBs, e especialmente no de João Pessoa, um enfrentamento de princípio com a Igreja-grande-instituição, representada especialmente pelos bispos. Os participantes revelaram que têm consciência de que a Igreja historicamente se realizou preferencialmente nos meios burgueses e privilegiou os detentores do poder. Mas mesmo assim foi ela a transmissora de Jesus Cristo e de sua Salvação. Hoje, sentem-se fortificados quando vêem que frações importantes dessa Igreja tomam partido pelos pobres e assim ajudam a marcha de libertação deles na direção de uma sociedade mais justa e por isso mais consentânea com o Reino. A universalidade da Igreja hoje passa pela mediação dos setores oprimidos. Ela não será plenamente universal se não os inserir dentro de sua própria realidade e fizer acontecer neles a libertação trazida por Jesus Cristo e, na nossa conjuntura, sinalizada por formas mais participadas da convivência social.

4. Igreja na base portadora da esperança e do futuro da fé

A Igreja no mundo inteiro reflete em si a crise pela qual passa toda a sociedade ocidental: sociedade assentada sobre elites que detêm o monopólio do ter, do poder e do saber. Esta sociedade produziu obras faraônicas, mas à custa de exclusão de grandes maiorias humanas que não podem participar dos benesses produzidos por todos mas apropriados por uns poucos. Este tipo de sociedade tem cada vez menos futuro. Cada vez mais se difunde esta consciência. Nela não há esperança. O futuro e a esperança medram no coração dos excluídos. Eles são os artífices de um mundo mais humano. A fé vivida na base pelos explorados do sistema vigente ajuda, ao lado de outros movimentos que postulam uma sociedade diferente, a gestar um mundo mais digno das ânsias humanas e mais propício para realizar o grande projeto histórico de Deus. Daí serem as CEBs comunidades abraâmicas – para usar uma expressão tão cara a D. Helder Câmara –, comunidades messiânicas, ligadas à missão do Messias, que é de libertação e construção do futuro definitivo da criação em Deus.

Esta consciência foi bem expressa na introdução às conclusões do Encontro de João Pessoa: "queremos dizer – lê-se aí – que cada dia alimentamos o nosso compromisso com o Evangelho de Jesus Cristo acolhido na fé da Igreja e vivido na nossa maneira de amar os nossos irmãos oprimidos. Recomeçamos, a cada dia, a mudança do mundo em direção ao Reino da Justiça, pela própria maneira pessoal de cada um se comprometer e também a comunidade eclesial, a fim de que todos nós sejamos testemunhas vivas da aliança do Senhor com o seu povo".

Cabe a todos os que têm fé ouvir o que os pobres hoje nos têm a dizer. São eles, na presente situação, nossos mestres. São eles nossos doutores.

PELOS POBRES CONTRA A POBREZA

Um dos tópicos mais significativos da III Assembléia Geral do Episcopado Latino-Americano, reunida em Puebla (1979), e destinado a fazer história, é sem dúvida a opção preferencial pelos pobres. O móvel básico foi assim enunciado: "Necessidade de conversão de toda a Igreja para uma opção preferencial pelos pobres, em vista de sua libertação integral" (documento final, n. 1134). O enunciado confessa que a Igreja que opta preferencialmente pelos pobres não é ainda a Igreja dos pobres; trata-se de uma Igreja que, historicamente, se encontrava comprometida com as classes não-pobres e que, nos últimos anos e agora com mais determinação, assume a causa dos pobres e se propõe entrar num processo que deve culminar na gestação de uma Igreja preferencialmente dos pobres e de uma sociedade que supere a pobreza, não pela riqueza, mas pela justiça.

Estimo que com esta opção preferencial pelos pobres se produziu a grande e necessária revolução copernicana no seio da Igreja, cujo significado desborda do contexto eclesial latino-americano concernindo a Igreja universal. Sinceramente creio que esta opção significa a mudança teológico-pastoral mais importante ocorrida depois da Reforma protestante no século XVI. Por ela se define um novo lugar histórico-social a partir de onde a Igreja quer estar presente na sociedade e construir-se a si mesma, isto é, no meio dos pobres como os novos sujeitos emergentes da história.

1. Que é opção preferencial pelos pobres?

Dada a importância do tema convém definir do melhor modo possível seus termos, para alcançarmos clareza teórica, importante para as conseqüências práticas e obviarmos as ambigüidades inerentes aos assuntos conflitivos. Comecemos por opção:

a) Opção quer dizer conversão

Puebla é muito clara ao identificar opção com conversão: "O serviço do pobre exige, de fato, uma conversão e purificação constantes em todos os cristãos, para conseguir-se uma identificação cada dia mais plena com Cristo pobre e com os pobres" (n. 1140). Se se fala de necessidade de conversão, está implicado que a Igreja deve pôr-se em movimento pascal de morrer para um tipo de presença junto aos pobres e renascer a partir de outra atitude. Na verdade, a Igreja jamais esqueceu os pobres ao longo de toda a sua história, pois pertence ao legado fundamental de Jesus Cristo e da herança dos Apóstolos o cuidado pelos necessitados e *últimos* da história. Entretanto, como já o consideramos, a relação se definia a partir dos ricos e não a partir dos pobres. A partir dos ricos, o pobre só pode aflorar como alguém que não tem, é indigente e necessitado. Só a visão do pobre a partir do pobre permite descobrir sua força, sua dignidade, sua riqueza humana própria. Na primeira atitude, o pobre é apenas objeto de ajuda. Na segunda, é sujeito capaz de mudança. A primeira relação é assistencialista; a segunda, libertadora. A primeira é reformista; a segunda, revolucionária; a primeira deixa intacta a estrutura da sociedade; a segunda quer superá-la e transformá-la em outra nova.

Na consciência desta mudança de atitudes, os bispos em Puebla afirmam: "Nem sempre nos preocupamos com eles e somos com eles solidários" (n. 1140). A estratégia histórica da Igreja de associar-se às classes dirigentes que, por sua vez, controlam o Estado, servi-las mediante suas escolas católicas, universidades pontifícias e outras instuições não produziu os frutos intencionados. A inteção era converter os filhos dos poderos (econômica, social, ideológica e politicamente) para que, convertidos, humanizassem as relações entre as classes e ajudassem os pobres em suas necessidades. A ajuda que jamais faltou nunca foi suficiente nem efetiva porque jamais questionou o sistema social no qual vivemos e que é o principal produtor do empobrecimento por privilegiar o capital sobre o trabalho.

Agora a opção/conversão aos pobres implica que a Igreja se volva de maneira mais direta para as camadas populares; evita a mediação das classes hegemônicas e dos aparelhos de Estado e pedagogicamente confia na força libertária dos próprios pobres. Ela mesma quer encarnar-se mais e mais nos meios pobres e usar meios pobres para atingir os pobres. Tudo isto exige uma mudança/conversão das mentalidades e das práticas eclesiais. Poderá surgir uma Igreja com rosto novo, latino-americana, portadora do futuro da fé no terceiro milênio.

b) Preferencial: a partir dos pobres e aberta a todos

A Igreja é essencialmente católica, por isso não pode ser reduzida aos limites de uma classe social. Com a expressão preferencial se quer exatamente salvaguardar a essencial universalidade da mensagem cristã: está aberta a todos os que querem ouvir a palavra de Deus e pô-la em prática. Entretanto, a expressão diz algo mais. Quer estabelecer a perspectiva fundamental a partir da qual se vê a realidade social e se organizam as prioridades. Jesus Cristo fez inequivocamente uma opção pelos pobres; a partir daqueles que não têm, daqueles que se sentem oprimidos e injustiçados o anúncio libertador de Jesus é percebido como boa-nova (Lc 4,17-21). Eles são os primeiros destinatários do Reino de Deus porque o Reino é de justiça para os injustiçados, Reino de amor para os marginalizados, Reino de paz para os assolados pela opressão. Daí se depreende que o tema dos pobres não é um entre tantos dos Evangelhos. É aquele sem o qual o Evangelho não se revela como boa-notícia de Deus. É portanto essencial à compreensão do Jesus histórico e do sentido de sua mensagem. A Igreja, para se mostrar fiel ao seu fundador, não pode senão ser pelos pobres contra os seus opressores. Quando ela faz sua a opção do Jesus histórico, então ela é concretamente infalível e pode estar certa de ser conduzida pelo Espírito. A III Assembléia dos bispos latino-americanos (Puebla, 1979) ficará para sempre na história do continente: houve bispos que, cheios de coragem evangélica e solidários com seus irmãos pobres, ousaram tomar publicamente partido pelos oprimidos. E foi uma decisão oficial de toda a Igreja do Continente.

Ela assim mostrou que é uma Igreja verdadeiramente santa e santificada.

c) Pobres: empobrecidos e injustiçados

Existem poucas palavras do vocabulário cristão que carreguem tantas ambigüidades quanto esta. Por esta razão, conviria definir seu campo semântico e os significados que a expressão pode ter.

Pobreza como falta de meios: é o sentido mais direto de pobreza como deficiência que se deve sanar. É sinônimo de carência em face de necessidades básicas não satisfeitas, seja no plano dos bens materiais seja no plano de participação social ou política (n. 1135, nota 331). Semelhante pobreza não é necessariamente culpável. Pode ser inocente, no sentido de que todo um grupo humano, devido ao atraso tecnológico ou à deficiência do meio natural, participa da carência. Optar pelos pobres nesta acepção implica o esforço de criar condições de autonomia e de reprodução da vida. O oposto desta pobreza é a riqueza como abundância de meios de produção e reprodução. De um ponto de vista humanístico (e, *a fortiori*, cristão), tanto a pobreza-carência como a riqueza-abundância encerram em si um perigo de desumanização. Pode-se matar alguém tanto por falta como por excesso de alimento.

Pobreza como virtude: é sinônimo de ascese[*], sem significar porém o desprezo dos bens – o que seria mau – e sim o uso moderado deles, libertando o espírito e o corpo tanto da miséria quanto da acumulação sempre escravizante. Toda criatividade em qualquer campo supõe a ascese. O documento de Puebla faz o elogio da pobreza-ascese (n. 1148), pregada pelos Evangelhos e por todos os mestres do Espírito. O oposto a esse tipo de pobreza é a prodigalidade. Esta pobreza foi tradicionalmente intencionada pelos votos religiosos e muito acentuada pela moral cristã.

Optar pelos pobres neste sentido significa optar por uma vida sem luxo e contra a mentalidade consumista de nossas sociedades modernas (n. 1152).

Pobreza como um mal e uma injustiça: pobreza significa, aqui, propriamente empobrecimento; pobreza culpável, por ser produzida por mecanismos de expropriação do valor do trabalho, que dá origem ao enriquecimento "de poucos cada vez mais ricos à custa de pobres cada vez mais pobres" (n. 30). Esta pobreza é injustiça e pecado social por resultar de relações sociais iníquas e opressoras. Ela constitui um desafio ao próprio Deus. A primeira tarefa do Messias, na mentalidade bíblica, é intervir em favor dos pobres que sofrem injustiça, a fim de restabelecer-lhes os direitos e fazer justiça ao órfão, à viúva e ao oprimido (cf. especialmente Is 1,17). Assim o entendeu Jesus em sua proclamação programática na sinagoga de Nazaré (Lc 4,17-21). Os pobres são privilegiados pelo Messias e por Deus não por terem boas disposições, e sim pelo simples fato de serem pobres – como o diz o documento de Puebla: "Seja qual for a situação moral ou pessoa em que se encontrem" (n. 1142). Este o sentido da bem-aventurança dos pobres, segundo Lucas (cf. 6,20). O oposto a esta pobreza-injustiça é a justiça. Por isso, optar preferencialmente pelos pobres significa optar pela justiça social, comprometer-se com a transformação da sociedade, desde os pobres e com eles, para criar *não* uma sociedade rica – porque seria também injustiça – e sim para ajudar a gestar uma sociedade justa e fraterna (n. 1136; 1154).

Pobreza, modo de ser humilde: equivale a humildade, simplicidade, desprendimento, total disponibilidade, abertura irrestrira para receber e dar. Chama-se também pobreza de espírito que constitui um modo de ser, próprio do espírito evangélico. Significa entender tudo o que somos e temos como entrega e serviço e superação de todo egoísmo. Este o sentido da bem-aventurança dos pobres, segundo a versão do Evangelho de Mateus (cf. Mt 5,3). O oposto a essa pobreza-humildade é o farisaísmo e a fanfarronice. Este modo de ser é imprescindível para a vivência do Evangelho e foi já desenvolvido no Antigo Testamento na figura dos anawim (pobres e humildes de Javé).

Pobreza como solidariedade com os pobres: a pobreza pode ser uma das expressões do amor e da solidariedade. Alguém que não é pobre se faz pobre e solidário com os pobres para junto com eles lutar contra a pobreza-injustiça. Somente está com os pobres quem luta contra a pobreza que os esmaga e humilha. Se a pobreza e a injustiça são conseqüência da falta de solidariedade, então só a solidariedade pode vencer a injustiça e a pobreza aviltante. Optar pelos pobres significa optar por seus direitos, por sua dignidade e pelas mudanças necessárias na sociedade. O oposto desta pobreza-solidariedade é o egoísmo e a insensibilidade diante dos problemas das imensas maiorias de nosso mundo.

O terceiro e o quinto significados de pobreza (pobreza-injustiça e pobreza-solidariedade) foram nos últimos anos os mais aprofundados e vividos na América Latina. Estes são os significados também dominantes no documento final de Puebla, especialmente no capítulo sobre a opção preferencial pelos pobres. Em formulação muito feliz se articulam os dois sentidos: "Comprometidos com os pobres, condenamos como antievangélica a pobreza extrema que atinge numerosíssimos setores em nosso continente" (n. 1459). Como fica claro, opta-se pelos pobres, contra sua pobreza: solidariedade com os pobres e rejeição de sua situação injusta de pobreza (n. 1155).

2. Implicações políticas e eclesiais da opção pelos pobres

A opção preferencial pelos pobres tem um sentido político inegável. Na correlação de forças sociais, a Igreja se desloca de seu tradicional lugar ao lado do poder e passa para o lado dos não-poderosos. Com isto reforça o pólo dialético social mais frágil (classes populares) e legitima suas slutas e respalda sua vontade de mudanças sociais.

A Igreja ganhou uma função social nova. Não é mais princípio legitimador dos poderes estabelecidos, e sim, de crítica e de denúncia de seus abusos. Já não se pode contar com a Igreja para a manutenção do *status quo*; ela agora articula sua pastoral no sentido da libertação, promoção humana e defesa dos direitos dos pobres. A Igreja se sente solidária com todos os grupos que propõem uma sociedade alternativa. Sua opção pelos pobres implica uma opção de classe – tem-se que reconhecer isto – porque os pobres constituem as classes populares desarmadas. Mas sua opção não se esgota na classe por abranger mais que a classe pobre. A partir dos pobres ela se dirige às outras classes, matizando seu discurso religioso para que as exigências da justiça e da participação social sejam efetivas para todos, e não somente para uma classe.

Por outro lado, a opção pelos pobres implica profundas mudanças eclesiológicas. A Igreja tenta reinventar-se a partir dos pobres para que toda a Igreja seja uma Igreja *para* os pobres, *com* os pobres e *dos* pobres.

Isto não significa que os ricos devam sentir-se excluídos da Igreja; significa que, uma vez convertidos e atingidos pelo anúncio evangélico, os ricos devem sentir-se urgidos a se comprometer pela justiça, contra a pobreza-injustiça e a exploração. Sua fé sem a prática da solidariedade não conserva sua identidade de fé cristã e salvífica; degenera em ideologia religiosa, intimista e privatizante. Optar pelos pobres implica optar pelo valor da cultura dos pobres, da cultura do silêncio, pela religiosidade popular e pela forma como o povo pobre vive sua fé. Mais e mais vive sua fé nas Comunidades Eclesiais de Base. Mais que um instrumento de evangelização com nova maneira de ser Igreja, trata-se de uma Igreja que nasce da fé do povo mediante o Espírito-Deus. A comunidade de base tem como modelo não mais uma Igreja de poderes sagrados, e sim uma Igreja de comunhão de serviços. Com isto, se redefine o estilo de ser presbítero e bispo e se abre um campo novo de vivência do carisma religioso. É graça de Deus que mais e mais a Igreja-grande-instituição esteja optando e aceitando as comunidades de base e a vasta rede de comunidades vai vivendo em comunhão e querendo a Igreja-grande-instituição. Essa mútua conversão enriquece a todos.

O rosto futuro da Igreja ganhará suas características da coerência com que mais e mais cristãos se decidam a viver esta opção preferencial pelos pobres de todo o mundo, que outra coisa não é senão uma opção por um mundo mais justo a nível internacional, mais simétrico, participativo e fraterno, e portanto um mundo que deve mudar.

Libertar os pobres, ajudar ali onde estamos, eis uma tarefa messiânica para a qual cada crente foi vocacionado. Neste seu esforço a Igreja pode tolerar ser difamada pelos ricos; o que não pode é sentir-se desprezada pelos pobres.

DIREITOS HUMANOS: DIREITOS DOS POBRES

Os antecedentes históricos das várias Declarações dos Direitos Humanos, seja da revolução americana (1776), seja da francesa (1789), ou das Nações Unidas (1948), se encontram nos debates acerca dos direitos dos pobres, vale dizer, dos índios e negros por ocasião da conquista da América Latina no século XVI. Os índios têm ou não têm direitos iguais aos portugueses e espanhóis?

1. A luta dos fracos

Contra as maiorias que negavam direitos aos índios, Las Casas e outros argumentavam: eles têm os mesmos e iguais direitos porque são humanos; logo, pertencem à família de Deus, são chamados a participar da comunidade do povo de Deus e são nossos próximos. Todas as possíveis desigualdades, diferenças de religião, de moral, mesmo o fato de, como os astecas, oferecerem sacrifícios humanos, não lhes tira o sagrado direito de serem respeitados. Em nome disto é interdito tratá-los como animais, ou buscar seu *bem* mediante meios violentos e contra a sua vontade. Esta questão dos direitos, desde que foi colocada, jamais deixou em paz o Ocidente. É sempre uma luta dos débeis contra a prepotência dos poderosos. A declaração dos direitos do cidadão e do homem do tempo da Revolução Francesa se fez em nome da emancipação do indivíduo, limitando o poder do Estado e da sociedade. Proclamam-se "direitos naturais, inalienáveis e sagrados" sobre a base da igualdade e da universalidade. Entretanto, apesar do caráter universalista, se trai nitidamente o lugar social dos que fizeram a proclamação: são aqueles que serão denominados "burgueses", sujeitos históricos do projeto liberal capitalista, assentado sobre o valor da individualidade e da propriedade privada. Por isso, são direitos do homem considerado separado do outro homem e da sociedade. Tanto a liberdade e a propriedade privada quanto a igualdade e a segurança não são fundadas na relação do homem para com o outro homem e com a responsabilidade social, mas no seu isolacionismo. Aqui há uma ruptura com a matriz cristã do século XVI quando os direitos dos índios e negros eram definidos em termos de direitos de participação e reconhecimento da sociedade como membros *pleno iure* (com todos os direitos). Por causa do seu enraizamento liberal, até hoje a luta pelos direitos humanos se concentra em alguns eixos que interessam de modo particular às classes burguesas: liberdade de expressão, liberdade de impensa, liberdade de propriedade, liberdade de religião (no sentido de não ter nenhuma). Inegavelmente são direitos e valores de alto apreço. Mas convenhamos: estes são direitos exercidos essencialmente pelos poderosos, e não por todos; eles não são ilimitados, a ponto de significar, como acontece em nossas sociedades capitalistas, opressão sobre os fracos. O indivíduo não é apenas autônomo, separado do conjunto da sociedade. Os direitos do cidadão têm que estar sintonizados com os direitos sociais. É errôneo conceber a sociedade apenas como somatório de indivíduos; isto implicaria entender o social individualisticamente. O social – já o ensinava Émile Durkheim – deve ser pensado socialmente, o que supõe que a sociedade constitui uma realidade própria, diversa dos indivíduos isoladamente considerados. Daí os direitos e deveres sociais possuírem consistência própria, em articulação com os direitos individuais.

2. A luta contra os poderosos

Esta consideração é importante para ajuizarmos a campanha mundial pelos direitos humanos encabeçada pelo Presidente Carter. Ela possui grandes méritos naquilo que reivindica (respeito aos direitos pessoais, contra a tortura e a prisão de dissidentes políticos etc.), mas pode significar um engodo naquilo que oculta (os direitos sociais). Em nome dos direitos humanos, os países ricos criticaram, com razão, a violação grave que ocorre nos vários regimes militares da América Latina. Estes países, entretanto, se apresentam como regimes honestos e limpos e respeitadores dos direitos fundamentais dos cidadãos. Aqui está o engodo ideológico, pois somente se vêem os direitos individuais e se omitem as violações dos direitos sociais em nossos países, pelas quais os países ricos são os principais responsáveis. Pelas relações de exploração que mantêm com nossos países, geram crimes econômicos e políticos que obrigam nossos governos, para manter o mínimo de ordem social, a reprimir de forma implacável e às vezes bárbara. A causa principal não se encontra em nossos governos, mas nos mecanismos econômicos controlados pelo capital transnacional, cujas sedes se encontram nos países ricos. Aqui há um farisaísmo político que deve ser desmascarado: aqueles que lutam contra as violações dos direitos individuais no Terceiro Mundo são os mesmos que, por sua presença dominadora em nossa realidade sócio-econômica, criam condições que os tornam impossíveis de serem observados. Toda violação dos direitos humanos deve ser denunciada (e é este o momento de verdade na campanha de Carter) porque é sempre um crime contra a dignidade humana. Mas quando a violação sistemática e constante ocorre porque assim o exigem as regras do jogo capitalista e por causa da desigual relação entre países ricos e pobres, então a luta não deve ser dirigida contra as violações, mas contra os mecanismos sociais e econômicos que levam a uma permanente violação dos direitos das grandes maiorias que são pobres (e é este o momento da ocultação ideológica do bem-intencionado Carter). E aqui a responsabilidade maior cabe aos países ricos que, mediante suas tentaculares multinacionais, controlam as economias nacionais e criam os mecanismos de violação estrutural dos direitos humanos.

3. Os direitos das maiorias pobres

O discurso acerca dos direitos humanos é hoje quase totalmente capturado pelos agentes que mais os violam. Por isso, lentamente e não sem influência das Igrejas que em nosso continente colheram méritos na defesa dos direitos dos pobres, principalmente seu principal formulador, o Cardeal de São Paulo, D. Paulo Evaristo Arns, se está impondo uma linguagem alternativa, capaz de evitar a instrumentalização ideológica da temática dos direitos humanos. Fala-se em direitos das maiorias que são os direitos dos pobres. O bem comum é o bem das maiorias, opção preferencial pelos pobres implica opção preferencial pelas maiorias oprimidas e violadas, a democracia deve ser pensada e criada a partir dos marginalizados. A partir dos pobres evidencia-se uma priorização necessária nos direitos humanos: prioridade primeira recebe o direito à vida e aos meios de subsistência (integridade física, saúde, casa, trabalho, educação). Os demais direitos devem ser definidos a partir deste básico. Então aparece claramente que os direitos humanos, como a história o confirma, significam uma limitação do direito dos poderosos em favor dos direitos dos fracos para que todos igualmente possam criar e usufruir de uma convivência justa e fraterna.

Com este tema entroncamos com aquele bíblico: o direito dos pobres é o direito de Deus. O pobre não tem ninguém que o defenda em seus direitos. Deus assumiu sua causa (Dt 10; Jr 22,16; Pr 22,22-23) e encarregou o rei de defendê-los em seu nome: "O opressor do pobre injuria seu Criador; mas honra a Deus quem se compadece dele" (Pr 14,31). A bondade de um governo se mede, segundo a Bíblia, pela situação em que vive o pobre. É o critério de sua moralidade. Quanto não deve fazer ainda o Estado para ser digno do aplauso divino?!

A DIMENSÃO POLÍTICA DA LUTA PELOS DIREITOS HUMANOS

Mais e mais nos grupos de promoção e defesa dos direitos humanos se impõe a convicção de que esta luta específica deve ser social e política porque a causa principal das violações dos direitos, particularmente dos oprimidos, é de natureza social e política. A ordem capitalista, dependente e articulada com o sistema capitalista transnacional, é especialmente cruel para com as classes populares. Ela não resolveu até hoje o problema básico do povo com referência ao trabalho, à saúde, à moradia, à terra e à educação. Entre o regime militar e o regime presidencialista atual não houve transição no que se refere à natureza da dominação; apenas as formas mudaram, conservando-se, entretanto, a lógica de exclusão e da marginalização. A violação dos direitos pessoais e sociais das grandes maiorias é permanente e estrutural e encontra sua explicação principal na vigência e consolidação desse modo de convivência social e política que se estrutura ao redor da dominação do capital sobre o trabalho. Esta ordem capitalista também fala de direitos humanos sem comprometer seus interesses fundamentais; ela se opõe e combate a violência manifestada, defende as liberdades de pensamento e expressão e permite certa mobilização popular. Entretanto, deixa intocada a estrutura básica da qual se alimenta a dominação do capital: o controle do processo produtivo por parte dos detentores do capital, a hegemonia política da classe dominante e a posse privada dos meios de comunicação de massa que funcionam como uma máquina produtora de ideologia alienante e desmobilizadora das forças sociais.

1. Um discurso alternativo: os direitos a partir das maiorias pobres

Nos últimos anos, a partir da experiência de cristãos comprometidos com as causas populares, se cunhou uma alternativa ao discurso liberal-burguês acerca dos direitos humanos. Ele dificilmente pode ser utilizado e manipulado pela classe dominante: defesa e promoção dos direitos humanos a partir das grandes maiorias que são pobres ou, simplesmente, direitos dos pobres e na ótica dos oprimidos. Na tradição bíblica estes direitos são identificados com os direitos de Deus. Hoje esta linguagem penetrou em amplos setores da sociedade, comprometidos com a crítica e a superação histórica do sistema capitalista. Esta impostação dos direitos humanos obriga a uma hierarquização na realização dos direitos. Em primeiríssimo lugar devem vir os direitos à vida e aos meios da vida (trabalho, moradia, saúde, educação básica, lazer) e em seguida os demais direitos, como o direito de expressão, a liberdade de ir-e-vir e outros. A razão principal reside no fato de que os direitos à vida e aos meios da vida são a pré-condição necessária para a existência dos demais. Um cadáver já não goza do direito de expressão. Já não pratica religião nem vai-e-vem. Se bem consideramos, são os direitos dos empobrecidos os únicos incondicionalmente universais: a vida é para todos, a alimentação é para todos, a moradia é para todos etc. Ora, a ordem capitalista não cria socialmente estas pré-condições materiais para a concretização destes direitos. Por isso eles ficam proclamatórios em todos os seus programas. Aí se entende por que a luta pela vigência dos direitos humanos a partir da ótica dos oprimidos implica a superação da ordem capitalista. A classe dominante que se beneficia da organização social em moldes capitalistas não pode, sem negar-se, lutar pelos direitos dos pobres. Ela tem de desaparecer enquanto classe. Caso contrário vive-se esta contradição: o sistema que garante a segurança e os privilégios da burguesia é o mesmo que perpetua a exploração do trabalhador e marginaliza os demais, quer dizer, que lhes viola os direitos básicos.

A consciência desta contradição é importante para aqueles grupos ou pessoas do movimento dos direitos humanos que aceitaram algumas responsabilidades na administração dos governos da nova-velha república. A justificativa não é desprovida de valor; importa ocupar espaços de poder, faz-se mister sbrir brechas no próprio sistema para que as contradições tragam benefícios ao povo ou que o povo possa sentir-se representado no próprio esquema da administração. Com esta intenção, centenas de líderes comunitários, um sem-número de intelectuais orgânicos, técnicos e agentes populares aceitaram cargos nos vários níveis de poder. Depois destes poucos anos de relativa abertura, pode-se fazer uma avaliação. Ela não é ridente. Há profundas decepções. Muitíssimos foram cooptados pela lógica do poder liberal-burguês. Um governo que estruturalmente não foi montado sobre a base popular e que historicamente se organizou sempre em benefício dos setores dominantes da sociedade não podia relacionar-se com o movimentos populares senão de uma forma assistencialista e populista. Caso fosse realmente democrático, de cunho participativo e popular, estouraria por dentro e perderia suas forças de sustentação. Este constrangimento interno fez com que se processasse um movimento enorme de assimilação e incorporação dos representantes populares no projeto da burguesia populista e ilustrada. Esta constatação não depõe contra a necessidade de se abrir brechas no sistema e conquistar fatias do poder em benefício dos oprimidos. Mas não poderá ser a opção hegemônica. Ela só surtirá um relativo efeito caso vier escorada na opção principal, esta sim hegemônica, de se trabalhar com o verdadeiro sujeito histórico portador da alternativa à ordem capitalista: o povo e suas organizações, que querem uma sociedade mais social.

2. Uma prática alternativa: a partir da periferia em direção do centro

O movimento de defesa e promoção dos direitos humanos na perspectiva das maiorias oprimidas deve entender-se com um elo nesta imensa corrente dos que se sentem portadores de um projeto histórico alternativo àquele capitalista. O portador deste projeto é o conjunto das organizações populares que se articulam entre si para acumular forças, resistir e avançar. Por isso o movimento deve definir sua linha de atuação: junto às organizações populares e na perspectiva de reforçar sua autonomia em vista de implementar uma nova ordem. Esta deve ter no povo organizado o eixo articulador de todo o poder. Neste sentido, se impõem tarefas imprescindíveis, como; organizar os grupos de direitos humanos sempre em articulação com os movimentos populares; manter viva sua identidade que consiste em analisar todas as questões na perspectiva da concretização ou violação dos direitos e ajudar na criação das condições reais para que sejam observados; resgatar e cobrar tudo o que a ordem capitalista teve que conceder ao povo em termos de direitos do trabalho, da segurança, da saúde, da educação etc.; quando na região não houver movimentos populares, ajudar na sua suscitação; caso existam, reforçá-los e compor-se com eles; fazer denúncias, pressões junto às autoridades ou instâncias responsáveis pela contenção ou punição das violações aos direitos; por fim, manter sempre viva a estratégia de base: a criação de uma democracia de cunho popular e participativa, pois somente assim se dão as condições históricas para a concretização dos direitos humanos, especialmente dos que antes eram marginalizados. Esperar que o Estado burguês e as classes beneficiadas pelo sistema criem condições de observância dos direitos das maiorias pobres é uma ilusão que não nos podemos mais permitir. Importa, sim, confiar na força histórica dos empobrecidos conscientizados e organizados, compor-se com eles e avançar. Somente a partir desta prática e da clareza teórica com referência ao projeto popular e democrático é que podemos pretender abrir brechas no poder e ocupar espaços nele.

RELIGIOSIDADE POPULAR:
O SEU BOM USO POLÍTICO

O interesse pelo povo e por tudo o que lhe pertence por parte de alguns setores da sociedade civil e da Igreja propiciou a valorização da religiosidade popular. Não se pode entender a identidade histórica do Brasil e, de modo geral, da América Latina sem a presença da "evangelização constituinte", como a chama o documento episcopal de Puebla, feita pela Igreja ao longo de todo o nosso processo social. A religiosidade, particularmente de vertente católica, constitui, agrade ou não aos analistas, uma das estruturas básicas de nossa realidade. Nós últimos anos, com os estudos antropológicos, sociológicos e teológicos, a religiosidade foi redescoberta como valor que desborda de seu significado especificamente religioso atingindo o social e o político. Ela pode ser um fator de grande mobilização libertária.

1. Atitudes face à religiosidade popular

Face ao fenômeno da religiosidade popular existem várias atitudes, corporificadas em distintos grupos da sociedade.

A primeira é aquela tradicional do Cristianismo ortodoxo, clerical e apologético. Este interpretava a religiosidade popular como algo decadente do Cristianismo oficial, como mescla de elementos ortodoxos com outros mágicos, supersticiosos e míticos, predominando estes sobre aqueles. Esta interpretação não percebe que a religiosidade popular católica constitui um sistema diferente de tradução do Cristianismo dentro das condções concretas do povo. Sua linguagem segue os mecanismos lógicos do inconsciente. Por isso, para entendê-la, faz-se mister um instrumental adequado e diferente daquele com o qual se analisa o cristianismo oficial que se orienta pelo pensamento reflexo e pelo rigor da lógica do consciente.

A segunda atitude é aquela dos filhos da primeira ilustração, que começou a predominar a partir do século XVIII e compõe hoje nossas elites intelectuais e econômico-sociais. Elas são, geralmente, a-religiosas, indiferentes, e guardam apenas ritualmente alguma referência com o Cristianismo, por ocasião do batismo, do casamento e do enterro. De resto, possuem um soberano menosprezo pelo povo e por sua religiosidade 'anacrônica", não ilustrada e ignorante. O *ethos* que vivem, efetivamente, se orienta mais pelas ideologias e práticas consagradas dentro do capitalismo do que pela inspiração cristã. Quando se interessam pela religiosidade, o fazem num sentido folclórico ou com fins eleitoreiros. Não raro a religiosidade popular é manipulada para desmobilizar as consciências prestes a se revoltarem contra o excesso da iniqüidade social. Aqui a religiosidade funciona como ópio e cai, perfeitamente, sob a crítica marxista.

A terceira atitude é representada pelos filhos da segunda ilustração, aquela inaugurada pela crítica marxista às ideologias que sustentam práticas opressoras. A religião, numa simplificação teórica ingênua, é tachada de falsa consciência, ópio adormecedor e grito ineficaz do oprimido e instrumento simbólico pelo qual o dominador assegura sua hegemonia. Esta atitude é assumida, geralmente, por quase todas as esquerdas de inspiração marxista e que recitam, sem crítica, a vulgata marxista: dispensam-se de analisar o fenômeno religioso em sua capacidade de resistência e de animação no processo de libertação dos oprimidos: a chave marxista é aplicada dogmaticamente. Não respeitam o povo, penetram nas comunidades cristãs, procuram assumir as lideranças e conduzir o grupo por caminhos desvinculados de sua matriz de origem cristã.

Uma quarta atitude é esposada pela doutrina ou ideologia da segurança nacional. Ela quer capitalizar para si o potencial religioso do Cristianismo. O Estado de segurança nacional apresenta-se como o defensor da civilização cristã e ocidental mesmo em desacordo com a Igreja que se compromete, exatamente, por causa da fé cristã, com as causas da justiça e da defesa dos direitos humanos. O que a ideologia da segurança nacional na verdade defende são os elementos mortos do Cristianismo, suas expressões objetivas e culturais, não seu espírito e sua força de amor, de justiça, de fraternidade, capazes de mobilizar a sociedade para formas de convivência mais equilibradas. Este encurtamento patológico do Cristianismo à medida dos interesses elitistas de grupos dominantes e reacionários foi ilustrado pelo relatório sobre as atividades da Igreja elaborado pelo Centro de Informação e Segurança da Aeronáutica (CISA), a serviço da ideologia da segurança nacional, e publicado em 1979. Pretendem saber melhor do que a Igreja o que é o Cristianismo.

2. O uso legítimo da religião

Todas essas atitudes que sumariamente descrevemos representam uma atitude canhestra face ao fenômeno da religiosidade popular. Não lhe fazem justiça. Qual é a atitude correta? Primeiramente devemos tomar o fenômeno por aquilo que ele é e assim respeitá-lo: religião. Toda religião é uma expressão sócio-cultural de uma fé, de um encontro do homem com o Divino. Na religião se articulam os grandes temas que movem as consciências e as buscas humanas radicais: pelo sentido da vida, da dor, da sobrevivência; na religião se elabora o discurso sobre o

Sentido supremo (Deus) e se ouvem as promessas de salvação, com um homem novo em um novo céu e numa nova terra. Tematiza-se também a dimensão do homem voltada para o incondicionado e absolutamente importante na vida. A religião tem o seu uso legítimo: evocar, suscitar, animar e expressar esta experiência irredutível. Para isto ela existe. Um uso que não respeite a natureza do religioso significa manipulação desrespeitosa e secularista.

Não obstante tudo isso, precisamos atender a outro problema: a religião em suas instituições possui um peso social que transcende o espaço religioso. Este peso social pode ser instrumentalizado em distintas direções, seja para domesticar os oprimidos, seja para legitimar a dominação dos poderosos, seja para alienar as verdadeiras causas da verdade e da justiça. É neste campo que se verifica uma disputa pela força do capital religioso. A Igreja dos últimos anos, por exemplo, está usando do peso social da religiosidade popular (não dizemos usando da religiosidade, mas deste seu aspecto sócio-histórico) num sentido de conscientização da dignidade inviolável da pessoa humana, da criação de comunidades populares, de uma pedagogia de participação e corresponsabilidade e, de forma manifesta, no sentido da libertação integral. Cremos que somente esta atitude e este uso que potenciam e libertam o humano respeitam a natureza da religião: seu uso não é instrumentalização que desnatura a religião, mas explicitação da intenção ínsita dentro de toda religião: ela é sim para Deus, mas também para os homens, para sua dignidade, sua justiça, sua liberdade e libertação, pois é no gozo destas realidades que o homem é e se sente filho de Deus e habitado pelo Eterno.

DOM HELDER CÂMARA: MÍSTICO, POETA, PROFETA E PASTOR

Dom Helder é certamente a personalidade religiosa mais significativa do Terceiro Mundo. Depois do Papa é o bispo católico que goza de maior universalidade. Ele não pertence somente à Igreja Católica. É um patrimônio espiritual da humanidade. Sua audiência está para além das confissões e dos limites das ideologias. Não é fácil traçar o perfil desta personalidade tão bem dotada. Nasceu a 7 de fevereiro de 1909 de uma família pobre de 13 irmãos em Fortaleza, Ceará, no Nordeste brasileiro. Em 1923 entrou para o seminário. Em 1936 já era padre no Rio de Janeiro, onde atuou particularmente nos meios pobres por 28 anos. Em 1952 é nomeado bispo e, em 1955, arcebispo. De 1964 até 1984 esteve à frente da Arquidiocese de Olinda-Recife. Após sua renúncia, aos 75 anos, assume vigorosamente uma missão universal em favor dos oprimidos do mundo inteiro, contra a corrida armamentista, em prol da paz e da construção de uma nova consciência de fraternidade planetária. Das muitas facetas de Dom Helder, quatro me impressionam mais profundamente: o homem de Deus, o poeta, o profeta e o pastor.

1. Dom Helder, homem de Deus

Para ninguém Deus é uma realidade evidente. Ninguém jamais viu a Deus. Mas o discurso sobre Deus se torna plausível e até convincente quando encontramos homens de Deus como Dom Helder Câmara. Nele há uma transparência e uma força de ternura e bondade tão imediata e penetrante que ele simplesmente fascina e se impõe. Não se trata de provar que Deus existe. Faz-se a experiência da bondade e da ternura, da compaixão e do amor para com o outro tão contagiante que, referida a Deus, transmite a convicção inarredável: um Deus assim é bom que exista, é amigo dos homens e nos dá uma superabundância de vida e de sentido. Dom Helder é um sacramento de Deus. Desde 1955 até os dias de hoje, às duas da madrugada, desperta e se entretém em longos diálogos com Deus. Canta, chora, ri, se lamuria e dança diante do Deus que se faz Pai, amigo, irmão, confidente. Talvez resida aqui o segredo do carisma e da irradiação universal de Dom Helder.

2. Dom Helder, poeta

Já os antigos reconheceram que o místico e o poeta têm em comum a mesma fonte donde permanentemente se abeberam: a inesgotável capacidade de admirar. Essa adimiração permite ver conexões entre fatos os mais simples e deixa sempre o surpreendente acontecer. A retórica de Dom Helder é carregada de lirismo que vem da tonalidade da voz, da grandiosidade dos gestos que dão a impressão de dobrar-lhe a estatura minúscula e da extrema brevidade de seus poemas. São como haikais resplandecentes. Basta ler os livros *Um olhar sobre a cidade*, *O deserto é fértil* e *Mil razões para viver*. Demos alguns exemplos: "Diante do colar / belo como um sonho / admirei, sobretudo, / o fio que unia as pedras / e se imolava anônimo para que todas fossem um" (*O deserto é fértil*). Cenas do quotidiano da existência humana, como o fato de haver mão esquerda e mão direita, lhe inspira este pequeno poema: "Perdoa, mão esquerda / se, eternamente, és segunda.../ a simplicidade com que acorres / ao menor aceno / da mão direita, tua irmã, / e como estás distante / de ressentimentos e mágoas / complicações e complexos" (*O deserto é fértil*).

154

3. Dom Helder, profeta

O carisma maior de Dom Helder é sua profecia. É uma figura franzina e cheia de ternura. Mas, quando se enche da iracúndia sagrada contra as violências impostas aos pobres, mostra um vigor de uma árvore amazônica. Dom Helder não é um profeta moralizante, da simples comoção face à miséria. Ele vai às raízes que produzem tais desgraças. Em sua peregrinação pelo mundo, sempre procura mostrar o nexo causal que vigora entre a riqueza de uns poucos países e a pobreza das grandes maiorias. Mais do que qualquer Papa, denunciou a iniqüidade do sistema capitalista e dos regimes de opressão, como aquele brasileiro que dominou de 1964-1985. Conheceu a perseguição, o silêncio dos próprios colegas no Episcopado, um atentado de morte. Bem dizia ele: "Se der pão aos pobres, todos me chamam de santo. Se mostrar por que os pobres não têm pão, me chamam de comunista e subversivo". Mas este é o destino de todo o profeta, homem da contradição e da perseguição. Bem o reconhecia em outro lugar: "Quem se arranca de si e parte como peregrino da justiça e da paz, prepare-se para enfrentar desertos" (*O deserto é fértil*). Mas os desertos podem ser férteis: essa é a sua fé. A atividade profética de Dom Helder está na raiz da Teologia da Libertação. Foi ele um dos primeiros a cunhar a expressão libertação integral como alternativa à ideologia do desenvolvimentismo. Para ele, "a causa do século reside em completar a libertação dos escravos sem nome e que são, hoje, dois terços da humanidade; completar a independência política dos países que conquistaram a própria soberania, encorajando-os a obter a independência econômica, sem a qual de pouco adiantará o próprio ingresso na ONU" (*O deserto é fértil*). E esta libertação não virá primeiramente dos Estados ou das classes opulentas que se sensibilizaram pela questão social. Virá dos próprios oprimidos organizados e feitos sujeitos de sua própria libertação. Dom Helder nos ajudou a todos a compreender os equívocos do simples fazer *para* o povo, eternizando as relações de dependência; mostrou em sua prática como é realmente libertador atuar com o povo, a partir do povo e sempre junto com o povo. "É impossível trabalhar com o povo sem aprender dele, mesmo naquelas situações em que estamos ensinando; mesmo aí aprendemos dele". Todos são convocados a participar do imenso processo de libertação, pois "ninguém é tão rico que não tenha nada a receber e ninguém é tão pobre que não tenha nada a dar". Por tudo isso Dom Helder é considerado o patrono da Teologia da Libertação e sua melhor expressão espiritual e pastoral.

4. Dom Helder, pastor

Embora seja o grande apóstolo dos pagãos modernos, dom Helder não deixou de mostrar-se também como um pastor organizado em sua diocese e um grande organizador de decisivos organismos eclesiais. Trabalhou sempre com leigos; explorou ao máximo as possibilidades teológicas do laicato, a ponto de que ir mais para além seria afetar a própria estrutura eclesial. Seu mérito maior foi, ainda como sacerdote, ter inspirado em 1952 a criação da conferência Nacional dos Bispos do Brasil. Ela foi excogitada em longas conversas com Montini, quando ainda não era bispo e trabalhava na Cúria Romana. Dom Helder intuíra que a missão social da Igreja no Brasil exigia uma pastoral de conjunto e uma estratégia de longo alcance para fazer frente, a partir dos recursos evangelizadores da Igreja, aos problemas de nosso capitalismo dependente e profundamente antipopular. O espírito aberto, ousado, libertário que caracteriza a Conferência dos Bispos do Brasil, lhe advém da herança espiritual de Dom Helder, que por 12 anos foi seu secretário executivo. Em seqüência da CNBB, Dom Helder intuiu também a criação do CELAM como expressão da colegialidade episcopal latino-americana e como foro de uma planificação evangelizadora na linha da libertação integral dos povos latino-americanos. Isso se deu em 1955, por ocaisão do Congresso Eucarístico Internacional, no Rio de

Janeiro. Pesa hoje uma grave suspeita sobre o CELAM que, devido a alguns hierarcas carreiristas, tenha perdido a consciência da importância histórica da experiência do catolicismo latino-americano (tão presente em Dom Helder e Dom Manuel Larraín, bispo chileno, prematuramente falecido) no seu sentido libertador e gestador de uma nova expressão do evangelho com as marcas dos indígenas, negros, mestiços e brancos.

O Espírito fez maravilhas neste pequeno nordestino brasileiro. Não é a Igreja que o honra, mas ele que honra a Igreja; não são as universidades que o reverenciam com dezenas de títulos de *doutor honoris causa*, mas é ele que reverencia as universidades com seu prestígio e nome. Enquanto houver pessoas carismáticas, proféticas, pastorais e poéticas como Dom Helder, temos a certeza de que a esperança não arrefeceu nos corações humanos nem a graça divina abandonou nossas sociedades.

UM CARDEAL TEÓLOGO, AMIGO DOS TEÓLOGOS E DEFENSOR DA LIBERDADE DE PENSAMENTO

Dom Aloísio Lorscheider, antes de cardeal da Igreja, talvez um dos mais prestigiosos por seu espírito evangélico e por sua bondade, é um amigo dos teólogos e do trabalho criador e, por isso, livre, dos teólogos. A primeira vez que trabalhei com ele foi numa reunião da CLAR (Confederação Latino-Americana de Religiosos) em Los Teques, na venezuela. Lá estavam cerca de 200 religiosos e religiosas de todo o Continente. Ele estava representando a Presidência do CELAM (Conselho Episcopal Latino-Americano). Impressionou-me sua grande simplicidade e seriedade nos trabalhos. Participei do grupo de estudos onde ele também estava. Escutava com total atenção a cada pessoa, anotava tudo, intervinha brevemente, renunciando a qualquer hegemonia. Depois na celebração eucarística no grupo brasileiro, com sinceridade, pedia perdão de seus pecados e insuficiências. A mesma impressão se confirmou, anos após, quando me convidou para dar um curso sobre Teologia da Libertação para a sua diocese de Fortaleza. Como um estudante, sentava-se no meio do clero, anotava tudo, ia para os grupos de estudo, aprendia das exposições e dos debates. Curiosamente veio me buscar com seu Volkswagem popular no aeroporto. O avião atrasou cerca de uma hora e meia. Soube que ficou lá aguardando minha chegada. E eu imaginei um Cardeal europeu, aguardando no aeroporto um teólogo, depois dirigindo o carro pela cidade até a sua casa. Isso é impensável, quando sabemos do ritual de toda a recepção: marcar a audiência um bom tempo antes, confirmá-la no dia anterior, aguardar na ante-sala e a introdução na sala por um secretário. Com Dom Aloísio tudo é direto, como irmão recebe outro irmão.

Conheci-o também no seio da Comissão Episcopal de Doutrina (CED) da Conferência Nacional dos Bispos do Brasil. Em várias reuniões estávamos aí um grupo de teólogos junto com os bispos sob a coordenação de Dom Aloísio. Foi quando percebi sua estatura de teólogo. É fino no pensamento; conhece bem a tradição teológica; muito bem orientado com referência à teologia moderna, teólogo ativo dentro da Teologia da Libertação. Não só conhece a teologia da Igreja e dos outros. É ele também teólogo. Doutorou-se e foi professor em Roma e no Brasil. As reflexões que produz nas reuniões de bispos, de padres e de teólogos revelam uma enorme capacidade criativa e espiritual. O que escreveu sobre a renovação da paróquia, sobre as CEBs, a Igreja dos pobres, a nova imagem do sacerdote e da Igreja e sobre sua própria conversão a partir da convivência com os pobres do Nordeste pertence ao melhor que a hierarquia brasileira e latino-americana jamais produziu. Nunca mais esquecerei o discurso que fez em Puebla, antes do começo dos trabalhos e no dia seguinte ao do longo e admoestador discurso do Papa. Devolveu-nos esperança, ganhou altura pastoral, colocou os bispos presentes na reta direção para aprofundar os caminhos da evangelização nas condições latino-americanas.

O que mais me impressionou, entretanto, foi sua presença na coordenação do encontro intereclesial das CEBs em Camindé, em 1983. As reuniões de revisão e de montagem de cada dia se prolongavam noite adentro. Após o dia estafante, lá ficava Dom Aloísio acompanhando tudo, atento, ouvindo, pouco intervindo, mas dando força ao grupo por sua seriedade e jovialidade.

Sempre incentivou meu trabalho teológico. Não só meu, mas de meu irmão Frei Clodovis; escreveu um belo prefácio ao seu livro "Teologia pé-no-chão". Vejo o mesmo testemunho de outros colegas teólogos, historiadores e exegetas que sempre ouviram palavras de ânimo para continuarem neste ministério da reflexão dentro da Igreja.

A tarefa teológica não é fácil nem está livre de conflitos. Trata-se sempre de articular o discurso do Evangelho e da

Tradição com o discurso do mundo e da sociedade. Na América Latina sentimo-nos urgidos em articular a palavra do Evangelho com o grito dos oprimidos. Daí resulta uma Teologia de Libertação. Por sua própria natureza esta teologia é conflitiva. Exige conversão do teólogo, dos agentes de pastoral, dos bispos e dos cristãos. Conversão implica sempre arrancar raízes, aprofundar o mistério da comunhão com os empobrecidos, descobrir um rosto mais exigente de Deus e de Cristo e, por fim, assumir a missão libertadora da Igreja. Nem todos entendem estas exigências ou captam as formulações dos teólogos, especialmente quando se referem à necessária transformação da Igreja para que seja mais transparente para a mensagem de Jesus e mais eficaz na libertação integral dos pobres. Para elaborar semelhante pensamento se faz necessária a liberdade e a criatividade dentro da Igreja. O pensamento teológico não pode ficar preso às malhas do passado; assumindo tudo de bom que o passado produziu, deve pensar as questões relevantes de hoje, em comunhão com a Igreja e com o povo pobre e fiel. Dom Aloísio sempre defendeu o campo de liberdade teológico dentro da Igreja latino-americana e brasileira. Isso não significa subscrever todas as declarações dos teólogos nem renunciar ao espírito crítico. Mas significa um voto de confiança na fidelidade fundamental dos teólogos e no valor da crítica interna, capaz de apontar as insuficiências e corrigir eventuais distorções ou erros. Neste sentido Dom Aloísio deve ser considerado um mecenas da produção teológica brasileira. Soube defender teólogos, pedir colaborações para os grandes temas da CNBB, empenhar sua autoridade de cardeal para salvaguardar a indispensável tranqüilidade dos teólogos para que possam trabalhar.

Eu lhe devo muito apoio nas minhas tribulações com referência à Congregação para a Doutrina da Fé. Este Dicastério do Vaticano me convocou em 1984 para um diálogo em Roma a fim de esclarecer posições minhas concernentes à Igreja articulada com a libertação, expostas no livro "Igreja: carisma e poder". Dom Aloísio leu previamente a minha defesa escrita e fez inteligentes sugestões. Acompanhou-me em Roma. Na segunda parte do diálogo com o cardeal Joseph Ratzinger, esteve presente juntamente com outro cardeal amigo e confrade, Dom Paulo Evaristo Arns. Aí tentou esclarecer as intuições básicas da Teologia da Libertação e a necessária eclesialidade de toda teologia que pretende alimentar a fé do povo. Sempre apoiou um empreendimento que está sendo levado avante por mais de 100 teólogos e cristãos latino-americanos sob o título "Teologia e Libertação". Pela primeira vez na história do Cristianismo latino-americano se tenta, numa série de mais de 50 tomos, dar organicidade à Teologia da Libertação, cobrindo as principais áreas da teologia, como a história, a exegese, a liturgia, a moral, a dogmática e a pastoral. Face às dificuldades que esta coleção (originalmente em português pela Vozes e espanhol pela Paulinas de Buenos Aires e de Madri) encontrou em algumas instâncias oficiais, Dom Aloísio sempre esteve presente para secundar com esclarecimentos oportunos, para garantir a indispensável liberdade de pensamento na Igreja, sem a qual a boa-nova do Evangelho não irradia sua dimensão de libertação e de redenção da existência humana pessoal e social.

Por fim, Dom Aloísio mostrou com seu exemplo evangélico que, além de autoridade eclesiástica, é principalmente um pastor, atento ao grito de seus irmãos e irmãs nordestinos, inserido na grande caminhada Igreja das bases, aberto para ouvir e aprender e sempre disposto a converter a Cristo, ao seu Espírito, aos empobrecidos e a toda pessoa que o procura. A mensagem cristã e o ministério episcopal se tornam acreditáveis pelo testemunho de pessoas como Dom Aloísio Lorscheider, cardeal, bispo, sacerdote, confrade e irmão de todos.

O BISPO DA TEIMOSIA E DA LIBERDADE: UM SÍMBOLO REAL

A grandeza de um homem não se mede pelas prédicas, mas pelas práticas. São estas que emprestam grandeza àquelas. Há um bispo em São Félix do Araguaia, Mato Grosso, D. Pedro Casaldáliga, que se fez um símbolo real das novas práticas da Igreja, comprometida com os pobres e identificada com seus direitos e sua libertação. Ele, bispo, se confunde com a terra e com os homens. Faz corpo com eles. Por isso, suas palavras têm cheiro de chão, peso de pedras, força das águas, brilho de raio, lirismo de olhos de vaca. Seus inúmeros livros, poesias e entrevistas o mostram claramente.

A figura de Casaldáliga nos recorda as grandes testemunhas da fé nos primóridos do Cristianismo. Outrora, os bispos eram a um tempo pastores, teólogos, profetas, poetas e santos. Depois, quando começou a aventura cultural da Igreja dentro da era constantiniana, se introduziu a divisão eclesiástica do trabalho: por um lado o pastor, por outro o teólogo, por outro o profeta, por outro o poeta e outro o santo. Raramente tudo se reunia numa só pessoa.

A grandeza de Pedro reside no fato de unificar em sua pessoa o pastor, o profeta, o poeta e o santo.

1. O bispo-pastor

O bispo é fundamentalmente um pastor que conhece suas ovelhas – para usar uma expressão evangélica – e que se prontifica a dar a vida por elas. No convite-recordação de sua sagração episcopal colocou estes dizeres que definem o sentido de seu ministério: "Tua mitra* será um chapéu de palha; o sol e o clarão da lua; a chuva e o sereno; o olhar dos pobres com quem caminhas e olhar glorioso de Cristo, o Senhor. Teu báculo* será a verdade do Evangelho e a confiança de teu povo em ti. Teu anel será a fidelidade à nova aliança do Deus libertador e a fidelidade ao povo desta terra. Não terás outro escudo que a força da esperança e a liberdade dos filhos de Deus nem usarás outros recursos que o serviço do amor". Sua pastoral é de encarnação: assumir toda a realidade com suas contradições e enchê-la de sementes de libertação. Para Casaldágia, o Cristianismo não é primeiramente uma religião, mas antes de tudo um processo de encarnação na totalidade da realidade, porque tudo interessa ao Reino de Deus. Desde o dia em que Deus penetrou em nossa realidade, por Jesus Cristo, rompeu-se o véu do templo – não há mais um santo dos santos à parte; tudo deve ser resgatado e feito santo, também a política, também a luta pela terra, também a saúde, também a defesa dos direitos dos pisoteados. Todas essas realidades pertencem ao pastoreio do bispo. Esta compreensão do Cristianismo nos faz entender a pastoral de Pedro Casaldáliga, tão comprometida com a realidade conflitante dos 150 mil quilômetros quadrados que compõem a Prelazia* de São Félix.

2. O bispo-profeta

Ninguém é profeta porque quer. É feito profeta pelo protesto e pela esperança face às contradições da realidade social. Foi assim com os profetas pagãos do terceiro milênio antes de Cristo em Mari; com os profetas do Antigo Testamento e com os profetas de hoje, como Pedro Casaldáliga. Para entender o profeta, devemos entender as duas fidelidades que todo profeta vive: fidelidade a Deus e fidelidade ao povo. Ele fala em nome de Deus e da consciência que recolhe a Sua voz. Em nome dessas instâncias supremas, ele cobra coragem para se levantar, sozinho, erguer a voz, apontar o dedo em riste e gritar: "Não te é permitido! Não oprimas teu irmão!" E assim ousa afrontar-se com os poderes deste *éon*[*], seja uma poderosa empresa de colonização, seja um irmão no Episcopado, envolvido num profundo equívoco, cheio de boa-vontade, mas sem espírito crítico, seja o próprio Estado autoritário, usurpador de todos os direitos da Nação.

Além da fidelidade a Deus, o profeta vive a fidelidade ao povo. Ele sabe de seu clamor por justiça que sobe das profundezas da terra, compartilha sua paixão dolorosa, identifica-se com sua imolação ao deus-Mamona. Dom Pedro soube emprestar sua voz aos silenciados, aos expulsos de suas terras, aos índios dizimados, aos peões caçados na mata como feras. Os que se escandalizam com seu radicalismo deveriam antes escandalizar-se com o radicalismo a que chegou a situação real de opressão, a ponto de o próprio Pedro, pasmado, notar: "Muitas mortes matadas dentro da região da Prelazia. Não sei como enfrentar este doloroso mistério; mata-se exasperadamente... Desde a morte do Padre João Bosco, e por outras referências e acontecimentos, me sinto cada dia mais próximo da esperada hora". Ele também, como o Bom Pastor, ofereceu, jovialmente, a vida aos irmãos e a seu Senhor: "Eu morrerei de pé, como as árvores (me matarão de pé)... De golpe, com a morte, se fará verdade minha vida".

3. O bispo-poeta

Dom Pedro Casaldáliga é um poeta de profunda inspiração, poeta da denúncia com força elementar e do lirismo terno como os olhos das vacas que ele tanto aprecia. Pedro mesmo confessou a seu amigo Teófilo Cabestrero: "Penso, às vezes, que se sou algo, então sou isso, poeta. Mesmo como religioso, como sacerdote e como bispo, sou poeta. Muitas coisas que intuo, sinto, falo ou faço, é porque sou poeta. Esta sensibilidade, esta intuição, uma atitude de ternura ante a natureza, ante as coisas todas, ante os homens, diante da dor, da fraqueza, da pequenez, nas horas e nas circunstâncias exultantes também... Por ela expresso minha fé e também meu ministério". As poesias de Dom Pedro, bispo-poeta, serão marcos imorredouros destes tempos maus.

4. O bispo-santo

Não queremos canonizar em vida a Pedro Casaldáliga. Queremos apenas testemunhar um novo tipo de santidade que se desenha em sua vida e em suas práticas. Um tipo que emerge nos tempos modernos; o do contemplativo na ação, do cristão comprometido até a morte com a justiça, com a dignidade aviltada dos pobres e com o processo de libertação dos oprimidos. É uma santidade que se constrói no esforço de seguir a mensagem e as práticas do Jesus histórico, que não morreu por um equívoco, mas em conseqüência de um comprometimento com a causa de Deus identificada com a causa da justiça, da fraternidade e do amor entre os homens. Trata-se de uma santidade política, e não de uma santidade privatizante e intimista. Política, no sentido de mediação da justiça social, como ensinava Paulo VI na *Octogesima Adveniens* (1975), "uma maneira exigente (...) de viver o compromisso cristão, ao serviço dos outros" (n. 46). Santidade difícil, porque exige conviver com os conflitos, suportar as tensões, superar continuamente os instintos de vingança, jamais conceder ao desânimo e à desesperança, sempre crer, sempre renunciar à violência, sempre agüentar firme, sempre esperar no futuro da fraternidade, contra toda a esperança e o peso brutal dos fatos contrários.

Pedro ajuda a dar credibilidade à fé cristã. É possível ser cristão e libertador, ser cristão e comprometido com a luta pela mudança qualitativa da sociedade; ser cristão e identificado com as dores e as esperanças dos oprimidos da terra, cidadão do Reino das promessas e cidadão da pátria terrena de todos os homens.

ARCEBISPO ROMERO:
É DAQUELES QUE NÃO MORREM

Segurava ainda o cálice erguido ao céu. Uma detonação estrondosa. O arcebispo cai pesadamente para trás. Uma bala explosiva lhe arrebentara o peito. O sangue da vítima divina se mistura com o sangue da vítima humana. Sela-se a aliança da verdadeira libertação que é, a um tempo, histórica e transcendente. Morre aos pés de um enorme crucifixo, Dom Oscar Arnulfo Romero, Arcebispo de San Salvador no pequenino país da América Central, El Salvador, segunda-feira, dia 24 de março de 1980, ao celebrar às 18h missa de um ano de morte de sua própria mãe.

1. O preço da libertação: o sangue e a morte

Parece-me ainda vê-lo e ouvi-lo da primeira vez que nos encontramos em Puebla, no México, em fevereiro de 1979. Procurou-me para pedir alguns subsídios teológicos para o tema da vida. Recordo-me muito bem; dizia numa voz mansa, quase sussurrando: "No meu país se mata estupidamente. Pobres estão sendo chacinados, camponeses trucidados, dia após dia, com requintes extremos de violência. Precisamos defender o mínimo que é o máximo dom de Deus, a vida. Padre Boff, ajude-nos a fazer uma teologia da vida. Deus é Criador da vida; enviou seu Filho para que tivéssemos vida em abundância". (...) Depois de uma pausa, como que revendo os corpos de tantos que sepultou, quase com resignação, completou: "E precisamos dar a vida para defender a vida: este foi o caminho do Crucificado".

Agora ele paga com a própria vida seu empenho pela vida dos humildes. Bem nos ensina a Palavra da revelação:

"Não há remissão (diríamos libertação) sem efusão de sangue" (Hb 9,22). Toda verdadeira libertação se constrói sobre uma aliança de sangue e de morte; assim foi com o êxodo do Egito, assim foi com Jesus e assim foi com Dom Romero. É um mártir. Outrora os cristãos morriam por sua fé em Jesus Deus, na real existência das divinas Pessoas e por negarem culto divino aos imperadores. Hoje muitos cristãos são chamados ao martírio pelas causas com as quais a fé hoje está comprometida: pela justiça social, pelos direitos humanos e pela dignidade dos pobres, porque são, como todos os homens, e de forma especial, templos de Deus.

Desde 1968 até a presente data contam-se em cerca de mil as pessoas ligadas diretamente à pastoral da Igreja, que foram ou presas, ou torturadas, ou expulsas ou matadas; entre eles há leigos, índios, camponeses, operários, religiosos, padres e alguns bispos. Dom Romero entrou para este exército de mártires, o qual, segundo a epístola aos Hebreus, é encabeçada "pelo general da fé", Jesus Cristo (Hb 12,2). É o sinal de que a Igreja está no caminho certo, aquele trilhado pelo Verbo da vida, quando andou entre nós. Mas há uma radical diferença entre o mártir de ontem e o mártir de hoje. Outrora eram pagãos que sacrificavam cristãos. Hoje são cristãos que martirizam cristãos. Cristãos das oligarquias do dinheiro e da terra, cristãos cheios de privilégios históricos, adquiridos no interior de um processo social excludente e elitista, cristãos que detêm o controle sobre o ter, o saber e o poder e que impedem por todos os meios as mudanças necessárias no sentido de maior participação das classes populares marginalizadas. Estes cristãos difamam a Igreja que fez em Puebla uma opção preferencial pelos pobres, caluniam o compromisso com a justiça dos oprimidos como comunismo, perseguem seus ministros e podem chegar ao assassinato de seus pastores, como ocorreu com Dom Romero.

Em janeiro, quando esteve com o Papa para relatar a Sua Santidade a paixão de seu povo, dizia Romero: "Em El Salvador há muitos anticomunistas, não porque são cristãos, mas porque defendem seus privilégios". A extrema-direita, quase toda ela católica na América Latina, tem feito rios de sangue no Chile, na Argentina, na América Central e em outros países na defesa da situação que os beneficia. Neste Continente e também em nosso país a violência repressiva dos regimes direitistas tem sido muito mais perversa e eficaz que a violência revolucionária.

2. Deus pedirá contas do sangue derramado dos profetas

No transfundo da situação de El Salvador se entende o assassinato do Arcebispo Romero. El Salvador é o menor país dos pequenos da América Central, mas com a maior densidade populacional, cerca de 5,5 milhões de habitantes; 40% da terra agrícola do país pertencem a menos de 1% da população; 10% possuem mais da metade do produto interno bruto; 60% são analfabetos e o desemprego e subemprego é superior a 30%. Na agricultura há somente trabalho para a metade dos camponeses. Esta situação, objetivamente, prescindindo do nível de consciência, é de violência estrutural e extremamente conflitiva. Não é sem razão que desde 1932 o país vive sob diferentes ditaduras militares que usam de muita repressão para conter os reclamos do povo. As oligarquias mantêm uma força paramilitar, a Ordem, que junto com um grupo repressivo do Exército constituem uma força paralela autônoma a serviço de seus interesses elitistas e contrários à reforma do campo. Dialeticamente afloraram vários grupos insurrecionais de esquerda que não encontram outro caminho senão o da violência para urgirem as mudanças necessárias.

Neste contexto desagregador, Dom Romero teve que exercer seu ministério pastoral. Sua posição sempre foi límpida e evangélica: "Um bispo não é um politólogo, mas um pastor. Quero dizer que a minha perspectiva é pastoral e evangélica. Anunciar o Reino de Deus, aprovar o que está em sintonia com ele e denunciar o pecado (...) tem sido meu trabalho manter a esperança de meu povo (...) alimentá-la". À oligarquia pregou no dia 6 de janeiro: "Não me considerem juiz ou inimigo. Sou um simples pastor, o irmão, o amigo deste povo que sabe de seus sofrimentos, de suas fomes, de suas angústias; e em nome destas vozes eu levanto minha voz para dizer: não idolatrem as riquezas, não as salvem de maneira que deixem morrer de fome os demais. Compartir para ser felizes. O cardeal Lorscheider me disse uma comparação muito pitoresca: há que saber tirar os anéis da mão, para não perder os dedos". A carta que recentemente D. Romero enviou a Carter tinha como título: "A pobreza das bem-aventuranças é a força da verdadeira libertação do povo". Mas deixava também claro que "a Igreja está decididamente ao lado dos pobres e dos oprimidos, contra a repressão e a exploração". Tem nítida consciência de que não cabe à Igreja nenhum protagonismo nos processos de mudança; entretanto, à luz do Evangelho importa que "apóie qualquer processo que beneficie o povo", que faça "que todos sejam protagonistas de seu futuro"; "a Igreja tem tido um papel supletivo, tem sido a voz dos que não têm voz, mas quando vocês já podem falar, são vocês que têm de falar e a Igreja se cala". Quando um comando da esquerda matou membros da repressão paramilitar, declarou: "Em nome da Igreja, tenho de repudiar não só os pecados da direita, mas também os da esquerda; e se é um pecado da direita querer manter a violência institucionalizada, que matou de fome tanta gente e marginalizou tantos outros – o que não se pode aceitar, pois daí precisamente derivam as outras violências –, com igual razão tenho de me opor a violências feitas sob o pretexto de reivindicar que o povo faça justiça por suas próprias mãos".

Procurou sempre ser o homem da paz, como fruto da justiça, e não da pacificação, como fruto da repressão. Numa entrevista recente dizia: "Não posso perder de vista a perspectiva cristã; eu sei que esta luta de nosso povo é por uma causa justa, para tirar da face do país tanta injustiça: é em defesa dos pobres e dos oprimidos". E esta luta custou só em janeiro-fevereiro mais de 600 mortos, quase todos dentre os camponeses e pobres.

Caiu no altar, vítima da violência que sempre combateu, Dom Oscar Romero. É um mártir. Na Igreja primitiva os mártires eram logo considerados e venerados como santos. A Igreja latino-americana, que se refaz pela fé libertadora, possui mais um santo, Romero, bispo e mártir. Porque começa a pertencer ao número daqueles que não morrem.

Ao mesmo tempo que dizemos isto, serenamente, inspirados no espírito das bem-aventuranças, não queremos também deixar de ouvir a grave advertência de Jesus: "Enviar-lhes-ei profetas e apóstolos; matarão a uns, perseguirão a outros; mas desta geração será pedida conta do sangue de todos os profetas, derramado desde o princípio do mundo, a começar pelo sangue de Abel até o sangue de Zacarias, assassinado entre o altar e o santuário (como Dom Romero); sim, eu vos asseguro que será pedida conta desta geração" (Lc 11,49-51). O sangue do Arcebispo Romero, misturado com o sangue de Cristo que ele momentos antes acabara de consagrar, grita ao céu; não por vingança, mas por justiça; suplica a vinda do Reino da paz e da fraternidade. A morte dos mártires acelera o triunfo definitivo da vida.

QUINTA PARTE

TEOLOGIA E COMPROMISSO POLÍTICO

TEOLOGIA: A CONSTRUÇÃO RELIGIOSA DA REALIDADE

Na nossa sociedade pluralista vivemos um conflito de interpretações da realidade. A interpretação religiosa é uma das mais arcaicas, mas uma entre tantas. Não é a mais atual, pois a que possui mais vigência na nossa cultura é a científico-técnica. Sem embargo, apesar do acúmulo do saber, a despeito do processo de desencantamento do mundo, da racionalização, da crítica radical a toda forma de religião, não obstante o indiferentismo, o agnosticismo, o ateísmo militante, existem milhões e milhões de homens religiosos que, nas questões fundamentias da vida, se orientam pela interpretação religiosa. A religião, e especialmente a razão religiosa (teologia), constrói, à sua maneira, a realidade. Que consistência possui esta construção? Sob que leis se rege? Como se articula com outras interpretações?

Hoje mais e mais as igrejas cristãs, por causa de sua fé, se comprometem com problemas outrora considerados profanos, como a luta pelos direitos humanos, o engajamento em mudanças qualitativas da sociedade; fala-se numa teologia da libertação dos oprimidos; cristãos em nome do Evangelho se comprometem em processos revolucionários. E aí surgem perguntas: como tudo isso se coaduna com a religião e a teologia? Que é isto, a teologia? A salvação de que falam os cristãos passa pelas libertações históricas?

1. Dois caminhos para aceder a Deus

Vamos à primeira questão, pois as demais serão abordadas posteriormente: *Que é isto, a teologia?* Para se entender a teologia cumpre entender algo prévio a ela. Isso porque a teologia não é uma realidade primeira. Ela é resultado do esforço de tradução e objetivação deste "algo prévio". Que é este "algo prévio"? A ele acedemos de duas maneiras: pelo caminho racional e pelo caminho religioso. O primeiro caminho de acesso consiste na radicalização do perguntar humano; o ser humano é habitado por um demônio indômito: pergunta tudo, sobre tudo e pergunta a própria pergunta. No termo deste processo pode-se desembocar numa derradeira resposta: subjaz à totalidade da realidade, pervadindo-a e sustentando-a, um supremo Ser e um sumo Bem, que também chamamos Deus, Brama, Javé etc. Este tipo de reflexão Aristóteles denomina de ciência primeira ou de teologia (*theologiké epistene*), o que mais tarde um discípulo do estagirita chamou de metafísica.[*] Portanto, a questão do ser, levada até o seu termo, desemboca na questão do sumo Ser. O resultado deste esforço oneroso – e não são poucos os que se perdem pelo caminho – comumente se chama teologia natural.

O outro acesso se faz pela via religiosa. Irrompe na vida do homem o Divino. Trata-se de um choque existencial e totalizante, uma experiência originária testemunhada por todas as culturas; é totalmente inadequado rebaixá-la a uma patologia no nível da infra-estrutura (Marx) ou do âmbito do inconsciente (Freud) ou de uma equivocada antropologia (Feuerbach). A resposta do homem face à irrupção do Divino em sua vida é constituída pela fé. Pela fé se interpreta toda a realidade à luz de Deus. Há muitas formas de fé. O Cristianismo, em sua determinação positiva, afirma que Deus não é um abismo sinistro, mas um mistério de Amor que se concretiza como Pai, Filho e Espírito Santo, mistério que se encarnou em nossa miséria e se chama Jesus Cristo, Filho eterno do Pai e irmão de toda humana criatura. Depois de crucificado, vive agora ressuscitado, enchendo todo o cosmo com sua energia transformadora, e se densifica na comunidade que é portadora desta consciência (a Igreja) que celebra, proclama e tenta seguir sua vida e mensagem. Nele os cristãos testemunham ter encontrado um sentido supremo que lhes confere sentido à vida e à morte. Tudo isto é fé e não teologia. É um grito que proclama e se vertebra em distintos discursos religiosos, mas não ainda teologia.

2. A tarefa da teologia

A teologia supõe tudo isto como prévio. Sem isso não pode haver teologia. Por isso dizia Santo Tomás na *Suma contra os Gentios*: "Sem a admissão prévia da existência de Deus, toda a dissertação sobre as coisas divinas é inútil" (1.1, c. 9). Para nós cristãos, os testemunhos da irrupção de Deus em nossa história estão contidos nas Escrituras canônicas, sempre lidas e relidas (Tradição). A teologia começa quando sobre esta matéria-prima se aplica toda a potência da razão que procura entender o mais possível. A teologia é a diligência de criar um discurso educado da fé, vale dizer, que se expresse dentro de uma gramática rigorosa com sua sintaxe e semântica próprias. Santo Anselmo (†± 1109) definiu classicamente a teologia como "a fé que procura compreender"; nós diríamos simplesmente: é a fé pensante e pensada, crítica e sistemática. Resumamos o pensamento:

1. Por detrás de cada teologia verdadeira existe uma mística, isto é, um encontro vivo com Deus. Sem esta experiência (fé), a teologia não passa de tagarelice inócua.

2. A teologia possui por objeto Deus (é o sentido etimológico de *teo-logia* = discurso sobre Deus), seja enquanto é buscado pela razão em sua procura de uma última racionalidade e sentido (teologia natural), seja enquanto Ele mesmo se revela aos homens e se encarna em Jesus Cristo e é acolhido pela fé (teologia propriamente dita).

3. O objeto da teologia não é somente o Deus revelado, mas também todas as coisas enquanto contempladas à luz de Deus. É o que já ensinava Santo Tomás na *Suma Teológica* (p.1, q.1, a.7). Isto comporta que pertence à tarefa da teologia falar também de política, de economia, de educa-

ção e do que quer que seja, conquanto fale não politicamente ou economicamente, mas teologicamente sobre estas instâncias, vale dizer, à luz de Deus. É a partir desta consciência que as Igrejas ultimamente mais e mais se têm pronunciado em questões ditas seculares que para a teologia não o são porque também elas têm a ver com Deus, com sua graça, com sua fidelidade e com seu Reino.

4. Nascida da fé, a teologia deve regressar à fé, alimentá-la e não liquidá-la, torná-la mais lúcida e não mais confusa. Trata-se sim de uma ciência especulativa; para ser teólogo não basta ser piedoso e bom; há que ser inteligente, produzir luz e conhecimentos. Entretanto, a especulação é apenas um momento da teologia; em última instância quer ser uma ciência prática. Ela deve terminar numa práxis de amor e de felicidade. Crer em um só Deus, também o crêem os demônios, nos assevera São Tiago (2,19), e certamente possuem uma teologia mais lúcida que a do maior teólogo. Entretanto não possuem o amor e por isso "nada são" (1Cor 15,2). Ver para fazer; conhecer para amar: eis a função última da teologia.

O critério da verdadeira teologia, daquela que efetivamente importa, é extrateológico: ela deve poder alimentar a fé, a esperança e o amor. Se não produzir este fruto, pode ser erudita e útil às cortes dos poderes sagrados e profanos. Mas faz-se indigna de seu próprio nome: ser o discurso acerca de Deus para tornar ainda melhor o homem, porquanto o homem é somente radicalmente homem – isso já Homero o sabia – na esfera do Divino.

TEOLOGIA PARA PAGÃOS OU PARA CRISTÃOS?

1. Os dois olhos da teologia

Os Santos Padres (os teólogos dos primeiros séculos do Cristianismo), que tinham belas fórmulas para todos os gfrandes problemas do pensamento, diziam: *theologia ante et retro oculata* – a teologia tem dois olhos, um à frente e outro atrás. Com o olho de trás se fixa "naquele tempo" em que irrompeu a revelação de Deus, especialmente em sua forma corporal em Jesus Cristo, olha para o passado, para as grandes decisões doutrinárias tomadas nos Concílios Ecumênicos, para as expressões da fé em todos os tempos, para os ensinamentos do magistério e da tradição do povo e dos teólogos. Pertence à tarefa inalienável da teologia apropriar-se do passado, saber interpretá-lo corretamente e ser fiel aos testemunhos maiores da fé cristã. Como entre nós hoje e "aquele tempo" medeiam quase 2000 anos, tempo suficiente para modificar ou enriquecer o sentido das palavras, e com o surgimento de novos problemas com seus desafios impostergáveis, faz-se mister o recurso das ciências hermenêuticas (dedicadas à interpretação dos textos e seus contextos históricos). Por isso o teólogo precisa conhecer as línguas bíblicas (hebraico e grego) e o latim, a língua da tradição teológica, filologia, história, exegese, filosofia, enfim, tudo aquilo que o ajuda a embeberar-se do passado cristão.

Ao mesmo tempo, a teologia possui um olho voltado ao presente: faz-se sensível aos problemas relevantes para o homem atual, tenta articular fé com vida, amor cristão com libertação concreta dos oprimidos, esperança cristã com esperanças políticas. Entretanto, a realidade sócio-histórica não é simples; entre o olho do analista e a realidade se interpõem obstáculos que impedem o conhecimento dos mecanismos de funcionamento da sociedade: as ideologias (discurso que mascara os interesses), os preconceitos, as idéias comumente aceitas, geralmente veiculadas no interesse das classes dominantes. A fé tem de ser vivida dentro de tal realidade complexa. Para impedir a manipulação do Evangelho e garantir pelo menos as condições de eficácia da fé, a teologia precisa se auxiliar das ciências do homem e do social. Elas ajudam a decodificar a realidade e propiciam um acesso mais crítico e objetivo aos problemas. Por isso, importa que o teólogo tenha uma segura orientação em sociologia, politologia, economia, antropologia, psicologia; evidentemente não se há de pedir que seja um especialista nestes campos, mas que supere uma visão empiricista, moralizante, ingênua e utópica e chegue a uma perspectiva crítica. Somente assim se evitam soluções teológico-pastorais de respiração curta e equivocadas. Não se diga que o teólogo assim politiza a teologia ou sociologiza a fé. Quem assim incrimina, e hoje não são poucos, mostra conhecer pouco a própria Tradição. No próprio elemento da teologia encontramos as razões para o necessário conhecimento das ciências. Santo Tomás diz com acerto: "Conhecer a natureza das coisas ajuda a destruir os erros acerca de Deus. (...) É falsa a opinião daqueles que diziam não importar nada à verdade da fé a idéia que alguém tem sobre as criaturas, contanto que se pense corretamente acerca de Deus (...) pois um erro sobre as criaturas redunda numa idéia falsa de Deus" (*Suma contra os Gentios*, 1.2, c.3). Como se depreende, a tarefa teológica é ingente, diria, quase impraticável. Não existe isso de uma teologia fácil. Lacordaire o reconhecia: "O doutor católico é um homem quase impossível: pois ele tem de conhecer de um lado todo o depósito da fé, as Escrituras, os atos do papado, e, de outro, o que S. Paulo chama 'os elementos deste mundo', isto é, tudo e tudo". Evidentemente, o cumprimento destas exigências não as realiza cada teólogo individual, mas a comunidade teológica como um todo no decurso de uma geração. Irrenunciável é que cada teólogo procure de forma adequada articular sempre os dois olhos da fé: conhecer o passado e o presente, atualizar o antigo face às exigências do novo, ser fiel à revelação e ao mesmo tempo fiel à história atual. Há de se ver a realidade com os dois olhos; caso contrário teremos uma teologia vesga num duplo sentido: vesga quando somente recita a lição do passado, pensa os temas fundamentais sem ver os atuais e confunde fidelidade a Deus com a fidelidade a um momento (embora privilegiado) da revelação de Deus; vesga num segundo sentido quando apenas toma em conta os temas atuais sem consideração da identidade cristã (modismos teológicos), se compromete com a libertação dos oprimidos (o que é sempre digno) sem valorizar a inspiração evangélica ou a perspectiva integral.

2. O privilégio dos pagãos

Que olho privilegiar, aquele voltado ao passado ou aquele voltado ao presente? Já os Santos Padres falavam de dois modos legítimos de se fazer teologia: uma *theologia pro paganis* (teologia para os pagãos) e outra *theologia pro christianis* (teologia para os cristãos). A questão é muito atual. Há teólogos que partem das interrogações, esperanças e angústias do homem de seu tempo. A partir da história interrogam as Escrituras e o passado e haurem daí toda a luz possível para o presente. Há um predomínio do presente sobre o passado, pois se privilegia "os pagãos" e se procura subministrar-lhes um sentido transcendente. É a teologia feita para os pagãos. Hans Küng, Schillebeeckx e eu pessoalmente temos andado principalmente (não exclusivamente) por esta senda, animados pelo espírito do Vaticano II na *Gaudium et Spes*. Há outros que partem da riqueza do depósito da fé, da exuberância da Tradição cristã e mediante uma linguagem adequada querem propor a verdade cristã ao homem atual. O acento recai no estudo do passado e na acentuação da identidade cristã. É a teologia *pro christianis*. A primeira (*pro paganis*) não pressupõe a fé nos ouvintes, mas busca de sentido; a segunda pressupõe já presente a fé cristã que deve ser aprofundada; a primeira relativiza os limites Igreja/mundo, a segunda acentua a diferença Igreja/mundo.

Muitas das tensões atuais dentro da Igreja provêm destas duas opções teológicas. Os que fazem uma teologia para os "pagãos" modernos (entre os quais há muitíssimos cristãos) tendem a considerar a outra corrente pouco encarnada, doutrinária e excessivamente preocupada com a ortodoxia. Por outro lado, os que preferentemente praticam uma teologia para os cristãos correm o risco de acusar nos outros renúncia do específico cristão, modismos passageiros e inflação de vontade transformadora deste mundo.

O que descrevemos são *tipos ideais*; na realidade, cada teólogo realiza a seu modo os dois momentos; ninguém é tão tradicionalista que não tenha que assumir ou conviver com o ritual de uma sociedade moderna, como ninguém é tão progressista que não tenha que aceitar sua própria história que vem de um passado e só por isso existe no presente. Sábio foi o Senhor que, resumindo a verdadeira tarefa do pensar cristão, nos disse: "Todo teólogo, instruído na doutrina do Reino de Deus, deve ser como o dono de casa que de seu tesouro tira o novo e o velho" (Mt 13,52).

DUAS VERSÕES: DO FIEL E DO TEÓLOGO

Há duas maneiras de se contemplar um lago: considerando sua superfície serena e tranqüila, o espelho plano e diáfano de suas águas; a outra atende também à superfície, mas transcende-a; dá-se conta de que o lago possui um fundo; às vezes profundo, com montanhas e vales, abismos e rochas (algumas afloram à tona) e pode ser habitado por monstros. Tanto a superfície quanto o fundo compõem um único e mesmo lago; somente as visões são diferentes, não o lago; os níveis de consciência são diversos, não a realidade. Algo semelhante se dá com o edifício cristão. Temos a lei canônica, a regra litúrgica, os dogmas, o credo e o catecismo. Aí tudo é claro: o fiel crê, o catequista sabe, o padre confirma, o bispo legitima e o Papa sacraliza em nome do Eterno. Nisso tudo há grandeza e um forte sentido de segurança, necessária para a celebração tranqüila da fé. É a visão da superfície calma do lago da fé; é a perspectiva do crente.

Entretanto, há o momento em que a fé vira teologia: começa-se a pensar; a teologia é a fé pensante e pensada, crítica e sistemática; o teólogo se dá conta de que para além da calmaria (real, e não aparente) se escondem problemas graves, como no fundo do lago. À teologia cabe pensar não primeiramente fórmulas, mas o mistério de Deus. E quando nos confrontamos com o mistério percebemos que tudo empalidece; nossos pensamentos apenas o roçam e as fórmulas, antes tão consistentes e claras, aparecem como meros balbucios ao redor do mistério. E é próprio do mistério fazer pensar sempre de novo e ficar mistério em cada formulação. Dando-se conta da inadequação de todas as fórmulas, mesmo as mais consagradas, a teologia retoma continuamente sua tarefa de não só explicar e aprofundar as definições do passado, mas também de tentar redizer a captação do mistério dentro dos registros de compreensão próprios de cada geração, assimilando os dogmas dentro de formulações mais abrangentes. É a visão do lago da fé a partir de seu fundo misterioso. É a perspectiva do teólogo.

Santo Tomás de Aquino, após ter escrito a *Suma Teológica*, a maior catedral da fé cristã jamais elaborada, mergulhou no mistério de Deus. Voltou à tona, guardou um silêncio santo, dizendo apenas: confrontada com o mistério de Deus, toda minha teologia não é mais que palha.

1. Entre a teoburocracia e o diletantismo

Importa reter a verdade das duas visões, do crente e do teólogo; uma não anula a outra, exige-a. O fiel tem que dar as razões de sua esperança como no-lo recomenda S. Pedro (2Pd 3,15), vale dizer, nesta diligência se obriga a fazer teologia. O teólogo tem de ser um homem de fé, sem a qual não teria sentido toda a sua especulação. Como "a estrela precisa da aura para brilhar", assim a teologia precisa da fé para viver.

Esta tensão difícil pode dar origem a uma dupla patologia teológica, bastante encontradiça na Igreja. A primeira é a do *teoburocrata*. Explico-me: é o teólogo mero tecnocrata das fórmulas, dos dogmas e do ensino oficial ou consagrado pelos manuais. Ele não tem muito que pensar; pretende (ingenuidade epistemológica) colocar-se acima das escolas e recitar a vulgata teológica; nega aos demais teólogos o direito de inovar no aprofundamento da doutrina da fé. Na verdade, isto é preguiça mental, porque as doutrinas e as teologias não caíram prontas do céu; foram feitas por teólogos que arriscaram, refletiram muito, às vezes foram incompreendidos e até condenados. Santo Tomás reconhece que a teologia "exige muito trabalho e são poucos os que suportam este labor por amor à ciência teológica" (*Suma contra os Gentios* 1.1, c.4). Qualquer inovação litúrgica é logo difamada de "missa sociológica", qualquer passo à frente ou ao fundo na teologia é prontamente denunciado como doutrina suspeita. Este espírito teria tornado impossível na Igreja a criatividade de Orígenes, de Santo Agostinho, de Santo Tomás, de Duns Escoto, de Congar e de Rahner, espíritos que até hoje alimentam a fé e a piedade.

A outra manifestação patológica é o *diletantismo especulativo* em teologia. O teólogo se sente descompromissado com o passado e, o que é pior, com a caminhada da fé do povo de Deus. Pensa lá por sua própria conta, com tanta invencionice e criatividade que torna impossível uma palavra vinculante para toda a comunidade, uma fórmula de consenso (credo) e um rito que expresse a universalidade da mesma fé celebrante.

A primeira patologia (teoburocracia) inflaciona o lado institucional da fé (os ritos, as fórmulas) e cai no dogmatismo que é bastante diferente de acolher dogmas. Todo espírito dogmatístico fatalmente está condenado a ser intolerante e repressor; perde o sentido do mistério apesar da boavontade e do alto senso de responsabilidade que acompanha estas pessoas. São mártires vivos do dever. A segunda patologia (diletantismo especulativo) exacerba o lado vivencial da fé, a ponto de alguns viverem uma orgia de experiências religiosas, recusando-se ao confronto com a palavra da revelação, da tradição e do magistério. Geralmente estes se codenam ao isolacionismo.

2. Vinculação e liberdade

Importa fazer uma teologia responsável – leal ao passado mas também livre para poder dizer uma palavra necessária para o presente, original como são originais os desafios. Há que superar o espírito de geometria (Pascal), pois este espírito maltrata as coisas divinas, esquecendo-se de que não pode haver nenhum critério rígido para o mistério de Deus e do homem. O santo deve ser tratado de forma santa, com espírito de finura e unção.* Possui unção não automaticamente o piedoso e rezador, mas aquele que desenvolveu o sentido do mistério, do inefável e do não-manipulável. O espírito de *finesse* (Pascal) se corporifica na atitude de respeito, na capacidade de escuta e de acolhida, mesmo quando tem o dever de enunciar abusos na fé e na disciplina. Não é suficiente ser cão de guarda da ortodoxia (e há os que mordem); cumpre pensar e anunciar de tal forma que a mensagem de Deus seja sempre de novo boa-nova para cada geração. Para isto, diria Santo Tomás: *"multa praecognoscere oportet"*: faz-se mister conhecer previamente muitas coisas além da pura teologia (*Suma contra os Gentios* 1.1, c.4). Como se depreende, a teologia tem a ver com o supremo da existência humana, com seu sentido radical. Somente tempos decadentes e anêmicos de espírito não se confrontam com a teologia. Todos os grandes espíritos do passado se enfrentaram com os problemas dos quais vive a teologia (Deus, o sentido terminal do homem e do cosmo); porque eram grandes.

À teologia foi entregue o cuidado do mistério santo que habita cada existência, por mais humílima que seja. Há que cuidar da atmosfera deste mistério com a mesma unção com que cuidamos da lamparina sagrada de nossos templos, cultivá-la e alimentá-la para que nunca se apague. Diante do mistério, cale toda língua, silencie todo o discurso. Tudo o que dissermos é apenas aceno. Mas no esforço de elaborarmos este aceno está a vida do espírito que alimenta a chama da lamparina. Então a teologia pode, humildemente, pronunciar a sua palavra: "maior que o nosso coração é Deus" (1Jo 3,20).

TENDÊNCIAS TEOLÓGICAS NA ATUALIDADE

Dentro do universo cristão sempre houve pluralismo de interpretação dos dados da fé e do Evangelho assumidos por todos. Geralmente as disputas teológicas se restringiam ao espaço intra-sistêmico e não desbordavam para o campo social e dos meios de comunicação de massa. Sem embargo, nos últimos anos, mais e mais é pública a variedade de opiniões dentro da Igreja. Desta variedade podem se originar distintas posturas práticas face a problemas candentes, como, por exemplo, a posição da Igreja sobre problemas de terras, de índios, de justiça social, direitos humanos, crítica aos vários sistemas político-sociais etc. Perplexos, muitos se perguntam: qual a origem destas divergências? Por que há teólogos progressistas, conservadores, ou comprometidos com a libertação dos pobres?

1. Lugar social e epistêmico

Para se compreender semelhante situação como normal e não meramente como patologia faz-se mister compreender o que seja o lugar social e o lugar epistêmico de toda reflexão, no caso, da teologia. Toda idéia, teoria ou visão do mundo, por mais universalista e objetiva que pretenda ser, está ligada a condições materiais (teóricas e práticas) para a sua produção; estes condicionamentos entram de certa forma na formulação do próprio conteúdo de nossas idéias. Dito numa linguagem técnica da sociologia do conhecimento e da epistemologia (teoria do conhecimento), se afirma que todo discurso está referido a um lugar social. Quando falamos de lugar social queremos dizer: as posições, as práticas, os engajamentos que as pessoas possuem em virtude da função e do papel que exercem na sociedade. Se alguém é operário, irá ver o mundo dentro de sua perspectiva, ajuizará dentro dos critérios de um operário de hoje (explorado e desservido pelo sistema imperante) o sistema social e econômico em que sofre e sobrevive. Se alguém é patrão de uma florescente indústria ou executivo de uma empresa multinacional, desenhará uma paisagem própria da realidade, do progresso, da riqueza, da função da técnica e do capital. Cada qual projeta a sua visão do mundo (ideologia) que confere sentido ao mundo em que vive. É o lugar social.

Cada lugar social permite e interdita ao mesmo tempo este ou aquele discurso, esta ou aquela idéia-força. Assim, por exemplo, é normal que uma pessoa rica seja a favor do capitalismo e contra todas as mudanças no sistema de propriedade e distribuição dos bens. Qualquer mudança pode prejudicá-la. É fatal que esse indivíduo seja conservador em política e em religião (não porém nas modas, no consumo e na moral, porque a riqueza lhe permite todo tipo de liberdade = libertinagem), contra toda revolução operária. Um operário sofrido com seu salário mínimo, caso tenha conscientizado sua situação (há os dopados pela ideologia dos ricos), será necessariamente um agente de mudança; quer a troca das regras do jogo social, porque a mudança poderá melhorar sua situação. É revolucionário contra o imobilismo social. Em ambos os casos o lugar social permite para cada um certas idéias e interdita outras; permite ao rico ser conservador e interdita-lhe a idéia de revolução; inversamente ocorre com o operário. O lugar social origina o lugar epistêmico, quer dizer, permite uma determinada elaboração de idéias e de visões do mundo. A interpretação da realidade de um operário não é a mesma que aquela do patrão.

Esta situação dá conta da encarnação do espírito humano dentro da matéria concreta da história e dos conflitos sociais. Apesar desta limitação (toda encarnação é a um tempo limitação e concreção) o espírito humano pode alçar-se para além dos condicionamentos, conscientizar o alcance e o limite de cada proposição e buscar tendencialmente a verdade objetiva da realidade. A verdade concreta nunca é neutra, mas o espírito, tendencialmente, intenta ver o mundo para além dos interesses humanos. É a transcendência do espírito. Por isso é possível ainda hoje ler os antigos e aprender deles, embora eles estejam há séculos separados de nós e dentro de outros condicionamentos, diversos dos nossos. Assim é sempre útil visitar Platão, Aristóteles, Isaías, Santo Agostinho, Santo Tomás e principalmente os Evangelhos que conservam a mensagem de Jesus.

Estas considerações se fazem importantes para compreendermos o porquê das várias tendências teológicas e das distintas posturas de bispos face aos mais diversos problemas. Por detrás das diferenças teóricas existem diferentes lugares sociais, interesses às vezes conflitivos e antagônicos em jogo, engajamentos diversos. As práticas significantes (falas, discursos etc.) dependem das práticas históricas. Como diziam os sábios chineses antigos: se quiseres compreender alguém, não olhe tanto sua boca, olhe suas mãos, quer dizer, não repare tanto as palavras, repare os atos. Estes quase nunca enganam.

A luta de todo pensamento crítico e da ciência é poder deslocar-se dos interesses o mais possível. Houve épocas que se pensava ter conseguido total objetividade; hoje sabemos que tal intento é impossível; sempre restam resíduos de ideologia e de interesses porque o pensamento é uma atividade vital; e a vida nunca é neutra e indiferenciada. É computado ao ingenuísmo epistemológico dizer-se que a ciência está comprometida apenas com a verdade e nada mais. Mas podemos alçar-nos alto para o céu sem desprendermo-nos da terra, em outras palavras, a luz da verdade pode espantar a escuridão, embora jamais a exorcize totalmente; sobram sempre as sombras que acompanham toda realidade que está à luz.

A pergunta que se coloca às teologias é: com que causa esta ou aquela teologia se compromete? Que interesses subjazem, conscientes ou inconscientes? Um pensamento crítico explicita seus interesses ocultos; é próprio da ideologia o ocultamento, seja inconsciente (alienação) ou consciente (perversão). São os distintos interesses que ajudam a escolher os temas para serem estudados. O engajamento do teólogo define o grau de relevância que ele confere aos distintos temas. Para um teólogo conservador, o tema da libertação dos oprimidos, dos direitos dos pobres não é muito relevante; para ele os temas dos sacramentos, da divindade de Jesus, do poder sagrado dos bispos são muito relevantes. Não nega os primeiros, mas não lhe são existencialmente significativos. Por quê? Aí importa discernir qual é seu lugar social. Ao contrário, a um teólogo comprometido com as comunidades de base, com os pobres em suas lutas, os temas da libertação de Jesus, dos conflitos pelos quais passou até a crucificação, a bem-aventurança aos pobres são temas muito importantes. O seu lugar social lhe permite ver a relevância destes temas que, em si, estão na tradição da Igreja. A Bíblia e a Tradição são como uma imensa escavação arqueológica: de dentro dela se pode tirar tudo, desde moedas de ouro até cacos de potes de barro. Cada grupo, no fundo, tira o que quiser do passado, porque na Bíblia e na Tradição também havia os vários lugares sociais que produziram o seu correspondente discurso. O critério para o teólogo consiste em sempre deixar-se julgar pelas práticas do Jesus histórico; para ele, nem tudo valia e havia coisas para as quais importava entrar em conflito e, se necessário, sofrer a perseguição e a morte.

Entretanto não basta definir bem o interesse, purificado pela luz de Jesus Cristo. Não é suficiente definir uma grande causa. Faz-se mister trabalhá-la teologicamente. E, ao fazer teologia, o crente deve conhecer a gramática teológica, saber manusear exegeticamente a Bíblia, conhecer os métodos históricos, saber interpretar a doutrina do Magistério e da tradição, orientar-se nos distintos campos do saber teológico e científico. Alguém pode assumir os interesses dos espoliados – faz uma opção evangélica – mas pode elaborar uma teologia ruim, porque pode errar na argumentação: conter equívocos históricos e insuficiências lógicas. Como pode haver outro teólogo comprometido com os interesses dos poderosos (política e economicamente), portanto dentro de uma causa profundamente questionável em termos evangélicos, e elaborar uma teologia logicamente correta e bem construída metodologicamente. O ideal consiste na eleição de uma causa boa e relevante e trabalhá-la rigorosamente com as regras do discurso teológico (realidade, Bíblia, Tradição, Magistério, razão teológica, sentido da fé dos fiéis etc.).

Postos estes parâmetros prévios cumpre delinear, sucintamente, as várias correntes em voga. Como se depreende, todas são comprometidas.

2. Quatro correntes teológicas

Utilizaremos uma terminologia tirada do campo político; as classificações são pouco importantes; decisivo é o móvel (causa, compromisso) subjacente.

a) Há os que se identificam com aqueles grupos que, no antigo regime, ocupavam um lugar de privilégio econômico, político, ideológico e religioso. Pequenas elites detinham o contole sobre a tradição, a família e a propriedade. Historicamente perderam a hegemonia; mas ficaram os símbolos de seu passado opulento e a riqueza herdada. São reacionários porque sua ação não é originária: opõem-se à ação dos outros; por isso são antimodernos, antidemocráticos, valorizam sistemas autoritários e os símbolos feudais do poder sagrado e profano. Qualquer mudança os apavora; têm um soberano desprezo por tudo o que vier do povo. Utilizam o arsenal simbólico da história medieval do Cristianismo para defender seus interesses ameaçados. Como são elitistas, querem a missa em latim e uma volta a tudo o que foi a síntese medieval.

Vivem de lamúrias, numa perspectiva apocalíptica, vendo comunistas e hereges por todas as partes. A ideologia os faz identificar seus interesses privados e excludentes com a defesa dos valores da ortodoxia e da tradição. Na verdade, não são suficientemente tradicionais, pois se o fossem se encontrariam com o Jesus histórico que lhes é sumamente incômodo; preferem o Jesus já decifrado e envolto pela magnificência da cultura bizantina.

A TFP e o movimento do Arcebispo Lefebvre, Dom Sigaud, Dom Castro Maier, entre outros, se inscrevem nos marcos desta compreensão reacionária da fé cristã.

b) Há um outro tipo de teologia feita a partir do lugar do poder sagrado no seio da Igreja, a partir, portanto, das funções do bispo, do padre ou do agente de pastoral. Geralmente apresenta-se tradicional e conservadora como todo o poder. Pensa a Igreja de cima para baixo: de como o poder de Deus passou a Cristo, de Cristo aos apóstolos, dos apóstolos aos bispos, dos bispos aos padres. Trata-se de uma teologia da ordem, onde tudo, fundamentalmente, está esclarecido por via de revelação divina, traduzido em dogmas, teses teológicas, proposições magisteriais, normas morais bem definidas. O problema principal para ela consiste em como aplicar tanta clareza à confusão tenebrosa da vida. Acentua muito o caráter trans-histórico da Igreja, sua neutralidade (só aparente) em questões políticas e sociais; desconfia de toda experiência religiosa nova, porque escapa a seu controle. É uma teologia antes de certezas do que de verdades; por isso toda crise e dúvida são consideradas manifestações patológicas que cabe enfrentar prontamente. O forte reside na acentuação da autoridade e da obediência, base da ordem.

Este tipo de teologia considera o mundo um apêndice da Igreja; esta é *mater et magistra*[*] e possui a solução para todas as grandes questões. Seu perigo é o teologismo e o eclesiasticismo. Quer solucionar problemas políticos com medidas morais. Porque está assentada sobre a autoridade, organiza um tipo de Igreja que se coaduna bem com os regimes políticos autoritários. Nunca lhes faz uma crítica fundamental, apenas tangencial, porque crê que o autoritarismo é bom, mas que pode cair em excessos corrigíveis. O ditador pode ser bom e piedoso. Ela esquece de analisar a violência do fato de que existam ditadores. É que existe um isomorfismo básico entre um pensar e outro.

c) Há uma terceira corrente teológica, progressista, que acordou para o grande problema teológico do mundo moderno: o fosso que separa a modernidade e a fé cristã. Descobre-se a ciência e técnica como valores autônomos; aceitam-se os avanços sociais e políticos como a libertade de expressão, de consciência, de religião, os valores democráticos, há um século atrás exorcizados pelo Magistério. Aceita-se a secularização, não apenas como conseqüência do espírito científico, mas como imperativo da fé que, de si, desfetichiza o mundo e desmagifica a realidade ao considerá-los como criaturas.

Esta teologia dá expressão ao lugar social dos que estão ascendendo na sociedade, daqueles que passam pelas universidades e vão compor a burguesia progressista e dinâmica. Esta teologia propiciou a modernização da instituição, da liturgia, do *ethos* cristão; ela fez o Concílio Vaticano II desbancando a teologia neo-escolástica*, oficial nas instâncias curiais de Roma. Abre-se ao diálogo com todas as ciências modernas, não se negando a nenhum problema. Ela é hoje o marco de referência da maioria dos bispos e do clero.

Sem embargo, esta teologia crítica não é suficientemente crítica: raramente se dá conta de que a empresa científico-técnica não significa apenas um instrumento de domesticação da natureza fazendo o homem mais senhor; ela representa hoje a grande arma da dominação capitalista (em nosso sistema ocidental) em mãos de um pequeno grupo de países que mantêm periféricos e dependentes todos os demais. O progressismo elude a questão fundamental: as relações profundamente desiguais entre as nações e entre as classes e o preço a pagar pelos benefícios do desenvolvimento acelerado dos países cêntricos. Esta teologia corre o risco de significar uma ideologia religiosa, justificadora do *status quo* moderno do qual participam apenas elites ilustradas, beneficiárias do progresso alcançado pelo trabalho de todos.

d) Uma quarta corrente nasceu da contradição da corrente anterior; não parte mais da modernidade e do lugar social da burguesia progressista, mas do lugar social do povo, das classes populares e oprimidas. Seus anelos são de libertação e de participação social nos processos históricos. Pergunta-se sempre até que ponto a fé cristã, conservando sua identidade e referência transcendente, também ajuda na construção de um mundo mais humano e justo para todos. Não se fala de mundo, mas de submundo; não de homens adultos e críticos, mas de não-homens, submetidos a processos de exploração e desumanização.

Não queremos detalhar este tipo de pensamento, porque o faremos com mais minúcia logo a seguir. Evidentemente, esta forma de teologia só podia nascer na periferia, no Terceiro Mundo, na América Latina, África e Ásia. Ela constitui atualmente a corrente teológica mais promissora; foi assumida, em seus marcos básicos, oficialmente pelo episcopado latino-americano em Medellín e Puebla. Nossa própria reflexão se inscreve dentro deste tipo de pensamento.

TODA TEOLOGIA É COMPROMETIDA: A TEOLOGIA LATINO-AMERICANA

Não é certamente por razões de ordem epistemológica que se tem negado legitimidade à teologia latino-americana em nome de uma teologia universal, como se pudesse haver algo como uma teologia universal. Aqui precisamos recordar Aristóteles e Santo Tomás que muito antes dos modernos epistemólogos das ciências estudaram a questão. Para o estagirita, uma ciência universal é sem sentido porque toda ciência deve ter um objeto de um gênero determinado, apropriado mediante uma perspectiva específica (pertinência). A teologia, na medida em que quer ser um pensamento gramaticado da fé, também é uma ciência regional (*Suma Teológica* I, q.1, a.3 e 7) porque contempla todas as realidades à luz de Deus ou sob a perspectiva da fé. Pelo fato de ser um discurso sobre o Absoluto, ela não é absoluta nem universal. É usurpação indevida tributar à teologia as qualidades que somente cabem a Deus: divina, universal, absoluta. Isso suporia identificar a idéia humana sobre Deus como a realidade de Deus. É o equívoco da idolatria. Universal é a fé como abertura total a Deus enquanto sentido dos sentidos e o único Absoluto na ordem dos seres. Entretanto, falando assim, nos situamos num nível abstrato e essencial. Num nível concreto e existencial a fé emerge sempre historificada numa linguagem que é cada vez particular. O universal da fé só existe concretizado sob a forma do particular. Porque é assim, podemos falar das distintas teologias: a patrística, de teor sapiencial; a escolástica, de caráter científico e sistemático, a moderna, histórico-existencial etc. Falamos também da teologia de Santo Agostinho como diversa daquela de Santo Tomás, por sua vez diversa daquela de Karl Barth ou de Karl Rahner. Cada um (particular) sistematizou a seu modo o dado da fé (universal) com os instrumentos teóricos próprios de seu tempo. O que resulta é sempre uma teologia particular e não uma teologia universal.

1. Legitimidade da teologia latino-americana

A teologia é fruto do encontro entre fé e razão. E a razão é sempre hitórica; ela não trabalha sobre o nada; tem seus condicionamentos específicos para cada época, se dota de instrumentos que variam historicamente. Assim, a teologia clássica (essa que erroneamente foi chamada de universal) foi feita com as contribuições do pensamento bíblico, grego, romano, germânico e modernamente com o que as ciências ofereceram. É um tipo de teologia e uma forma específica de se apropriar racionalmente dos conteúdos da fé.

Ademais, a elaboração teológica depende muito do lugar social que ocupa o teólogo, como já o temos considerado. Ele, como todos, é um ator social, situa-se dentro de um determinado lugar na sociedade; os lugares não são pacíficos porque desde aí se estabelecem relações com outros atores que podem ser de concorrência, de colaboração, de conflito etc. Toda teologia é comprometida porque ela tem destinatários, é feita numa determinada linguagem e não em outra e repercute na situação com os conflitos que perpassam esta situação. Esta estrutura não depende de nossa vontade; ela constitui a objetividade social; pouco importa recalcitrar e dizer: a minha teologia é neutra, oficial, apolítica. Esta linguagem revela apenas a ingenuidade epistemológica de quem a profere; falar assim interessa a um grupo e não a outro, e assim já está estabelecida a divisão. Retenhamos uma conclusão; *todo ponto de vista é a vista de um ponto*. A pergunta que se há de fazer continuamente não é: até que ponto minha teologia está livre de interesses (ideologia)?, mas: esta forma de teologia com quem se compromete? que interesses possui? E o critério teológico é: confrontar-se com os interesses do

Evangelho, criticar os interesses da teologia com os interesses e compromissos do Jesus histórico. E aí não há dúvidas; Jesus, como o recordou João Paulo II aos bispos em Puebla, "se identificou com os deserdados", "seu compromisso foi com os mais necessitados" e "não permaneceu indiferente aos imperativos da moral social". É a partir do crivo crítico do Evangelho que a teologia garante sua teologicidade e afina seus interesses aos interesses de Deus em Jesus Cristo.

Existe uma teologia latino-americana que já produziu seus bons frutos ao nível teórico, espiritual e principalmente prático. Ela brota da reflexão sobre nossos problemas latino-americanos à luz da fé cristã.

2. Uma reflexão a partir da paixão dos pobres

O problema primordial para nós não é: como anunciar o Evangelho ao homem crítico, ilustrado, secularizado e não-crente de hoje? A questão de vida e morte de nossa fé se formula assim: como anunciar a boa-nova de Jesus ao não-homem, ao explorado e miserável que compõe as grandes maiorias de nosso continente? Em sua maior percentagem o homem latino-americano é cristão e oprimido. A primeira pergunta ocupa especialmente a reflexão teológica européia; tem como interlocutor principal o não-crente; a referência é ainda a religião. A segunda questão preocupa os teólogos latino-americanos; o interlocutor preferencial é o não-homem, violado em sua dignidade; a referência é a sociedade. Para os europeus, a grande questão é como compaginar fé e ciência moderna, Igreja e mundo industrializado, piedade e secularização. Para os latino-americanos, as questões candentes são: como articular fé e justiça social? Evangelização e libertação? Mística e política? Luta de classes que está aí como um fato bruto e amor cristão? Como ajudar para que a fé, patrimônio coletivo do povo, seja fator de libertação integral, começando pela libertação da fome, da exploração econômica, da marginalidade cultural, até as formas mais altas de libertação espiritual? Estas questões não podem ser descartadas, sem sermos cínicos e inimigos de nossa própria humanidade, em nome de um falso pacifismo. A situação é de extrema conflitividade como muito corajosamente o denunciaram os bispos em Puebla. O atual Papa convida a todos a chamar a injustiça por aquilo que ela é. Então devemos dizer com todas as palavras: na situação latino-americana, os pobres são mero combustível do processo produtivo (D. Ribeiro); poucos leões estão devorando as multidões de cordeiros. Que convívio fraterno poderá haver entre o lobo e a ovelha? Os discursos que o gato faz ao rato sobre colaboração e diálogo não nos devem enganar, se quisermos sobreviver. A teologia deve saber de que lado está, como Jesus sabia de que lado estava: ao lado do samaritano (que na época era um herege) contra o levita que passou ao largo, insensível ao caído na estrada.

Uma fé que se confronta com estas questões concretíssimas só pode se articular em forma de libertação. O Papa e os bispos em Puebla não pregaram resignação para os pobres e para os ricos necessidade de dar esmolas. Anunciaram a urgência da libertação, da justiça social e da conversão de toda uma sociedade para relações mais simétricas e fraternas.

Como pensar e viver a Trindade Santa, Jesus Cristo, a graça, os sacramentos, a escatologia[*], a Igreja no quadro destas exigências latino-americanas? Responder a isso é fazer teologia latino-americana, pouco importa o nome que se lhe dê.

LIBERTAÇÃO: UMA EXPRESSÃO POLÍTICA DA FÉ BÍBLICA

1. A importância do ponto de partida: a luta dos oprimidos que crêem

Para se entender a originalidade da Teologia da Libertação é importante considerar o seu ponto de partida: a prática de transformação social inspirada pela fé bíblica. Antes de mais nada, existe a consciência da opressão, quer dizer, de situações permanentes ou prolongadas nas quais a vida humana é ameaçada em sua subsistência (morrer antes do tempo), em sua dignidade (violação sistemática dos direitos humanos) e em sua vontade fundamental de participar da história e da sociedade (percepção da exclusão e da marginalização). A história da opressão e do sofrimento infligido injustamente a raças, povos e classes é tão velha quanto a memória histórica da humanidade. Tão longa é também a história da negação, da resistência e das tentativas de libertação. Toda opressão e submetimento constituem atos de violência e vão contra o sentido íntimo da vida humana. Por isso, contra tal violência há de se esperar sempre a protestação e a rejeição; mais ainda, a vontade nunca totalmente destruída de libertação. A excelência da vida humana se define a partir da liberdade. Por isso, não se precisa de muitas razões para justificar a busca de libertação, isto é, daquela ação que torna livre a liberdade cativa. Ela vale por si mesma. Isso se reafirma contra todos os mecanismos usados pelos opressores para penetrar dentro dos próprios oprimidos com o objetivo de fazê-los aceitar a opressão. É trágica a história da utilização ideológica da razão, da filosofia, da religião como instrumentos de domesticação dos orpimidos e de justificação dos opressores. O Cristianismo histórico foi habilmente manobrado pelas potências ocidentais para submeter a América Latina, colonizar a África e a Ásia ou, por exemplo, excluir e perseguir os judeus ao longo de toda a história cristã.

O que se esconde por detrás da Teologia da Libertação? Esconde-se a luta de oprimidos que crêem e que fazem de sua fé uma fonte de mobilização contra a opressão e em favor de sua libertação. Em primeiro lugar está uma luta. Luta aqui é sinônimo de compromisso, de organização, de resistência e de avanço na direção da liberdade. Luta é contrária à imobilidade e à resignação. Não se permanece na atitude de perplexidade face à magnitude da dor e do absurdo. Esta atitude é perfeitamente compreensível e possui sua dignidade; ela se revela em tantos questionamentos vividos pelo pensamento mundial do pós-guerra e que se formulava assim: como ser humanos depois de Auschwitz? Como crer depois de Sobibor? A luta supõe a ultrapassagem desta atitude. Ela dá um passo avante na convicção de que a opressão histórica das grandes maiorias da humanidade, a escravidão secular dos negros, o submetimento imemorial da mulher, a aniquilação de judeus nos campos nazistas de extermínio constituem absurdos não totalmente passíveis de esclarecimento. A luta supõe que o mal histórico não está aí para ser compreendido, mas para ser superado por uma prática alternativa que inaugura o novo e assim torna a repetição do mal impossível ou extremamente difícil. A luta é um ato de confiança na capacidade humana de gerar relações de mais vida e de mais justiça. Pois é isto que subjaz à Teologia da Libertação, particularmente em sua expressão latino-americana.

A partir dos anos 60 ocorreu uma grande mobilização popular em quase todos os países latino-americanos. Não cabe aqui entrar nas motivações histórico-sociais desta mobilização popular. Basta constatar o fato. Começou a surgir uma consciência crítica acerca das principais causas da pobreza e do subdesenvolvimento do Continente. Além de razões históricas internas, apontava como uma das causas primordiais o sistema capitalista dependente e associado que predomina nos países latino-americanos. A esta consciência correspondia também uma adequada organização popular de sindicatos independentes, de partidos populares, de movimentos de libertação nacional, de todo tipo de associações civis que reforçavam o compromisso pela transformação da sociedade vista como injusta e antipopular. No seio deste movimento havia muitos cristãos que vinham da pastoral operária, do movimento de educação de base (Paulo Freire), da pastoral universitária e de outras atividades religiosas ligadas aos pobres (pastoral das favelas, dos camponeses sem terra, dos indígenas etc.). Estes cristãos começaram a formular a seguinte pergunta: como sermos coerentemente cristãos num mundo assim de miseráveis? A Igreja, pensavam muitos deles, foi cúmplice histórica na dominação; agora deve ser aliada na libertação dos oprimidos. Começaram a ler a Bíblia e a tradição da fé cristã numa perspectiva que interessasse à libertação e denunciasse a aliança do Cristianismo com as forças da dominação e da manutenção do *status quo* atual. Pelo fato de assumirem a fé bíblica do Antigo e do Novo Testamento, sentiam-se urgidos a assumir a causa dos oprimidos, a conscientizar-se da iniqüidade da opressão que sofriam e a se associar aos movimentos de transformação social numa perspectiva de libertação. Evitava-se a expressão *desenvolvimento* e se usava a palavra *libertação*. O termo desenvolvimento pode encobrir o tipo de desenvolvimento que é praticado nas sociedades capitalistas: um desenvolvimento profundamente desigual, gerando por um lado grande acumulação e consumo e, por outro, miséria e fome. Não se pode negar o *fato* de que existe um centro opulento, constituído pelos países técnica e economicamente avançados (situados no Atlântico Norte), e uma imensa periferia que depende deste centro e está a serviço dos interesses econômicos, políticos e ideológicos deste centro, geralmente composta pelas antigas colônias das potências européias. As relações não são de interdependência como se houvesse eqüidade e proporcionalidade nas relações entre centro e periferia; as relações são de verdadeira dependência a ponto de o subdesenvolvimento ser visto como o outro lado do desenvolvimento ou como o subproduto do desenvolvimento excludente operado pelos países ricos. Os países subdesenvolvidos são mantidos no subdesenvolvimento, pois somente com relações de dependência e de opressão se garante o nível de acumulação e de consumo das sociedades do Primeiro Mundo.

O ponto de partida da Teologia da Libertação é, pois, a luta dos oprimidos que fazem de sua fé uma inspiração especial para o engajamento social em vista da mudança da sociedade, portanto, da libertação e não apenas do desenvolvimento desigual e associado ao desenvolvimento dos países centrais. A palavra libertação quer designar um desenvolvimento auto-sustentado, não mais vinculado a relações de opressão e de dependência, mas a relações de eqüidade e de solidariedade. Trata-se de um vasto e longo processo histórico que vai além da atual geração, mas que é visto como um imperativo da consciência social e uma resposta a uma ânsia fundamental dos povos oprimidos.

2. A fé como prática de justiça

À primeira vista, esta conexão entre fé e libertação dos oprimidos concretos parece significar uma utilização ideológica da fé bíblica. Assim como antes se utilizava a fé para abafar os reclamos de libertação dos oprimidos, agora se usa da mesma fé para apoiar os mesmos reclamos. Que ligação existe entre fé e práxis libertária? Certamente nem tudo vale para a fé. Há abusos que se fazem em nome da fé e contra a natureza da fé. A fé bíblica, judaico-cristã, possui características que a abrem para a temática da libertação. Em primeiro lugar, a fé constitui uma *atitude* globalizante e não um *ato* ao lado de outros importantes da vida. Pela fé se quer dar uma significação última à existência humana. Por ser última, a fé engloba em si todas as demais significações. Pela fé bíblica se afirma que todas as coisas que ocorrem, ocorrem sob o olhar de Deus; não estão fora do âmbito de seu plano, significado biblicamente pela palavra Reino de Deus. Fé é sempre fé em Deus e em seu desígnio de bondade para com toda a criação. Que Deus é o Deus da fé bíblica? Não é qualquer imagem de Deus que satisfaz a compreensão bíblica de Deus. Antes de mais nada, trata-se de um Deus vivo, autor da vida e que conclama a todos à vida eterna em comunhão com Ele. Com isso se supera a concepção fetichista e idolátrica de Deus como se Deus fosse uma força cósmica, impessoal, indiferente à trajetória humana.

Por ser um Deus vivo, este Deus é extremamente sensível a todos os que se sentem ameaçados em sua vida e gritam por vida. Por isso, a Bíblia testemunha sempre que Deus é aquele que escuta o grito do oprimido e toma partido em favor de sua libertação (cf. Ex 3,4-7). Deus é o Deus do clamor. O fiel sabe que se ele clamar por vida, justiça e liberdade, Deus o estará escutando e apoiando tudo o que vier a ser feito em função de gerar mais liberdade, justiça e vida.

Por ser um Deus vivo e atento ao clamor dos oprimidos é também um Deus que quer a justiça e abomina toda iniqüidade. Não são as longas orações nem as liturgias solenes que lhe agradam. Mas, sim, atos de justiça e gestos de solidariedade para com os fracos e caídos na estrada da vida (Am 5,21-27; Is 58; Jr 7; Zc 7).

Por fim, é um Deus que promete um futuro de vida e de reconciliação de todos os povos e de integração de toda a criação. Haverá o Reino de Deus, que é feito de liberdade e de justiça para todos incluindo como substrato o universo material.

Como se deprende desta concepção de fé, vigora uma ligação estreita entre fé e libertação, entre Deus e a busca humana por vida e liberdade.

Em segundo lugar, a fé em sua determinação cristã implica no seguimento do Jesus histórico. A prática de Jesus inegavelmente foi libertária. Sua mensagem central – Reino de Deus – implica uma revolução absoluta que deve começar a partir dos pobres, pois são os primeiros destinatários do Reino (Lc 6,20). Em sua primeira aparição em público, promete a libertação de opressões concretas (Lc 4,17-21), depois, do jugo de todo legalismo (Mt 5,21s), sempre tomando a defesa dos pequenos contra os poderosos

(Lc 13,10-17). Considera o ato libertador dos famintos, sedentos, nus e presos como aquele que introduz diretamente no Reino eterno (Mt 25,31-46).

Para todo o pensamento bíblico não existe fé verdadeira sem a prática da justiça e da solidariedade. São Tiago, no Novo Testamento, resumiu bem a tradição ao dizer: "A simples fé sem obras é morta... por minhas obras te mostrarei a minha fé" (2,17-18).

Portanto, a fé não é manipulada quando se articula com a causa do oprimido (que é a libertação) pois a obra da fé intenciona justiça, liberdade e vida. Está dentro de sua própria natureza ser libertadora. Quando uma fé consolida os interesses dos poderosos, quando se transforma em ritualismo sem perspectivas éticas, quando se faz insensível ao clamor dos oprimidos é indício seguro de que esta fé faz parte do mecanismo mais global da ideologia ocultadora das relações injustas e justificadora dos interesses de um grupo que está em antagonismo com os interesses das maiorias.

3. O Êxodo como paradigma de toda libertação

Na reflexão latino-americana da libertação, o Êxodo, assim como vem narrado nas Escrituras, ocupa um lugar central e paradigmático. Já em 1968 escreviam os bispos no famoso documento de Medellín (que inaugurou oficialmente a temática da libertação): "Assim como antigamente Israel, o primiero povo, experimentava a presença de Deus que salva, quando o libertava da opressão do Egito, assim também nós, novo povo de Deus, não podemos deixar de sentir seu passo que salva quando se dá o verdadeiro desenvolvimento. Trata-se, então, para cada um e para todos, de passar de condições de vida menos humanas para condições mais humanas". No relato do Êxodo encontramos fé e política juntas, ação das pessoas históricas associadas com a ação de Deus. Temos a ver com um fato político e ao mesmo tempo com um acontecimento teológico. No Êxodo podemos ver os dois momentos principais de todo processo de libertação: libertação-de (da opressão do faraó) e libertação-para (entrada na terra prometida). Para toda a Bíblia, o Êxodo constituiu o fulcro da fé do povo. Por ocasião do Êxodo se constitui o povo de Israel como povo. Ele entrou a compor o núcleo básico do credo judaico, recitado sempre que eram apresentadas as primícias da terra (cf. Dt 26,5-9). Mesmo para o Novo Testamento, só entendemos a Boa-Nova de Jesus se conhecermos o Deus do qual Jesus se sente filho e ao qual chama de Pai. Tanto para ele como para os demais judeus, este Deus é "aquele que nos tirou do Egito, da casa da escravidão". Na mentalidade popular, o Êxodo não representa um fato do passado. O povo das comunidades cristãs se sente continuador do povo bíblico. Sabe que Deus está atento a seus gritos de aflição. Espera que Deus o ajude nas lutas difíceis que está travando para garantir a vida e conquistar mais dignidade. Tanto os bispos latino-americanos que, no século XVI, defendiam os indígenas, e aqueles poucos que denunciavam a escravidão negra, ou os próprios chefes indígenas que se rebelavam, como Tupac Amaru (1780), quanto Fidel Castro em sua famosa autodefesa "A história me absolverá" (1953), ou o hinário sandinista da Nicarágua, fizeram e continuam fazendo uma referência explícita ao Êxodo como processo de libertação de um mundo de opressão. A reflexão cristã completa esta tradição acrescentando-lhe o que lhe é próprio: a libertação definitiva se dá não somente quando estabelecemos uma "terra onde corre leite e mel", mas quando superarmos a própria morte e houver a transfiguração de todo o universo. O Êxodo é, então, toda a caminhada da humanidade e da criação rumo à ressurreição de toda a carne e da renovação do céu e da terra.

4. A relevância política da opção pelos pobres

Em termos práticos, o essencial da Teologia da Libertação se concentra na opção preferencial pelos pobres. Ela, primeiramente, fora elaborada pelos militantes de base, em seguida formulada pela teologia até ser assumida oficialmente pelos documentos dos bispos latino-americanos em Puebla (1979); hoje, através dos pronunciamentos do Papa João Paulo II, tornou-se um patrimônio do Cristianismo moderno. Estamos face a uma temática muito complexa e polêmica, exatamente, por causa de suas implicações políticas. Ela possui um conteúdo *teológico* na medida em que, como vimos acima, está presente na própria compreensão da natureza de Deus, como Deus da vida que toma partido por todos os que se sentem oprimidos e querem vida digna; possui também uma significação *evangélica*, pois o Evangelho se destina, na intenção do Jesus histórico, preferencialmente aos pobres e, a partir deles, a todos os demais; possui também uma dimensão *humanística*, porquanto é sempre nobre e honrado tomar a defesa dos oprimidos e penalizados pela sociedade; possui também uma dimensão *política* e é essa a que nos interessa neste momento.

Vivemos, infelizmente, numa sociedade de classes. Há classes (ou blocos de classes) que possuem a hegemonia na sociedade, cujos interesses são melhor atendidos e cujos valores são difundidos a partir da forma como se organiza a convivência humana e o Estado orienta seus recursos. Como no caso do Terceiro Mundo, há raças dominadas, classes manifestamente oprimidas, milhões de pessoas marginalizadas, constituindo cinturões de miséria ao redor das grandes cidades e no campo. O Cristianismo perpassa, na América Latina, todo o tecido social. Por isso há um Cristianismo vinculado com os interesses das classes dominantes, geralmente um Cristianismo ritualístico, devocional e espiritualizado, mas sem quase nenhuma sensibilidade ética. Há também um Cristianismo popular, elaborado pelos próprios pobres, às vezes alienado no sentido de não ajudar na conscientização das causas da miséria (a injustiça, a negação do plano do Criador), outras vezes libertário porque se dá conta de que esta miséria não é fruto da natureza nem é querida por Deus. A Igreja, como instituição, viveu na América Latina um pacto com as classes dominantes. Era uma peça de reforço da ordem que mantinha a escravatura e subjugava os trabalhadores. Cabe também dizer que sempre houve profetas que denunciaram este tipo de mancomunação da religião, mas, apesar disso, predominou uma religião que favorecia os poderosos. Através da opção preferencial pelos pobres, a Igreja como instituição quer deslocar seu centro de gravidade: de seu lugar social no meio dos ricos quer passar para o lugar social no meio dos pobres, que, na verdade, constituem as grandes maiorias do continente. Essa opção não é excludente; por isso, se diz: *preferencial*. A Igreja quer colocar todo o seu peso histórico-social, toda sua autoridade moral, seus recursos em função da promoção dos pobres. A partir dos pobres e na ótica dos pobres quer se dirigir a todas as demais classes sociais e, desta forma, garantir a essencial catolicidade (universalidade) da mensagem de Jesus.

Em primeiro lugar, a opção pelos pobres implica tentar *ver a realidade* social e a história a partir da ótica dos pobres. Geralmente a história e a visão de mundo que dominam nos meios de comunicação e no sistema de educação são aquelas elaboradas pelas classes dominantes. Elas são dominantes exatamente porque conseguem fazer passar sua visão de mundo para toda a sociedade. Mas esta visão é parcial e estruturada ao redor dos interesses vitais dos poderosos. Outra é a leitura da sociedade e da história feita pelos pobres conscientes que sua pobreza é resultado de um processo de espoliação e exploração (por isso, em vez de pobres, devem ser chamados de oprimidos). Estes vêem a história como luta para superar dificuldades, marginalizações e opressões de toda ordem. Na perspectiva dos pobres, a sociedade capitalista é ruim porque não permite vida decente e longa para eles; quase todos morrem antes do tempo, após viverem miseravelmente. Esta sociedade deve ser transformada para que se permitam mais igualdade social, mais participação e mais liberdade.

Ao fazer a opção pelos pobres, as Igrejas assumem esta visão de mundo. Portanto, ela será necessariamente crítica ao sistema imperante; ela é rebelde e libertária porque postula a superação da atual forma de organização social. Não é de se estranhar que estes cristãos e estas Igrejas sejam acusados pelos agentes do *status quo* de subversivos e revolucionários. Em razão disso, existem na América Latina milhares de cristãos perseguidos, presos, torturados e martirizados em razão de sua coerência com a opção preferencial pelos pobres.

Em segundo lugar, a opção pelos pobres implica assumir a *causa* dos oprimidos. Essa causa está ligada à satisfação fundamental das necessidades básicas da vida: trabalho, moradia, vestuário, saúde, educação, lazer mínimo. Trata-se, como se depreende, de questões ligadas à produção e reprodução da vida. Os pobres não sonham com um país como grande potência, dominando os outros, nem querem obras faraônicas, como as fazem os governos militares latino-americanos no intento de buscar legitimação política (já que não a têm, e são opressores), nem querem riqueza e consumismo. Eles querem aquelas condições que lhe propiciem vida decente, assentada no trabalho e na participação política.

Em terceiro lugar, a opção pelos pobres supõe que se assumam as *lutas* do povo. Tudo o que ele conquista custa imensos sacrifícios, pois para ele as leis são inadequadas, as relações sociais deterioradas, a segurança inexistente e os meios escassos. Tudo deve ser conquistado com luta. Apoiar as organizações populares, seus sindicatos, suas associações de bairro, sua cultura de resistência e sua religião popular, reconhecendo a validade de suas comunidades de base, de seus círculos bíblicos é um imperativo presente na opção pelos pobres.

Por fim, a opção pelos pobres implica no reconhecimento que o *sujeito* da libertação são os próprios oprimidos, conscientizados e organizados. Não será nem o Estado com todo o seu paternalismo, nem as Igrejas com seu assistencialismo, nem a misericórdia emocional de alguns setores das classes opulentas que vão resolver os problemas dos pobres. São eles mesmos. O pobre não deve ser definido como aquele que simplesmente não tem; o pobre também tem: criatividade, força de resistência, habilidade em subsistir, força histórica de transformação social quando consegue organizar-se e criar seus instrumentos de luta. Só o pobre liberta outro pobre. O que as Igrejas e outras classes sociais podem fazer é associar-se à luta dos pobres. A estratégia de transformação e o tipo de sociedade a ser buscada devem ser definidos pelos próprios oprimidos. Importa reconhecer o pobre como sujeito de sua libertação e de sua história. Se isso não ocorrer, não poderemos, de modo nenhum, falar em libertação.

Como se deduz destas considerações, a opção pelos pobres possui inegáveis conotações políticas. Coloca as Igrejas que tomam a sério esta opção no coração do conflito social. Aí elas devem, coerentemente, assumir seu lugar ao lado dos oprimidos, participar de suas dores e também de suas vitórias.

5. Um modelo de sociedade subjacente à Teologia da Libertação

É claro que a Teologia da Libertação se opõe frontalmente ao capitalismo; vê nele uma das causas fundamentais da situação dos oprimidos. Mas que alternativa subjaz aos movimentos libertários que têm como referência a Teologia da Libertação?

Antes de mais nada, cumpre enfatizar o fato de que a Teologia da Libertação incorporou em sua crítica ao capitalismo muitas contribuições vindas da tradição marxista (Marx, Lênin, Gramsci, o marxismo acadêmico francês etc.). Por causa disso, sofre críticas severas por parte do pensamento conservador da Igreja e de significativos setores da sociedade dominante. Na verdade, a Teologia da Libertação não assume o *sistema* marxista, particularmente sua dimensão filosófica; incorpora o aspecto científico-analítico que a tradição marxista desenvolveu particularmente na consideração da importância do fator econômico na estruturação da sociedade e da manipulação da religião em benefício da legitimação da dominação. Portanto, a utilização do marxismo obedece a critérios instrumentais e nunca é fim em si mesmo. Em primeiro lugar está a perspectiva dos oprimidos e a consolidação de seus interesses. Para ajudar a esta perspectiva, viu-se, a partir da prática e não a partir do estudo acadêmico, a importância da racionalidade marxista. Ela foi elaborada em função da transformação da sociedade na ótica dos oprimidos. A Teologia da Libertação assume esta colaboração dentro da perspectiva própria da fé, no seio dos valores que o próprio povo desenvolveu. Marx não é nem pai nem padrinho da Teologia da Libertação. Na medida em que ajuda a compreender os mecanismos de geração da exploração e aponta caminhos de saída dela, ele pode ser companheiro na libertação dos pobres. É nesta atitude que a teologia se relaciona com o marxismo, livre, instrumental e sempre a serviço da causa dos oprimidos.

Qual seria a alternativa ao sistema capitalista sob o qual os pobres tanto padecem? Muitos teólogos e agentes de pastoral respondem: o socialismo. Mas devemos compreender esta resposta. Não se trata de reproduzir o socialismo real como está vigorando no Leste Europeu e em tantas partes da Ásia. Aqui socialismo possui um conteúdo analítico e programático; trata-se daquele sistema social no qual os interesses coletivos possuem a hegemonia sobre os interesses de grupos privados na estruturação do todo social. O socialismo real significa, sem dúvida, uma superação histórica do capitalismo. Mas na prática organizou um imenso Estado paternalista; faz tudo ou muito *para* o povo, mas muito pouco *com* o povo e a partir da participação crítica do próprio povo. O que se pretende, na Teologia da Libertação, é a construção da sociedade mediante a participação ativa do maior número possível de cidadãos. Não só o partido é importante, mas todas as forças vivas de um povo.

Por isso, a maioria dos teólogos evita o termo socialismo (por causa de suas ambigüidades políticas) e prefere a palavra *democracia participativa*. Ela deve ultrapassar os limites da democracia representativa burguesa que, na América Latina, funciona de forma elitista e antipopular a ponto de, freqüentemente, introduzir uma ditadura militar para impedir avanços do povo e salvaguardar os privilégios do capital. A democracia participativa está assentada sobre o povo organizado; poderá e deverá haver representatividade, mas esta é continuamente controlada pelas próprias organizações populares, verdadeiro sujeito do poder social. Esta democracia participativa não constitui apenas um projeto. Germinalmente está sendo vivida nos movimentos populares, nas comunidades cristãs de base e em outros movimentos nos quais se dão formas democráticas de participação, de distribuição do poder e de controle.

A democracia participativa vive da articulação destas quatro instâncias fundamentais: 1) *participação* a mais aberta possível para evitar marginalizações e a inclusão do maior número possível de pessoas; 2) *igualdade* que resulta da participação crescente de todos; 3) respeito à *diversidade* como expressão da riqueza humana e social, pois somente assim se evita o uniformismo em todos os níveis e se permite o pluralismo, que é vital para o espírito democrático; 4) por fim, a *comunhão* que é a busca de relações humanas solidárias e a abertura para o Transcendente como fim derradeiro do destino humano e de toda a história.

Esta visão da sociedade possui, certamente, muito de utópico. Mas isso é próprio de todos os modelos sociais. Sem a busca do impossível não se consegue realizar o possível. Esta democracia participativa representa o novo e o alternativo à forma social capitalista que, até hoje, em nenhum país do mundo resolveu os problemas básicos do povo em termos de trabalho, moradia, saúde e educação.

6. Conclusão: o permanente valor da libertação

A Teologia da Libertação não é somente válida para os oprimidos sócio-econômicos. Todos carregam alguma cruz, todos padecem por alguma opressão interior ou exterior. Esta teologia tematiza a importância que possui a liberdade na definição do destino das pessoas e na estruturação das sociedades. Em grande parte esta liberdade é negada às maiorias dos povos. Daí a importância da libertação, quer dizer, daquela ação que visa criar o espaço da liberdade. Ultimamente, para cada opressão maior se desenvolveu também sua correspondente necessidade de libertação. Assim surgiu a teologia negra da libertação nos USA, que aprofunda a urgência da libertação dos negros contra a discriminação que sofrem. A teologia da libertação africana trabalha especialmente o dado cultural a ser preservado nos vários povos africanos, assolados pela invasão da cosmovisão branca e ocidental. Existe também uma vigorosa teologia asiática da libertação que dialoga com as religões orientais e procura desentranhar, a partir da mística e da religião, os princípios de um compromisso social que ajude na superação da secular pobreza daqueles povos. Esta teologia se afunilou ainda mais ao trabalhar sobre a temática da terra, já que há milhões sem terra na América Latina e estão à procura de um pedaço de chão para trabalhar; está em curso também uma reflexão bem articulada sobre a causa indígena e de suas culturas, pois as tribos estão sob ameaça séria de desaparecimento.

A Teologia da Libertação representa a primeira construção teórica da fé elaborada no Terceiro Mundo com significação universal. A considerar-se bem, ela forneceu a melhor refutação prática do ateísmo moderno e da crítica marxista da religião-ópio. O ateísmo moderno se dizia humanitário, pois negava Deus em nome da liberdade das pessoas. A Teologia da Libertação tem mostrado que não necessitamos negar Deus para afirmar a liberdade dos oprimidos. O Deus bíblico é um aliado dos oprimidos. Sua atuação na história é em função da libertação dos que estão gritando sob a opressão. A religião não precisa ser somente ópio. Ela constitui em muitas partes do mundo um princípio de libertação e de incentivo à protestação contra a pobreza. A idéia da transformação da sociedade não é exclusiva dos marxistas. Muitos cristãos hoje, em nome de sua fé bíblica, vêem mil razões para se decidirem por uma nova sociedade na qual haja menos desigualdades e seja possível uma convivência de solidariedade e de dignidade mínima. Evidentemente a fé bíblica não se restringe a esta função social. Ela promete a vida eterna. Mas esta vida eterna se antecipa em formas de vida mais humans e mais coerentes com aquilo que conhecemos do desígnio do Criador. Ela deverá sempre constituir um poço de esperança para os desesperados deste mundo; e atraiçoará sua natureza e sua missão caso se prestar a justificar a presente ordem, que é má para as grandes maiorias das pessoas. A existência da Teologia da Libertação comprova que é possível manter sempre viva a memória libertária da Bíblia e do Deus que disse sempre escutar o grito dos oprimidos.

SEXTA PARTE

CONFRONTOS: A LUTA CONTRA O MEDO DENTRO DA IGREJA

QUEM TEM MEDO DA OPÇÃO PREFERENCIAL PELOS POBRES?

Há um fato inegável: "do coração dos vários países que formam a América Latina está subindo ao céu um clamor cada vez mais impressionante: é o grito de um povo que sofre e que reclama justiça, liberdade e repeito aos direitos fundamentais dos homens e dos povos; o clamor agora é claro, crescente, impetuoso e, nalguns casos, ameaçador" (Puebla, n. 87 e 89). Como ser cristãos num mundo de empobrecidos? O bom senso, as razões humanísticas e o imperativo evangélico só podem aconselhar: de forma libertadora. Por mais que os analistas e os intelectuais organicamente vinculados ao sistema o neguem, aduzindo razões de ordem teórica e de eficácia histórica, o certo é que o sistema liberal (digamos logo a palavra: o capitalismo selvagem no campo e menos deseducado na cidade) não resolveu até hoje no Brasil os problemas vitais das imensas maiorias cujos direitos aos meios de vida lhes são negados de forma crescente. O Papa, em seu discurso na Bahia a 7 de julho de 1980, intuiu bem o dilema: a realização da justiça ou se faz através de reformas profundas ou pelas forças da violência. A Igreja da América Latina e do Brasil elaborou sua estratégia pastoral: optar pelos pobres contra a sua pobreza, entrando num processo, não de violência, mas de libertação de todos a partir dos oprimidos. Cumpre reconhecer com humildade que uma Igreja (no caso a hierarquia em Puebla) que fez uma opção pelos pobres não se sentia pobre nem muito junto deles. Historicamente, no Brasil a Igreja hierárquica se compunha com o bloco histórico hegemônico. Era certamente uma Igreja para os pobres, deixando-os como fregueses ou organizados em suas confrarias. Com a opção preferencial pelos pobres, quer a hierarquia penetrar no continente dos deserdados deste tipo de sociedade e propiciar que eles entrem na Igreja, se organizem em comunidades, se apropiem da

Palavra de Deus, criem expressões de piedade sempre dentro da comunhão com a Igreja local e universal. Intenta-se chegar a uma Igreja *com* os pobres para resultar, finalmente, uma Igreja *dos* pobres. No dia em que a Igreja for povo e o povo for Igreja ter-se-á atingido a meta evangélica da opção pelos pobres.

1. De que "pobres" se trata na opção preferencial pelos pobres?

Durante uma assembléia dos bispos em Itaici, São Paulo, levantou-se a questão da incompreensão, confusão e radicalismos a que esta opção pode conduzir. Apareceu claramente que, mesmo entre os que assinaram o documento de Puebla e o capítulo sobre a opção preferencial pelos pobres, persistem os equívocos. Geralmente quando se começam a agregar adjetivos ao termo-realidade *pobre* e a fazer sutis distinções, é sinal que o conteúdo concreto, sofrido, dilacerante da pobreza-pobreza lascada principia a sofrer um processo de edulcoramento e esvaziamento em detrimento da causa dos pobres. Lógico: todos somos pobres (cardeais, teólogos, ricos e espoliados, são e doentes) diante de Deus; finalmente, somos criaturas, vale dizer, somos de Deus e para Deus e fora desta relação não somos nada. Cumpre, entretanto, assinalar que esta pobreza é inocente; não depende de nós; não constitui nenhum questionamento que fustiga nossa consciência.

O fato questionante é este: os pobres (classes inteiras, raças oprimidas) são feitos socialmente pobres, como no-lo mostram os cientistas sociais e os bispos em Puebla o confirmaram: "São produto de determinadas situações e estruturas econômicas, sociais e políticas" (n. 30). Os pobres são empobrecidos, portanto, injustiçados e reduzidos, socialmente,a não-homens. É destes que se trata quando se fala na opção preferencial pelos pobres; é destes que falou Jesus, no sentido exegeticamente mais originário das bem-aventuranças. O Papa o recordou aos bispos em Puebla: "O compromisso evangélico de Jesus é sobretudo um compromisso com os mais necessitados". Negar isso é negar a verdade do Evangelho, implica não se solidarizar com aqueles que Jesus declarou os primeiros destinatários de seu anúncio de boa-nova.

2. Contra as causas que produzem a pobreza social

Diz-se que esta opção pode levar à exclusão dos demais; a Igreja se destina a todos os homens. Evidentemente, a opção não visa a excluir ninguém (por isso é preferencial), mas atende objetivamente a 80% dos brasileiros que são pobres e muito pobres, sendo que somente 20% são diretamente beneficiados pelo sistema econômico-social montado há séculos neste País. Ainda assim o excludente possui dois sentidos. O primeiro é certo: ninguém é excluído de fazer esta opção pelos pobres (nem os bispos, nem os padres, nem os ricos, nem os pobres); os ricos façam sua opção pelos pobres e os pobres assumam a causa dos outros pobres. O sentido desta opção não reside na magnificação da pobreza, mas na sua superação, não pela riqueza, mas pela justiça e pela participação de todos na construção dos meios de vida para todos. O segundo sentido é errôneo: só os pobres com exclusão dos demais. Tal compreensão é teologicamente equivocada: a fé é católica, vale dizer, aberta a acolher todos os que se dispuserem a converter-se, portanto, não discrimina ninguém; é, por sua vez, analiticamente vesga, porque o pobre não existe isolado e independente do conjunto das relações que o exploram e o reduzem ao empobrecimento e do apoio daqueles que se aliam às suas lutas. Esta compreensão dialética nos impede de elaborar duas pastorais de Igreja: uma para os ricos (cursos para os centros de poder decisório, movimento familiar cristão, encontros de aprofundamento teológico da fé) e outro para os pobres (comunidades Eclesiais de Base, treinamentos pastorais, cursos sobre Bíblia e problemas da terra). Com razão Puebla rejeita duas pastorais justapostas: "Advogamos a superação da distinção entre pastoral de elites e pastoral popular; a pastoral é uma só" (n. 1215). Que significa então a expressão *preferencial?* Nesta visão que Puebla elaborou, vendo um nexo causal entre riqueza e pobreza (superou uma sociologia ingênua), preferencial não é simplesmente sinônimo de *especial*: a Igreja ama a todo mundo mas especialmente os pobres. O sentido é mais radical: ama primeiramente os pobres, porque assim fez Jesus; a partir dos pobres ama a todos os demais e os convoca a assumirem a causa dos pobres que é a causa da justiça, da participação e da fraternidade que são bens do Reino de Deus.

Precisamos ser claros: optar pelos pobres implica decidir-se contra aquelas causas que produzem a pobreza (as relações sociais de exploração) e contra os mecanismos de classe que mantêm os pobres no empobrecimento. O Eclesiástico no AT era claro: "Como poderá o lobo conviver com o cordeiro?... Que paz pode haver entre o rico e o pobre?... os pobres são o espólio dos ricos" (Eclo 13,17-20). O médico ama o doente quando combate a sua doença. Assim só amamos, de verdade, os pobres se combatemos, não as pessoas dos ricos, mas os mecanismos de enriquecimento às custas do povo. Os ricos começam a pertencer ao Reino quando assumem a causa dos pobres e dão sua colaboração específica na superação de uma sociedade de riqueza de um lado e de miséria do outro na direção de uma convivência de eqüidade e justiça.

QUEM TEM MEDO DA "IGREJA POPULAR"?

Por ocasião de uma das tantas Assembléias dos Bispos em Itaici, acendeu-se o debate sobre a "Igreja Popular". Denunciava-se o fato de que estaria surgindo no Brasil uma "Igreja Popular" nos moldes daquela condenada pelo Papa na Nicarágua. O cardeal do Rio de Janeiro apressava-se em garantir que havia impedido há dois anos a tentativa de se instalar no Rio de Janeiro tal Igreja. Por outro lado, o cardeal da Bahia tranqüilizava a própria Igreja e o País de que tais opiniões eram pessoais; no Brasil não existe tal fenômeno. Criou-se um fantasma, a "Igreja Popular". O fantasma é produto do imaginário. Sua função é meter medo. Quem tem medo da "Igreja Popular"? Que significa? Que pensa o Papa? Ela existe na Nicarágua? Haveria infiltração dela no Brasil? Comecemos pelo Papa.

1. A legitimidade da expressão "Igreja Popular"

Em sua carta de 8 de agosto de 1982 dirigida aos bispos da Nicarágua, o Papa afirma que "esta denominação (Igreja Popular) – sinônimo de Igreja que nasce do povo – pode atribuir-se uma significação aceitável. Com ela se quer assinalar que a Igreja surge quando uma comunidade de pessoas, especialmente pela sua pequenez, humildade e pobreza, dispostas à aventura cristã, se abre à Boa-Nova de Jesus Cristo e começa a vivê-la em comunidade de fé, de amor, de esperança, de oração, de celebração e participação nos mistérios cristãos, de modo especial na Eucaristia". Ora, esta compreensão de Igreja corresponde à realidade de nossas Comunidades Eclesiais de Base no Brasil e também da Nicarágua. Em dezembro de 1981 participei de um encontro nacional de Comunidades Cristãs de Base, nas cercanias de Manágua. Vivia-se lá a definição positiva dada pelo Papa. Lamentava-se sim a falta de apoio de alguns bispos a esta presença da Igreja entre o povo, mas em nenhum momento se falou de ruptura com a hierarquia: Pelo contrário: insistia-se que deveríamos todos saber sofrer com a Igreja e pela Igreja. Isto eu o testemunho com todo o empenho da verdade. As informações posteriores confirmam a mesma linha de conduta.

Mas o Papa não condenou a "Igreja Popular"? Leiamos exatamente que tipo de "Igreja Popular" o Papa condenou para que ninguém possa manipular sua autoridade em detrimento daquilo que o Espírito está fazendo surgir nos porões da humanidade: "É absurdo e perigoso *imaginar-se* como ao lado – para não dizer em oposição – da Igreja construída ao redor do bispo, outra Igreja, concebida só como carismática e não institucional, nova e não tradicional, alternativa e, como se preconiza ultimamente, uma Igreja Popular". O mesmo repetiu o papa por ocasião de sua visita à Nicarágua. O Papa condena quem imaginar tal tipo de Igreja exclusivamente carismática. Não conheço nenhum texto de alguma significação teológica ou de qualquer agente pastoral da América Latina que entenda o carisma sem a instituição ou a instituição desligada da vida do Espírito (carisma), sustentando o "absurdo" (na expressão do Papa) de uma Igreja sem qualquer estruturação, sem qualquer referência à tradição e às instâncias de unidade (ministros da Palavra, párocos, bispos, Papa).

A 15 de agosto de 1982 os cristãos da Nicarágua responderam à carta do Papa com uma outra, de caráter profundamente evangélico e comovedor. Acolhem o apelo do Papa para a unidade: "O Senhor nos chama à unidade e nós queremos atender a seu chamado... Vamos descobrindo todos, junto com nossos bispos, que Deus nos quer trabalhando unidos para o bem dos mais pobres". Mas também esclarecem o tema da "Igreja Popular": "A verdade é que nós não nos chamamos Igreja Popular, mas sim, somente Igreja. O que ocorre é que alguns nos põem este nome para dizer depois que nós não somos cristãos. Porém nós nunca nos chamamos assim. Quando o senhor nos descreve em sua carta como devem ser as comunidades (a definição por nós referida acima), nós sentimos que está falando daquelas que estão aqui". Em seguida, deixam claro que se chamam simplesmente de Comunidades Eclesiais de Base. A tensão que persiste na Nicarágua entre a hierarquia e os cristãos das Comunidades Eclesiais de Base (e os agentes de pastoral que partilham a fé com eles) não reside em questões dogmáticas (se é possível uma comunidade sem instituição e sem princípio de autoridade), mas em questões políticas: como julgar o processo revolucionário e que tipo de colaboração efetiva e crítica dão os cristãos? A verdade é que a sociedade nicaragüense mudou profundamente com a ascensão dos sandinistas ao governo e a hierarquia não mudou. É possível uma Igreja capilarmente presente no povo negar-se a acompanhar a história de todo um povo que, como diz a carta dos cristãos ao Papa, "derramou muito sangue para poder ser livre"?

2. A força evangelizadora da Igreja Popular

No Brasil não é corrente a expressão "Igreja Popular". Todos, bispos, padres, teólogos e membros das comunidades, falamos em Comunidades Eclesiais de Base, ou simplesmente CEBs. Contudo há os interessados em introduzir primeiro a expressão "Igreja Popular". Depois se afirma que não se trata só de expressão, mas de uma realidade que está começando neste País, semelhante àquela da Nicarágua. Por fim, condena-se a expressão e a pretensa realidade (o Papa fala em "é absurdo imaginar-se"), porque o Papa a condenou. É um procedimento, este sim "perigoso e absurdo", porque se pode criar um duplo álibi: deslegitimar e colocar sob suspeita aquilo que Paulo VI chamou de "esperança para a Igreja universal" (EN 58) e Puebla de "foco de evangelização e motor de libertação", constituindo um dos poucos lugares de humanização dos pobres e de expressão criativa da fé dos humildes. Por título nenhum se pode defraudar os oprimidos em sua onerosa luta de libertação, dando-lhes a impressão de que a hierarquia continua fazendo o jogo de seus opressores. Cumpre abordar com suma seriedade um compromisso que a Igreja assumiu – aquele com os pobres – e que já custou uma alta taxa de sacrifícios, difamações, perseguições e até martírios. Ademais, pode-se criar outro álibi: de não se deixar evangelizar pelas Comunidades Eclesiais de Base. Como nos ensinou Paulo VI, elas não são apenas destinatárias da evangelização, são ao mesmo tempo evangelizadoras (EN 58). As CEBs querem os bispos, os padres e até os teólogos em seu seio; não são refratárias aos principais encarregados da unidade e da inteligência da fé. Mas elas obrigam renunciar a todo autoritarismo, a toda prepotência e dominação pela verdade. Devolvem-nos os sentidos de fraternidade, de comunhão, de simplicidade e de mútuo aprendizado.

Quem tem medo das Comunidades Eclesiais de Base (da verdadeira Igreja Popular, expressão do Povo de Deus)? Digamos numa palavra e com toda a sinceridade: todos os que temos dificuldades em deixar nosso pedestal e em nos colocar à escuta humilde da voz dos historicamente sem voz pelos quais nos chegam hoje as grandes interrogações da consciência e a chance de conversão, vale dizer, de um encontro com o Servo sofredor cuja Paixão se atualiza na paixão dos sofredores de nosso povo.

QUEM TEM MEDO DA TEOLOGIA DA LIBERTAÇÃO?

Nos memoráveis dias de fevereiro de 1979, nos quais se realizava em Puebla a III Conferência Geral do Episcopado Latino-Americano, os empresários mexicanos celebraram uma reunião naquela mesma cidade para avaliar a importância da Igreja e de seu tipo de evangelização para a realidade social do Continente. E concluíram com o que constituiu a manchete dum diário local: "A Teologia da Libertação é nociva para a empresa". Comentava-se entre os teólogos presentes: os empresários entenderam melhor que muitos participantes da augusta assembléia eclesial o que significa a Teologia da Libertação. A Teologia da Libertação é nociva não à empresa simplesmente, mas à empresa da superexploração capitalista. Não é uma teologia que se presta a legitimar as práticas de acumulação à custa do depauperamento do operário. Pelo contrário, ela guarda uma funcionalidade explícita com as lutas dos pobres em vista de sua promoção e libertação. Ela nasceu nos anos 60 com aqueles cristãos que, no interior dos movimentos operários e universitários comprometidos com as camadas populares, tentaram pensar sua fé e o Evangelho à luz de práticas libertárias, postulando uma sociedade diferente. A originalidade da Teologia da Libertação, ontem como hoje, não reside em pensar teologicamente o tema da libertação, com a mesma maneira que pensa a secularização, o trabalho, a técnica, a família etc. O tema da libertação seria um a mais no elenco das questões relevantes que a teologia se pode propor. Os temas variariam (daí o risco dos modismos teológicos), mas a forma de se fazer teologia permaneceria a mesma. A Teologia da Libertação pretende pensar não a partir do tema da libertação, mas a partir de uma prática de libertação concreta junto com os interessados na libertação que são os oprimidos (operários, camponeses, favelados e seus aliados geralmente da pequena-burguesia). A partir da prática, muda a maneira de se pensar a tarefa da teologia.

1. A realidade da pobreza vista com os olhos dos próprios pobres

Em função da prática, para que não seja meramente reprodutora do sistema (reformismo e paternalismo), a Teologia da Libertação se obriga a fazer uma análise da realidade social, identificando especialmente os mecanismos produtores de empobrecimento e enfatizando o sujeito histórico emergente e suas práticas visando uma sociedade mais participativa do povo. Nesta tarefa, a Teologia da Libertação assume aqueles métodos que elaboram as análises a partir da ótica dos oprimidos e no interesse da libertação deles. Toda análise, por mais objetiva que pretenda ser, sempre é socialmente situada; o analista não vive nas nuvens, mas se encontra dentro de um complexo de interesses, compromissos, expectativas do lugar social que ocupa. A Teologia da Libertação prefere (sem exclusividade) aquelas análises feitas a partir de uma opção de povo, de mudança da sociedade e de superação do sistema capitalista que tanto desgraçou as grandes maiorias de nossa gente. Se a Teologia da Libertação guarda alguma relação com o marxismo, é neste momento analítico da interpretação da realidade social, não na elaboração dos conteúdos próprios da teologia.

Após esta diligência analítica, começa a reflexão propriamente teológica, respondendo a estas questões básicas: em que medida a fé cristã e seus conteúdos básicos constituem um motor e não um freio à libertação dos oprimidos e, a partir deles, de todos os homens? A partir das exigências da prática real ressaltam, da grande mina da fé, alguns elmentos que concernem diretamente à libertação. Primeiramente a própria compreensão de Deus. Ele é santo e habita numa luz inacessível, portanto, é mistério. Entretanto, este Deus é sensível ao grito do oprimido, toma partido contra o faraó e se decide pela libertação dos oprimidos (Ex 3,8). Há uma leitura política do oprimido: não é apenas o indivíduo injustiçado; é uma classe social inteira de explorados; são raças discriminadas, como os negros e indígenas. O próprio Deus encarnado, Jesus Cristo, começou concretamente anunciando libertação para os humilhados e ofendidos (Lc 4,16-21). São Marcos resume tudo numa frase: "Jesus fez bem todas as coisas; fez surdos ouvir e mudos falar" (7,37); portanto, teve uma prática libertadora. A própria fé somente salva quando se transforma em prática de solidariedade e atendimento às necessidades básicas da vida dos carentes (Mt 25). Sem esta prática ninguém se salva. Os profetas são claros ao dizer qual é o culto que agrada a Deus: "Procurar o direito, corrigir o opressor, julgar a causa do órfão, defender a viúva" (Is 1,17). A morte de Jesus não se entende completamente sem considerar o conflito que suas exigências de solidariedade aos pobres e de fraternidade colocaram. A partir do compromisso com a libertação dos empobrecidos, tais perspectivas bíblicas ganham ressonância especial: iluminam a prática dos cristãos e constituem uma mística poderosa de engajamento, como forma de ser fiel à mensagem da revelação. O que mais irrita as classes dominantes e os organismos de controle e informação é ouvirem os cristãos declarar: sua opção pelos empobrecidos não nasceu de uma leitura de Marx (et consortes), mas da oração, da meditação da Palavra de Deus e do seguimento da prática de Jesus.

2. As armas da libertação dos oprimidos

A partir desta reflexão teológica no interior do compromisso, se definem melhor os instrumentos de libertação do povo sofredor: alargamento de seu nível de consciência acerca da realidade sob a qual sofrem; criação de Comunidades Eclesiais de Base, onde se dá a união entre evangelho e vida, oração e compromisso, conscientização dos problemas e iluminação deles à luz da fé, da doutrina da Igreja e da reflexão dos teólogos; incentivo à criação de todo tipo de grupos de reflexão e de ação; apoio aos organismos populares nos quais os próprios pobres assumem a reflexão, usam da palavra e organizam sua prática solidária, impondo limites às estratégias da dominação e dando passos de libertação rumo a uma sociedade mais participada e justa. Tais práticas, para a fé, produzem bens do Reino.

Quem tem medo da Teologia da Libertação? Na sociedade são aqueles estratos e pessoas que não estão interessados em mudar a forma de convivência social porque correriam risco de perder suas benesses e o lugar privilegiado que ocupam na sociedade. Para muitos destes a Teologia da Libertação significa um elo a mais na cadeia destes significantes negativos: marxismo, subversão, violência revolucionária, incentivo à luta de classes. Na Igreja têm medo da Teologia da Libertação aqueles cristãos habituados a uma versão intimista e meramente piedosa da fé cristã: a fé é para salvar a alma e garantir ao indivíduo a eternidade feliz. Também têm medo aqueles agentes de pastoral que querem perpetuar a Igreja dentro do bloco histórico hegemônico pelos benefícios que lhes advêm. A Teologia da Libertação exige, finalmente, conversão, vale dizer, a troca de lugar social: assumir a causa dos pobres, participar da vida e dificuldades deles, comprometer-se com hombridade com as incompreensões e difamações daí decorrentes no espírito das bem-aventuranças. Por fim, toda libertação, isto é, ação que cria liberdade, é arriscada; mas é o preço a pagar para uma humanização mais plena da pessoa e da sociedade.

QUAL É A TENSÃO REAL QUE EXISTE NA IGREJA?

Há pessoas, como ecoa largamente pela grande imprensa, que pretendem ver a Igreja dividida entre os antropocêntricos e os teo-cristocêntricos. Traduzamos este dialeto teológico para a linguagem universalmente compreensível. Antropocêntricos seriam aqueles cristãos (bispos, padres, agentes de pastoral e leigos) que colocariam no centro de suas ocupações e preocupações pastorais o homem, especialmente aqueles historicamente reduzidos a não-homens, como os posseiros expulsos de suas terras, os índios ameaçados em suas reservas, os trabalhadores cada vez mais empobrecidos, os marginalizados de nossa sociedade. Objetivo importante da presença da Igreja no meio deles (a maioria é cristã e pobre) é animar um tipo de vivência de fé e de religião que leve, além do culto a Deus, à libertação das opressões concretas de que padecem, criando participação, união entre reflexão e ação, democracia e justiça social.

Teo-cristocêntricos seriam aqueles outros cristãos que acima de tudo colocam Deus (teo) e Cristo (cristo) no centro de sua atividade pastoral. Cumpre levar ao povo a imagem de Deus transcendente à história e também presente nela, anunciar Cristo como o Filho de Deus encarnado e que nos remiu pelo seu sangue e por sua ressurreição. A partir disto, se derivam, como conseqüências, a missão social da Igreja e a defesa dos direitos humanos.

1. A dialética da inclusão

Consideramos esta distinção, que em alguns se transforma em divisão a ser lamentada e superada até com a intervenção do Papa se necessário for, como infeliz e claudicante. Ademais ela é ideológica, porque oculta uma divergência que atravessa o corpo eclesial, como veremos mais abaixo. Revela ainda uma insuficiente cultura teológica: compreende o fenômeno cristão com categorias pré-cristãs, ao invés de orientar-se a partir da originalidade do próprio Cristianismo. Que significa interpretar o Cristianismo com categorias pré-cristãs? É assimilar a fé cristã manejando categorias tiradas da cultura filosófica grega, sem dialetizá-las como o fizeram os mestres fundadores gregos Platão e Aristóteles: homem-Deus, imanência-transcendência, tempo-eternidade, natural-sobrenatural. A Igreja representaria Deus, a transcendência e o sobrenatural; os humanismos, o tempo, a imanência e o natural. A questão não reside no reconhecimento destas diferenças da realidade, em si evidentes, pois Deus não é o homem. O problema questionável é a distribuição de tarefas e o tipo de relacionamento entre os termos. O fato de serem diversos não significa que se excluam ou que devamos optar ou pelo homem (antropocentrismo) ou por Deus-Cristo (teo-cristocentrismo). Da antidialética da exclusão precisamos passar, como o fez sempre a tradição teológica da Igreja, à dialética da inclusão. Deus e o homem são distintos para que se possam unir, sem confusão e sem absorção de um pelo outro. O Deus cristão inclui o homem (Jesus Cristo é Deus humanado) e o homem, na concepção cristã, inclui Deus; o natural, historicamente, vem sempre empapado pelo sobrenatural (a natureza pura nunca existiu realmente; é apenas um conceito útil da teologia).

O Cristianismo assenta sobre Cristo. E de Cristo a fé diz que é simultaneamente Deus e homem, sem confusão, sem mutação, sem divisão e sem separação. A união é feita salvaguardando as propriedades de cada uma das duas naturezas; mas ela é tão íntima que permite a mútua transposição; assim, vale dizer: Deus morre e o homem é onipotente. Com referência a Cristo, falar de Deus sem falar do homem é monofisitismo (heresia que afirma apenas a divindade em Jesus) e falar do homem sem falar de Deus é nestorianismo (heresia de Nestório que afirmava só a humanidade em Jesus). Face a este fato novo – Deus na carne – não podemos mais usar as categorias pré-cristãs: transcendência (Deus) de um lado e imanência (homem) do outro. Pela encarnação, Deus não é só transcendente e o homem imanente; ambos se fizeram transparentes pela presença de um dentro do outro. *Transparência*: Eis a categoria tipicamente cristã, expressa na palavra de Jesus: "Quem vê a mim vê o Pai" (Jo 14,9). A transparência de Deus no homem e do homem em Deus pela encarnação faz com que a causa de Deus (seu culto, seu serviço, a oração, a conversão) se torne a causa do homem; e a causa do homem (sua justiça, sua vontade de participação, sua dignidade) se torne causa de Deus. Os evangelhos são claros nisso: Deus quer ser servido nos outros; o encontro solidário com os oprimidos significa um encontro com o próprio Deus ("a mim o fizestes, a mim deixastes de fazer" – Mt 25,40.45). Voltando à questão inicial: o antropocentrismo e o teo-cristocentrismo não fundam nenhuma divisão; se não quisermos ser heréticos devemos dizer que um inclui o outro. Há um centro só: Jesus Cristo, Deus-homem e homem-Deus. Este Deus humanado ou Homem divinizado (ele é o *ecce Homo*) se esconde por detrás de cada ser humano, mas de forma mais densa por detrás de cada pobre e sofredor da paixão deste mundo. Uma pastoral que faz uma opção preferencial pelo pobre ou simplesmente pelo homem e o faz dentro da perspectiva cristã da encarnação de Deus em nossa miséria se situa no coração do Evangelho e da prática de Jesus e dos Apóstolos. Ela já abandonou a imagem pagã do Deus indiferente ao grito do oprimido ou mouco às buscas humanas. Ela é simplesmente obediente ao que o Deus dos Pais já disse outrora a Moisés: "Eu vi a opressão, agora vai, eu te envio ao Faraó para que libertes meu povo" (Ex 4,10).

2. Em defesa do antropocentrismo

O Papa João Paulo II, em sua encíclica *Sobre a Misericórdia Divina* (1981), já apresentava uma inclusão das duas dimensões: "Quanto mais a missão desenvolvida pela Igreja se centralizar no homem – quanto mais ela for, por assim dizer, *antropocêntrica* – tanto mais ela deve confirmar-se e realizar-se de modo teocêntrico, isto é, orientar-se em Jesus Cristo na direção do Pai... Não há que contrapor o teocentrismo e o antropocentrismo; a Igreja, seguindo a Cristo, procura ao contrário uni-los conjuntamente na história do homem, de maneira orgânica e profunda" (n. 5).

Mas não haverá uma divisão na pastoral do Brasil? A palavra divisão não traduz o que de fato ocorre. Há, efetivamente, duas estratégias distintas na realização de uma mesma vontade pastoral. Todos querem ajudar na libertação dos oprimidos. Como fazê-lo? Aqui se dividem as águas. Um grupo, numericamente menor, afirma: o Cristianismo ajuda na medida em que reforça sua expressão realigiosa: anunciar a libertação já alcançada pela morte e ressurreição de Jesus Cristo, comunicada pelos sacramentos e atualizada pela presença da Igreja. A libertação integral já está aí e é mediatizada pelos canais religiosos e cúlticos; a libertação parcial no político e social é conseqüência da libertação integral vivida pelos cristãos. Outro grupo, majoritário, sustenta: o Cristianismo ajuda na libertação na medida em que reforça sua expressão ética, produzindo junto com o povo que já luta, há séculos, justiça e participação; a partir desta produção de bens do Reino de Deus implementa a expressão religiosa que celebra e proclama o Reino presente e ainda por vir. A expressão religiosa do Cristianismo não liberta automaticamente, porque ela somente é verdadeira e agradável a Deus quando supõe a conversão (uma prática, portanto) e for expressão de uma vida justa. Nas práticas humanas pessoais e sociais objetivamente se afirma ou se nega o Reino, independentemente da presença ou da ausência da Igreja. À Igreja cabe reforçar as práticas que produzem justiça social, especialmente, para os pobres e expressá-las conscientemente pelos símbolos religiosos. Mais importante que falar da libertação é fazer a libertação.

A tensão que existe na pastoral da Igreja é esta: há os que privilegiam as expressões religiosas da libertação e secundariamente as éticas (práticas concretas, pessoais, sociais e políticas); há os que colocam em primeiro plano as práticas éticas (realização do Reino) e a partir daí as expressões religiosas (celebração do Reino). Uma não exclui a outra; o Evangelho nos ensina como priorizá-las: primeiro a prática e depois a celebração religiosa porque "não é aquele que diz 'Senhor, Senhor' que entra no Reino, mas aquele que faz a vontade do Pai" (Mt 7,21). E a vontade no Pai reside na criação da boa-nova na medida em que a realidade de ruim ficar boa.

QUEM DETÉM A HEGEMONIA DENTRO DA IGREJA?

O Concílio Vaticano II (1962-1965) significou um processo de grande descentralização da Igreja. Recuperou-se o valor das Igrejas locais e continentais, reforçou-se a importância das conferências nacionais de Bispos. Criou-se a possibilidade concreta da inculturação da fé, especialmente nos meios pobres e populares, propiciou-se uma grande renovação pastoral com a correspondente reflexão teológica que sempre a acompanha. As expressões desta inserção da Igreja em seu meio ambiente, respondendo aos desafios da situação, se corporificou nas Comunidades Eclesiais de Base, fenômeno bastante difundido por toda a América Latina (só no Brasil existem cerca de 150 mil), nos círculos bíblicos, na pastoral popular, nas várias pastorais específicas, como aquela da terra, dos direitos humanos, dos indígenas, dos negros (no Brasil existem cerca de 40 milhões de afro-brasileiros) e da mulher marginalizada e outras afins. A Teologia da Libertação seria incompreensível sem a existência desta realidade prévia, dinâmica e promissora. Aqui a fé não está em crise; pelo contrário: os desafios histórico-sociais vindos da opressão e da mobilização popular obrigam a fé a desentranhar de seu capital simbólico uma riqueza de respostas sem precedentes no passado. A crise da fé da qual fala o cardeal J. Ratzinger em sua longa entrevista na revista italiana *Jesus*, de novembro de 1984, e no seu discutido livro "Relatório sobre a fé" (1985), na verdade, é uma crise ligada à cultura européia. Universalizar para toda a Igreja o fenômeno cunjuntural (talvez estrutural) de uma região é ser vítima do etnocentrismo e de uma visão paroquial do mundo. De todas as formas, o Vaticano II favoreceu o aparecimento de vários pólos de poder sagrado, além daquele consagrado em Roma. Uma Igreja policêntrica responde atualmente melhor que uma Igreja monocêntrica às questões levantadas a partir do pluralismo cultural e de situações nas quais os cristãos vivem a sua fé. Na Igreja policêntrica a figura do bispo é antes de pastor no meio de seu povo do que de uma autoridade eclesiástica acima ou de costas aos fiéis. Ele não deixa de ser mestre da verdade, não apenas da verdade específica de fé, mas também da verdade integral, da verdade econômica, política, social de seu povo, interpretada à luz do Evangelho e da tradição da fé.

1. A estrutura monocêntrica da Igreja Católico-romana

Até o pontificado de Paulo VI predominava esta tendência descentralizadora. A própria Cúria Romana foi internacionalizada e figuras dos vários episcopados nacionais ganharam ressonância mundial. Destas, certamente aquelas de Dom Helder Câmara e do Cardeal Dom Paulo Evaristo Arns são as mais proeminentes.

A partir dos meados dos anos 70, fez-se mais e mais forte outra tendência, monocêntrica, vale dizer, aquela que vê a Igreja a partir do grande centro tradicional e clássico, que é Roma com o Papa e toda a administração da Igreja Universal. Somos herdeiros de séculos de construção monocêntrica da Igreja. Aparentemente é mais eficaz construir a unidade a partir de um único centro de poder e coordenar a caminhada única da Igreja. Efetivamente, a tendência monocêntrica visa criar uma só ordenação jurídica da Igreja, uma única liturgia, uma só teologia, uma só doutrina social. Atualmente, na Igreja, vê-se fortemente reforçada esta perspectiva monocêntrica. Para isso ajudou o novo código de direito canônico, o encerramento das experiências litúrgicas e a insistência de colocar a doutrina do Vaticano II como eixo e ponto de chegada de toda a reflexão cristã. O Vaticano II pretendia ser antes um espírito que uma letra, uma atitude de abertura e diálogo com todos, uma mística da presença do Espírito e do Ressuscitado dentro da humanidade, levando-a a formas mais humanas de convivência e à plenitude transcendente. Agora insiste-se no Vaticano II como doutrina, como medida com a qual se avaliam os avanços ou os recuos em pastoral, reflexão teológica e expressão litúrgica. Há o risco de criar-se uma nova escolástica à base do Vaticano II como doutrina acabada e encerrada. A disputa se restringe às interpretações mais do que ao aprofundamento e abertura de novas fronteiras, exigidas pela mutação das situações. Este projeto monocêntrico está em curso de realização. Conta com aliados poderosos, a começar pelo próprio cardeal J. Ratzinger (com sua crítica às conferências episcopais, as quais, segundo ele, carecem de base teológica, e com seus ataques abertos à Teologia da Libertação como expressão de um pensamento elaborado fora do centro, na periferia e ressoando em toda a Igreja), os novos movimentos como a *Opus Dei, Comunione e Liberazione, Schönstadt, Neocatecumenato* e outros, profundamente orientados pelo princípio de autoridade.

A figura carismática do João Paulo II reforça esta tendência, embora no exercício de seu primado tenha sabido manter o equilíbrio necessário para preservar a liberdade dentro da Igreja. Entretanto, suas viagens pelo mundo dão a impressão de que ele é o verdadeiro pastor de cada fiel, pois o fiel se sente mais diretamente ligado a ele do que ao seu bispo local.

2. Por onde está passando a esperança

A primeira tendência busca as mediações humanas para deixar penetrar o evangelho. Crê que, antes do advento da Igreja, Deus já visitou os povos e aí comunicou sua graça e os bens do Reino. Os valores humanos são assumidos, purificados e configurados numa perspectiva transcendente e escatológica. A tendência monocêntrica tende a ver o mundo dominado pelo secularismo, agnosticismo e ateísmo. O cardeal Ratzinger, na referida entrevista, se queixava da excessiva ênfase dada pelos cristãos aos valores dos outros. Mas tais valores não têm também sua origem e destinação divina? Nesta perspectiva, a missão da Igreja é organizar uma cruzada em favor da religião, anunciar o seu humanismo e implantar a síntese cristã. Ao invés das mediações, cabe o testemunho confessional e a afirmação exacerbada da identidade cristã. Quem tem a hegemonia, a visão policêntrica ou aquela monocêntrica? A resposta não pode ser teórica. Predominará aquela tendência que mais vida produzir, aquela que souber fazer do Cristianismo um fator de humanização e de gestação de um sentido mais rico e transcendente da história humana. Estimo que esta exuberância de vida está ocorrendo não no centro do fenômeno cristão, mas na sua periferia. Aí há vida e esperança. Por onde vai a esperança, caminha o sentido da história, também da Igreja.

O ANTIEVANGELHO DE ALGUNS CRISTÃOS

Um dos méritos da Teologia da Libertação foi o de ter obrigado a pensar de forma concreta a missão universal da Igreja a partir de sua opção preferencial pelos pobres. Indiscutivelmente, os primeiros destinatários da pregação de Jesus foram os historicamente pobres, os cegos, os aprisionados, os oprimidos, os hansenianos, os surdos e os coxos (Lc 4,18; 7,22). A partir deles se dirigiu a todos os demais. Se não partirmos dos últimos, corremos o risco de reducionismo e elitismo. A partir dos pobres todos são concernidos e se sentem questionados, até os próprios pobres. Os ricos são convidados a fazer uma opção pelos pobres e os pobres por outros pobres ou pelos mais pobres que eles. A prática de Jesus mostra que ele se dirige, de fato, a todos, mas de forma diferente, consoante o lugar social que cada um ocupa. Aos ricos grita "ai de vós" (Lc 6,24), advertindo-os contra a tentação idolátrica da riqueza (Lc 16,13); aos pobres consola-os com a proclamação de "bem-aventurados" (Lc 6,20); aos fariseus condena a fanfarronice e o desprezo dos demais (Lc 18,9); aos poderosos critica-lhes a prática da dominação (Lc 22,25); acolhe a pagã que mostra fé (Mt 15,28); rejeita o presbítero que passa ao largo do homem caído na estrada (Lc 10,32). A universalidade é somente real quando atinge a todos em sua concreção vital. O discurso universalmente orientado e igual para todos, prescindindo da inserção histórico-social de cada pessoa, desconsiderando as determinações existenciais dos atores, perde-se na retórica dos princípios e redunda no abstracionismo indiferente. Por isso, se presta à manipulação, no sentido de deixar intocadas as situações humanas, tantas vezes injustas, quando não de legitimá-las em nome da universalidade e catolicidade intrínseca da mensagem cristã.

1. Contra a espiritualização da mensagem cristã

Diante dos pobres, esta anti-realidade maciça e conflitante, permanente espinho para qualquer sistema social que se pretende humano e legítimo, devemos superar todo espiritualismo evasionista; é intolerável a utilização de frases do evangelho para homogeneizar tudo e permitir que mecanismos de opressão e esforços de libertação recebam o mesmo aval e a mesma justificação.

Assumir verdadeiramente a opção pelos pobres contra a sua pobreza injusta implica denunciar os causadores do empobrecimento crescente de nosso povo; o médico que ama o doente deverá combater os mecanismos geradores de doença; caso contrário, não cura a ninguém. Há os que se encontram de tal forma vinculados aos interesses de um sistema social imperante, analiticamente considerado excludente, antipopular e dissimétrico, que contra toda a tradição do ensino social da Igreja apregoam um capitalismo cristão, para escândalo dos pobres que vêem dia a dia sua vidas minguarem sob a selvagem opressão que esta relação social (pois isto é fundamentalmente o capitalismo: uma relação social dissimétrica) estabelece.

2. O discurso dos cavaleiros da triste notícia

Na véspera do último Natal, no Chile, alguns católicos conservadores, após haverem comungado na missa, entregaram seus irmãos religiosos que protestavam pacificamente contra a tortura às forças repressivas de Augusto Pinochet. Ronaldo Muñoz, um dos teólogos da libertação de Santiago, que une reflexão de fé com a vida em uma favela, publicou um texto notável que originou o título desta meditação e que nós completamos com um pequeno tópico, tirado do contexto da polêmica brasileira acerca da Teologia da Libertação: *O antievangelho de alguns cristãos*. Vamos transcrevê-lo com a devida licença:

"Minha alma engrandece ao Senhor, porque não depõe de seu trono os poderosos, nem levanta os humildes, porque não despede os ricos de mãos vazias, nem enche de bens os famintos. Porque, depois de tudo, para os próprios humilhados e famintos é melhor assim (comparar com o evangelho de Maria: Lc 1,43-55)".

"Glória a Deus nas alturas e na terra paz a *todos* os homens: aos pastores do campo e também a Herodes, porque anunciamos uma grande alegria para o povo e *também* para os seus opressores (comparar com o evangelho dos anjos: Lc 2,8-14)".

"Por isso, bem-aventurados os pobres e os misericordiosos e *também* os ricos, pois estãos em boa companhia com os evangelistas e apóstolos que eram todos ricos, como ensinava antievangelicamente um bispo brasileiro ex-franciscano: 'Mateus foi até um rico cobrador de impostos; Marcos era filho de Maria, dona de uma rica casa em Jerusalém; Lucas era um médico convertido; João e Tiago eram filhos do empresário Zebedeu; Paulo era um opulento fariseu convertido; Pedro participava da empresa de pesca de Cafarnaum'. Por isso, ricos, continuem indiferentes ante tanto sofrimento, porque o Reino é para *todos* por igual (comparar com o evangelho de Jesus: Mt 19,27)".

"É verdade que há muita pobreza e sofrimento, porém não busquemos as causas nem interpelemos a seus causadores. É verdade que há aqui muito medo e, fora, muitos exilados, porém não mencionemos a repressão violenta, porque podemos arriscar a nossa própria segurança (Comparar com o evangelho de Puebla, n. 28-42 e 1159-1163)".

"E de todos os modos a denúncia pública do pecado social não é cristã nem evangélica, porque o cristão deve ser sinal de reconciliação e não de contradição e porque o consenso e não a verdade nos fará livres (comparar com o evangelho de Simeão: Lc 2,25-35 e com o de Jesus: Jo 8,31-32)".

"Por isso, Feliz Natal! Para opressores e para oprimidos, para torturadores e torturados! Porque o Natal é um mistério grande, muito acima de coisas tão materiais, como a opressão econômica e a tortura corporal (comparar com o evangelho de Jesus: Mt 25,31-46)".

Eis aqui um antievangelho, proclamado pelos novos cavaleiros da triste notícia. Muito deve mudar em tantos para que seja verdade o que prognosticou Dom Román Arrieta, arcebispo de São José da Costa Rica e Secretário Episcopal da América Central: "A opção preferencial pelos pobres, longe de ameaçar-nos com a divisão, se converterá no núcleo mais forte de nossa coesão e unidade".

SÉTIMA PARTE

MÍSTICA E POLÍTICA

A SANTÍSSIMA TRINDADE É O NOSSO PROGRAMA DE LIBERTAÇÃO

O que tem caracterizado a vida das Igrejas na América Latina, nestes últimos anos, é a nova aliança que se está firmando entre a Igreja e os pobres visando a justiça social e a gestação de uma nova sociedade, menos discriminadora e mais igualitária. Os pobres sempre estiveram na Igreja, mas em posição subalterna e de pouca participação. Agora vão se tornando sempre mais sujeitos eclesiais, à medida que irrompem dentro da Igreja mediante suas milhares de Comunidades Eclesiais de Base e seus novos ministérios leigos. Os pobres estão gerando uma Igreja pobre, isto é, feita por pobres, que contam com a adesão de significativo número de bispos, de sacerdotes, religiosos e religiosas e leigos, nos estratos dominantes da sociedade. Esses novos grupos de cristãos são igualmente agentes de mudança social, porque as comunidades, além de sua eminente significação eclesial, têm alta significação social e política.

As comunidades são lugares de conscientização das causas da pobreza, de descoberta de seu potencial transformador; são instrumentos de uma prática libertadora porque dentro de seu espaço ocorre o compromisso dos cristãos pela defesa da dignidade humana, pela resistência contra as expulsões da terra, pela participação nas lutas populares mais amplas. Propiciam também uma experiência de democracia de tipo popular e participativo com a renúncia expressa a toda forma de dominação de uns sobre os outros, de autoritarismo por parte dos coordenadores, e com a participação igualitária de todos os membros, sem distinção de sexo ou cor.

Por trás das práticas dos cristãos, junto com os outros movimentos populares, se perfila uma visão de sociedade que se deseja construir, diferente daquela sob a qual tanto se sofre. O perfil da nova sociedade vai na linha de uma democracia fundamental, sustentada pelo povo organizado (por isso, de cunho popular). Quatro pontos, como os quatro pés de uma mesa, servem de sustentação para essa sociedade diferente: *a participação* mais ampla possível de todos, começando pelos oprimidos do sistema; *a igualdade*, que resulta da participação crescente e conseqüente do maior número possível de membros do grupo social; *a diversidade*, que respeita as diferenças de grupos, culturas, religiões e pessoas; *a comunhão*, que é a abertura para a transcendência, para o alto, para a união solidária entre os cidadãos e todos os países, o cultivo do terreno espiritual que cada grupo cultural desenvolve. A articulação inclusiva e dialética dessas forças pode criar as bases de uma sociedade mais humana.

1. A descoberta do Deus Verdadeiro e a denúncia dos ídolos

É fora de dúvida a inspiração evangélica desse perfil social. De modo intuitivo, os cristãos das CEBs desentranham de sua fé motivações para transformar a sociedade para que se aproxime o mais possível da Utopia de Jesus.

Por outro lado, o compromisso social e a vivência comunitária muito ajudaram os cristãos a purificar sua fé e a descobrir dimensões dessa fé que, não raramente, se achavam cobertas pela cinza de hábitos e tradições pouco expressivos da verdadeira riqueza da fé. Sabemos das ciências humanas que a imagem de Deus se esboça em conformidade com a imagem que fazemos de nós mesmos e a partir do lugar que ocupamos na sociedade. Posições sociais distorcidas e auto-imagens defeituosas tendem a projetar uma imagem correspondente de Deus e do destino último do universo. A partir da busca comunitária de um novo modo de viver e a partir de práticas libertadoras, ou seja, não-reprodutoras do *status quo*, os cristãos se puseram a criticar as imagens de Deus veiculadas pela sociedade e em articulação com ela pelas Igrejas.

Em confronto com a imagem bíblica de Deus, descobrem-se as caricaturas e falsificações que circulam nas mentes dos cristãos e no imaginário social. Mas especialmente se detecta um pecado muito freqüente na AL: o pecado contra o segundo mandamento, que proíbe abusar do nome de Deus, usá-lo para justificar atitudes contrárias ao Deus de Jesus Cristo. As comunidades descobriram a enorme atualidade do tema de Deus e, em função desse debate, estão desenvolvendo um novo temor bíblico de Deus. Percebe-se então o seguinte fenômeno social: há quem use o nome de Deus e de Jesus Cristo, nas camadas dominantes e, às vezes, em todo um Governo, para defender seus privilégios, justificar seu bem-estar social, combater aqueles que lhes fazem oposição, com armas e repressão, garantindo suas propriedades e o poder do Estado. Sob o pretexto de combater o comunismo ateu e defender a civilização ocidental e cristã, prendem, torturam, seqüestram, expulsam do país e matam. Por outro lado, vemos o fenômeno inverso: comunidades inteiras e pessoas comprometidas com os pobres, em nome do Deus bíblico, da mensagem de Jesus de Nazaré, denunciam a manipulação do discurso cristão, erguem corajosamente a voz contra a exacerbada exploração do povo e o abuso do poder dos Estados de Segurança Nacional (leia-se: "segurança do capital"); e são perseguidas e fisicamente exterminadas. Mas se assim é, de que Deus se trata? Onde é que está o Deus Verdadeiro? Que Deus é esse que exige morte, submissão e resignação na miséria? Não pode ser o mesmo Deus em nome do qual alguém dá a própria vida e morre corajosamente em prol dos últimos da terra.

Por outro lado, verifica-se também no seio das Igrejas um combate pelo Deus Verdadeiro. Existem na Igreja camadas impressionadas pelo avanço do secularismo e do espírito crítico das faixas modernizadas da sociedade, por um lado; e, por outro, se mostram preocupadas com a ortodoxia dos fiéis, com a correção das fórmulas e a integridade da disciplina litúrgico-canônica. Insistem na pregação correta sobre Deus, sobre Cristo, sobre o homem e a Igreja. Todo o resto seria secundário e relativo. Na vida dos simples fiéis, tal Deus, doutrinário, gera resignação na miséria e acomodação à dominação social. Mas existem outros grupos eclesiásticos talvez mais significativos, que contra-argumentam: nosso problema não é tanto se Deus existe (para a grande maioria, Deus é uma evidência existencial), mas qual é o Verdadeiro Deus? Não se trata do Deus dos tratados teológicos "De Deo Uno", em que se procura com argumentos da razão natural e com provas escriturísticas comprovar a existência e os atributos exclusivos da divindade.

Diante desse "Deus", dificilmente alguém cai de joelhos, chora os pecados cometidos e arrisca sua vida por ver o Seu Rosto divino ultrajado nos oprimidos. Trata-se de perguntar: Que tipo de Deus é esse que existe? É alguém para o qual tudo vale, que convive com a iniqüidade, com a opulência de um lado e a miséria do outro? Ou se trata do Deus que abomina toda injustiça e opressão e ama a justiça e ouve o grito do oprimido e toma por ele partido?

Como se depreende dessa maneira de impostar o problema, trata-se de decidir por "um" Deus. Só este é verdadeiro e merece a entrega total de nosso caminhar e de todo o nosso esforço por uma outra humanidade. O outro não passa de um ídolo, projeção de nossos interesses excludentes. Segundo a tradição bíblica, os ídolos exigem sangue, submissão pessoal e são inimigos da liberdade. O Deus Verdadeiro é um Deus de vida, prefere perder sua própria vida em Seu Filho a tirar a vida dos outros, é Deus que quer aquilo que faz a vida ser humana, o respeito ao direito, a sensibilidade pelo pobre e o profundo sentido de justiça e da misericórdia. Somente é Verdadeiro aquele Deus que é vivo e dá a vida a todos, especialmente aos que têm menos vida e vão morrer antes do tempo. Os outros deuses não passam de ídolos, falsos deuses, feitos à imagem e semelhança de seus escultores, os abastados e dominadores, que constroem seu poder e privilégio à custa do suor e do sangue dos oprimidos por eles.

Por aí se descobre que a distinção fundamental, nesse terreno, não passa pela crença ou descrença, por quem crê em Deus ou não crê, mas passa por critérios éticos, por quem defende e liberta o pobre ou por quem faz ou oprime o pobre. Fiel a Deus é aquele que luta pela justiça, embora não tenha o nome de Deus em sua boca; e infiel é aquele que é injusto e não escuta o grito do oprimido, apesar de ter sempre o nome de Deus em seus lábios. Serve ao Deus Verdadeiro aquele que não se resigna e luta contra o empobrecimento de muitos e trabalha pela transformação da sociedade como forma de destruir os mecanismos produtores da pobreza. É em nome desse Deus que tantas e tantas comunidades se organizam para a libertação concreta, com a consciência de estarem construindo os bens do Reino de Deus. Em conseqüência dessa lógica, a preocupação fundamental na catequese e na pastoral não é tanto garantir a profissão de fé acerca de Jesus como Filho de Deus (já garantida, porque o povo é crente), mas deixar bem claro de que Deus Jesus é Filho. Não é um Deus qualquer, que poderia ser o Huitzilopochtli dos astecas ou o Olorum das religiões afro-americanas. Mas é o Filho daquele Deus que Se revelou como Pai de todos os homens e mulheres e padrinho dos pobres; daquele Deus que, por ser Vivo, por sua íntima natureza, toma sempre partido pelos sem-vida. Da mesma forma, a Igreja quer ser a serva do Reino, mas não de qualquer reino, e sim daquele que Jesus pregou, e que tem os pobres como os primeiros destinatários e começa a ser construído a partir dos últimos da sociedade.

Os critérios que as comunidades, à luz da mensagem bíblica, desenvolveram para identificar o Verdadeiro Deus são estes: trata-se de um Deus que defende a vida, promove a vida e se opõe a todos os que semeiam a morte e dificultam a vida dos outros; trata-se de um Deus que ouve o grito do oprimido como ouviu o clamor dos escravos hebreus no Egito, o pranto dos cativos na Babilônia e o grito de Jesus na Cruz. Não é indiferente ao drama humano ou eqüidistante a qualquer ordem social, humana ou desumana. Ou estamos diante de um Deus que não quer a pobreza, apóia a libertação do oprimido e se alegra com a solidariedade e a justiça pessoal e social ou de um deus que legitima o dualismo ricos-pobres e se entrega ao fatalismo e se resigna diante da miséria. Todos aqueles que se alinham na segunda alternativa (prejudicam a vida, mostram-se insensíveis ao sofrimento alheio e continuam oprimindo) devem ouvir a Palavra do Senhor: "Fazem isto porque não conheceram nem o Pai nem a Mim" (Jo 16,3).

2. A descoberta de Deus como Comunhão de Pessoas

Esta experiência comunitária do Deus Verdadeiro ajudou os teólogos vinculados à caminhada do povo pobre e crente a fazer outra descoberta: a de Deus como comunhão entre as Três Divinas Pessoas. Foi o que muito bem exprimiu João Paulo II quando falou pela primeira vez aos bispos participantes da reunião de Puebla, em 28 de janeiro de 1979: "Nosso Deus, em Seu mistério mais íntimo, não é uma solidão mas uma família". Ou seja, Deus é comunhão, e sua unidade é a união das Pessoas Divinas, de forma tão íntima e absoluta que são um só Deus. A realidade primeira é a Trindade, os Divinos Três, Pai e Filho e Espírito Santo, coeternos, coiguais, em perpétua comunhão, sem que nenhum seja anterior ou posterior, superior ou inferior ao outro. Com muito acerto, o VI Encontro das CEBs, no Brasil, 1986, forjou a expressão: "A Santíssima Trindade é a melhor Comunidade".

Nessa afirmação ocorre o encontro de duas vertentes, bem típicas da teologia latino-americana: partindo da fé – Deus-comunhão, a comunidade trinitária – geram-se impulsos para, na prática social e comunitária, gerar cada vez mais formas de convivência semelhantes e aproximativas do protótipo divino; ou, então, partindo das buscas humanas e especificamente populares por uma sociedade mais participativa e igualitária, descobrir a relevância cristã de nosso Deus que é sempre coexistência eterna de Três Divinas Pessoas. Nesse método de mútua implicação, a visão cristã vige e funciona como fonte inspiradora e iluminadora de atitudes e práticas; por outro lado, as práticas visando a produção de mais comunhão nos grupos e mais participação no social, respeitando as diferenças e construindo mais igualdade social, desvendam perspectivas do capital simbólico da fé que, de outra maneira, poderiam permanecer encobertas ou não tematizadas. Parafraseando uma afirmação de cristãos revolucionários russos do século XIX, também dizemos: "A Santíssima Trindade é o nosso programa de libertação".

Em nível intuitivo, este esforço de mútua fecundação entre realidade e fé está sendo efetuado pelas próprias comunidades em seus comentários na reflexão bíblica ou em seus encontros de aprofundamento da mensagem cristã. Mas é levado à frente, de modo mais sistemático e rigoroso, por uma comunidade teológica que se vincula ao processo da Igreja na base. Assim é que neste momento existe toda uma produção teológica na AL que se vai renovando no contacto com este tipo de preocupação de unir fé e vida, reflexão teológica com desafios da realidade social.

Todos os clássicos tratados de teologia estão sendo reescritos à luz dos interesses de libertação derivados da fé e dos anseios populares; e outros, novos, que surgem da própria prática, recebem sua adequada elaboração. Este esforço engaja mais de uma centena de teólogos, cientistas sociais, pastoralistas, que são responsáveis pela grandiosa coleção "Teologia e Libertação", com cerca de 50 tomos, primeiro esforço sistemático latino-americano para articular o discurso da sociedade oprimida com o discurso da fé libertadora. Nesta linha vai também a reflexão sobre o mistério trinitário, o mais augusto de toda a revelação cristã.

a) Amnésia cristã do Deus-Trindade

Partindo da visão teológica de que o Deus Verdadeiro, o que de fato existe, é sempre Trindade e a Trindade sempre significa união das Pessoas Divinas e, por isso mesmo, comunhão, como a natureza íntima da divindade, e considerando também a busca de formas de convivência cada vez mais penetradas de comunhão, colaboração, confraternização, igualdade na diferença, damo-nos conta de que, em nível concreto, é muito pouco relevante a fé cristã no Deus-Trindade. Mas não se pode ignorar que nas Igrejas vigora uma lamentável amnésia da Trindade. Podemos lembrar uma afirmação de Karl Rahner, bem humorada e cáustica: se por um motivo qualquer se afirmasse um dia (por uma hipótese impossível para a fé) que a Trindade não existe e que o Deus Verdadeiro é o do monoteísmo estrito, porque há um só Deus, teríamos pouco a modificar em nossos manuais de Teologia.

Qual a razão dessa pouca vigência trinitária na reflexão e na vida de tantos cristãos? Não quero aqui fazer uma pormenorizada análise desta questão, feita com maior competência por outros. Estamos certamente marcados, em profundidade, pela herança bíblica do Antigo Testamento, da filosofia grega e de todo o pensar moderno sobre o Sujeito absoluto e único e da única Pessoa Eterna. Todas essas correntes reafirmam vigorosamente um monoteísmo religioso ou filosófico, monoteísmo atrinitário ou pré-trinitário. Mas a razão principal, entre outras, é certamente a ausência de precondições históricas e sociais, o que dificulta e levou ao esquecimento da mensagem originária da fé em um Deus, Trindade de Pessoas em comunhão eterna. Já faz milênios que vivemos e as grandes maiorias, homens e mulheres, sofrem sob regimes políticos e relações sociais autoritárias, concentradoras de poder nas mãos de poucos ou de um só apenas. Os discursos ideológicos da tradição cultural e religiosa nos acostumaram a ouvir e a crer: há um só Deus, um só rei e uma só lei. Gengis Khan dizia, nesta lógica férrea: "No céu não há outro senão o único Deus e na terra não há outro senão o único senhor, filho de Deus, Gengis Khan". Quantas vezes não ouvimos algo como isto: "Assim como há um só Deus, há também um só Cristo, uma só Igreja, uma só cabeça, um só representante de Deus e de Cristo na terra, o Papa para o mundo inteiro, o bispo para a diocese e o vigário para a paróquia".

O monarquianismo como concepção do exercício do poder e como princípio de ordenação social ergueu muitos obstáculos para uma experiência de Deus-Comunhão e dificultou a transmissão da fé como vivência concreta, na vida, da Santíssima Trindade. Igualmente a concentração do poder sacro na figura do Sumo Pontífice e a visão piramidal da Igreja romano-católica deram origem a uma teocracia mais que a uma adelfocracia (poder igualitário entre irmãos), erguendo assim outros obstáculos à crença na Trindade. A realidade sócio-histórica e a realidade eclesial concreta, estruturada no quadro do monopólio do poder, chegando algumas vezes a expressões totalitárias e autoritárias, encontraram na vigência do monoteísmo sua correspondente expressão teórica. Assim o monocentrismo do poder ajuda a esclarecer por que predominou nas sociedade e nas Igrejas o monoteísmo. Por sua vez, o monoteísmo – pré-trinitário ou atrinitário – serviu, mais de uma vez, como legitimação ideológica do *status quo* do poder monocêntrico que deixa pouco espaço a uma Igreja-Comunhão e a uma sociedade mais participativa e igualitária. Antes, ao contrário, surgiram, sempre mais, nos detentores do poder atitudes paternalistas. A autoridade se mostra benevolente para com os súditos, faz muito por eles, mas jamais está com eles e na forma que eles mesmos decidiram. O patriarcalismo de nossas culturas lança raízes em uma compreensão teológica de Deus, patriarca universal e patrão dos seus servos. Além disso, o fato social do patriarcalismo reforça a vigência do monoteísmo, de sorte que uma instância confirma a outra.

b) Experiência desintegrda da Santíssima Trindade

A desintegração social de nossas sociedades, divididas em classes, e, como no Terceiro Mundo, a existência de imensas maiorias marginalizadas, propiciou uma compreensão desintegrada das Três Divinas Pessoas.Quase nunca aparece a comunhão entre elas e, por isso, sua unidade significa unicidade, ou seja, cada Pessoa é Deus por si só. Cada Pessoa está na base de uma religião: a religião do Pai, a religião do Filho e a religião do Espírito Santo.

Em setores mais autoritários da sociedade e onde predomina a estrutura agrária e machista, centrada na figura do Pai, Deus aparece como o Pai Onipotente, Juiz que tem absoluto poder sobre a vida e a morte das pessoas. Ele é tudo, tudo sabe e tudo pode. Aí há pouco lugar para o Filho e o Espírito. O próprio Jesus se transforma no "Pai do grande poder". Os fiéis se sentem mais servos do que filhos. Esta é a religião do Pai.

Em setores mais democráticos e modernos da sociedade, em que funcionam relações horizontais, emerge a figura do líder e do militante. O desempenho pessoal e a dimensão carismática do ator social são especialmente apreciados. Nesse contexto se molda uma imagem de Deus centrada em Jesus, o Filho de Deus. Ele é chamado, em grupos de cursilhistas, Nosso Irmão, Companheiro, Líder e Chefe, Mestre. Seguir a Jesus é assumir atitudes heróicas e construir a fraternidade em redor de seus animadores. Eis a religião do Filho.

Enfim, em amplos grupos da sociedade se redescobre a oração, a subjetividade do encontro com Deus e com sua Palavra, a superação do isolamento e da opressão pela comunidade orante. Isto aparece particularmente no movimento carismático tão forte em nossas Igrejas. O Espírito se manifesta pelos numerosos carismas e pelas testemunhas que falam a linguagem epifânica de sua presença atuante. Esta é a religião do Espírito Santo.

Para superar essa visão desintegrada, necessitamos de uma experiência total de Deus: redescobrir a verdade expressa na categoria teológica da pericórese ou *circumincessio-circuminsessio*, isto é, a mútua presença de cada Pessoa Divina em todas as outras e a recíproca interpenetração entre as Três, como expressão de sua natureza, que é a Comunhão. Sem isso, vivemos religiosamente desestruturados no mais íntimo de nosso encontro com Deus. Que seria do ser humano se não tivesse um Pai, sem saber a razão de seu de onde e para onde, para um último seio de ternura!? Que seria da pessoa humana sem um Irmão, que é o Filho, sem os laços da fraternidade e da acolhida? Que seria do ser humano sem o Espírito Santo, sem a interioridade e o entusiasmo para lutar pela vida? Cada um de nós vive no vertical, no horizontal e no profundo. Deus-Trindade nós o encontramos na radicalidade de nossa própria existência pessoal e social.

c) Crítica e complementação da tradição teológica

A busca social e eclesial por maior comunhão e mais participação (o grande lema de Puebla) ajudou os teólogos latino-americanos a descobrir os limites dos dois maiores modelos da teologia trinitária. Certamente, por razões histórico-sociais e eclesiais, o modelo grego parte da monarquia da Pessoa do Pai. Ele é fonte e origem de toda a divindade. Num ato único, Ele comunica toda a sua substância ao Filho e ao Espírito Santo, com tamanha plenitude que os Três são consubstanciais. Os latinos também, por causa de seu meio social e eclesial, coerentemente, partem de Deus como natureza divina e espiritual. Por um movimento essencial, ela é apropriada pela Pessoa do Pai e do Filho e do Espírito Santo, e tudo isso na devida ordem: O Pai como Princípio sem Princípio, mas que a tudo dá Princípio; o Filho, que recebe a natureza do Pai e, por isso, é a suprema expressão ("imagem expressa do seu ser" – cf. Hb 1,3) do Pai; igualmente a recebe o Espírito, do Pai, juntamente com o Filho (ou mediante o Filho, mas como de um Princípio único), unindo em amor Pai e Filho.

São bem conhecidas as críticas a esses dois modelos, grego e latino. Tanto o primeiro como o segundo dão a impressão de uma "teogênese", isto é, a gênese da Trindade a partir de um dado inicial, quer o Pai quer a natureza divina. O modelo grego corre o perigo de cair no subordinacionismo, ou seja, da hierarquização de dependência entre as Três Pessoas Divinas, a partir da Pessoa do Pai; além disso favorece enormemente os modelos sociais e eclesiais patriarcais. O modelo latino mostra a unidade da mesma natureza, mas tem dificuldade para significar a Trindade de Pessoas. Também não está longe do modelo modalista: as Três Pessoas seriam modalidades do mesmo e único Deus. Essa tendência à unidade reforça os grupos que monopolizam o poder e têm dificuldade em viver com as diferenças.

3. A Comunhão Trinitária como inspiração para a transformação

O engajamento de tantos cristãos que, à luz da sua fé, se comprometem com os pobres na gestação de uma nova forma de convivência mais fraternal e participativa, ajudou na procura de uma compreensão da Santíssima Trindade que revele aquilo que constitui sua natureza íntima, o amor, a comunhão e o entrelaçamento entre os Divinos Três. Esse interesse social e eclesial lançou um facho de luz sobre um tema da tradição que foi sempre deixado na sombra: o tema, já mencionado de passagem, da *pericórese*.

São João Damasceno, que o tomou do Pseudo-Cirilo, do século VI, aplicou-o à compreensão do mistério trinitário. Por esse termo, que etimologicamente quer dizer "a in-existência entre as Pessoas Divinas", sua "comunhão recíproca", se projeta um modelo diverso de significar o Deus cristão. A nosso ver, este outro modelo, o pericorético, constitui um modelo mais adequado para dar razão dos dados reguladores da fé sobre a Trindade. Devemos partir da revelação concreta das Três Pessoas divinas, assim como se narra nas Escrituras cristãs. Deve-se começar por Jesus, pois foi em sua gesta que se nos comunicou a Trindade. Ele mantém com seu Deus uma relação tão íntima que lhe permite chamá-lo de ABBA! (Papai!). Age e fala em lugar e em nome desse Pai.

Sente-se Filho desse Deus, a tal ponto que o Evangelho de São João identificou aí uma dialética de mútua implicação: "Eu estou no Pai e o Pai em mim" (Jo 14,11; 17,21); "Eu e o Pai somos uma só coisa" (Jo 10,30). Com o Pai e o Filho emerge o Espírito Santo: vem do Pai a pedido do Filho (cf. Jo 15,26; 14,16). É o Espírito que nos possibilita reconhecer Jesus como Filho e chamar Deus de Pai (cf. Rm 8,15; Gl 4,6).

Refletindo sobre a narrativa bíblica, damo-nos conta de que se trata sempre de três Sujeitos que se relacionam mutuamente, dialogam entre si, se amam e estão agindo na construção do Reino dentro da história. Cada Pessoa é *para* a outra, jamais somente para si mesma; é *com* as outras e *nas* outras. As Três Pessoas são originárias desde toda a eternidade. Como dizem os textos dogmáticos dos Concílios: O Pai e o Filho e o Espírito são coeternos (DS 616-618; 790, 800-801, 853), igualmente poderosos e imensos (DS 325, 529, 680, 790, 800); tudo nas Pessoas é simultâneo (DS 75, 144, 162, 173, 284, 531, 618, 1331); nenhuma Pessoa é maior ou superior, inferior ou menor, anterior ou posterior (DS 75, 569, 618). Quando falamos de geração, processão, espiração com referência às Divinas Pessoas, devemos entender as expressões em sentido analógico e descritivo, evitando introduzir o princípio de causalidade nesse jogo de relações. As relações entre os Divinos Três são antes de participação recíproca que de derivação hipostática: são mais de correlação e comunhão e menos de produção e processão. O que se produz e procede é a revelação intratrinitária e interpessoal. Cada Pessoa é a condição da revelação da outra, em um infinito dinamismo de autocomunicação, como se fossem três espelhos que se refletissem triplamente e sem fim. Um amor eterno pervade e une as Três Pessoas dentro de uma corrente vital tão grande e completa, infinita, que emerge a união entre elas. Por isso, os Divinos três são um só Deus, cuja unidade é própria das Pessoas Divinas que são sempre umas com as outras e nas outras. A união não é posterior às Pessoas, e sim simultânea a elas, por estarem sempre e por essência envolvidas umas nas outras. São distintas para poderem estar unidas. Já o dizia genialmente Santo Agostinho: "Cada uma das Pessoas em cada uma das outras; e todas em cada uma; e cada uma em todas e todas em todas; e todas são apenas um" (*De Trinitate* VI, 10, 12). Deus é assim Três Pessoas em uma só comunhão eterna sendo uma só comunidade trinitária. As relações entre as pessoas são sempre ternárias e inclusivas. Por isso, tudo na Trindade é *Patreque, Filioque* e *Spirituque.* A diversidade de Pessoas nunca significa desigualdade, mas condição para a união de amor e de comunhão. Como mistério de comunhão e inclusão, a Trindade cria o diferente – o cosmos e o ser humano – para poder comunicar-se a ele e fazê-lo participar de sua própria intimidade.

a) A pessoa, feixe de relações, imagem da Trindade

A compreensão do mistério de Deus como comunhão de Pessoas significa um corretivo para nossa concepção dominante do ser humano. Nosso mundo ocidental desenvolveu muito vigorosamente, na teoria e na prática, uma visão individualista do ser humano. O que importa é o desempenho individual e os direitos do indivíduo entendido sem conexão com a sociedade. O monoteísmo dominante nas Igrejas constituiu um reforço a esse individualismo. À luz da comunhão trinitária vemos que a pessoa realmente é um feixe de relações voltadas para todas as direções. É na comunicação irrestrita que se constrói a personalidade. Essa comunicação não pode restringir-se ao eu-tu, perdendo o sentido das relações mais amplas, sociais, estruturais, muitas vezes marcadas pelo conflito. O eu se abre ao tu e ao nós. E o nós comunitário também não deve encastelar-se em suas relações calorosas e nominais, mas situar-se em um espaço mais amplo, que é a sociedade com seu sistema de produção e suas estruturações sociais. À medida que a pessoa se situa nesse grande processo de comunicação, acolhendo, criticando, rejeitando, sintetizando tudo, mais e mais se torna imagem e semelhança da Santíssima Trindade.

b) Os sistemas histórico-sociais à luz da Comunhão Trinitária

A realidade pericorética das Três Divinas Pessoas nos oferece critérios para avaliar nossos dois sistemas dominantes na humanidade atual – capitalismo e socialismo. O capitalismo se baseia no individualismo e na apropriação privada dos bens produzidos pelo trabalho de todos, buscando o maior lucro possível a custos baixos. Nas sociedades de capitalismo dependente, associado e excludente, como nas do Terceiro Mundo, vigora um feroz dualismo: de um lado, a acumulação sem controle; e de outro a pobreza crescente. No eixo do sistema liberal-capitalista não há lugar para uma prática social solidária; existe a exploração como forma de acumulação, visível e manifesta em nossos países periféricos, sutil e imperceptível nos países do centro. Na dinâmica do capitalismo se busca a homogeneização a partir da dominação do capital: um capital total, um só mercado, um só mundo de consumidores, uma só leitura legítima do mundo, uma só forma de relação com a natureza, uma só forma de encontro com o Absoluto. As diferenças são disfunções que se deve reconduzir à homogeneidade do sistema.

Na consideração do mistério de comunhão trinitária se afirma a coexistência de Três Distintos. O Pai não é o filho nem o Espírito; nem o Filho é o Pai e o Espírito; e o Espírito não é o Pai nem o Filho. Mas estão sempre em perfeita e total comunhão; cada uma das Pessoas se põe para se compor com as outras; aceitam-se reciprocamente e constituem a comunidade divina.

Nas sociedades sob regime socialista – no socialismo real – captou-se uma verdade fundamental: a sociedade se deve organizar a partir do social e não do individual; assim como todos participam no processo de produção e reprodução da vida, todos devem também participar adequadamente de seus benefícios. O problema nos vários socialismos reais, hoje existentes no mundo, consiste no fato de que o social se realiza coletivistamente, isto é, sem passar pelas mediações necessárias das comunidades e de acolhida e valorização das diferenças pessoais. O Partido organiza tudo e administra o Estado; projeta de cima para baixo a sua maneira de compreender o social e a impõe burocraticamente a todos os membros da sociedade.

À luz da comunhão trinitária se percebe que no socialismo real a organização social tende a anular as pessoas em suas idiossincrasias e a manter sob controle, enquadrando-as em um modelo prévio, as várias expressões comunitárias. A coletivização se parece muito com a massificação.

Os cristãos comprometidos em mudanças substantivas na sociedade, visando mais participação popular, podem ver na comunhão trinitária não apenas uma instância crítica, mas principalmente uma fonte de inspiração. Na Trindade não existe dominação a partir de um pólo, mas a convergência de Três Iguais em dignidade e unidos pela comunhão, recíproca autodoação e acolhida. Uma sociedade só é sacramento da Trindade quando nela se derrubaram as barreiras de classes, não existe dominação de uns sobre outros e todos se sentem e são integrados em um todo maior, igualitário, rico pelo espaço de expressão que reserva às diferenças pessoais e comunitárias. Nessa sociedade não é eufemismo nem figura de retórica chamar o outro de irmão e a outra de irmã. A sociedade se torna deveras humana com relações humanitárias e solidárias.

Essa derivação social do mistério da comunhão trinitária, no sentido de transformar a sociedade na direção de relações mais igualitárias, está totalmente ausente no ensino social da Igreja. Nele se preferem os argumentos tirados de um certo tipo de compreensão da natureza e da lei natural, conjugados com algumas idéias bíblicas e da grande Tradição. Os teólogos da libertação preferem derivar da Trindade o programa social libertário. A raiz é, assim, mais funda e verdadeira. Do coração da própria fé se infere uma exigência de libertação que se expresse na comunhão e na participação que encontram na Santíssima Trindade seu protótipo e sua melhor inspiração.

Certamente, não cabe à teologia projetar modelos concretos de convivência social que mais se aproximem da Utopia Trinitária. Mas se compreendemos a democracia fundamental – assim como a imaginam seus primeiros formuladores, especialmente Platão e Aristóteles – não tanto como formação social concreta e sim como espírito inspirador de muitos modelos sociais, então deveríamos dizer que os valores nela implicados significam os melhores indicadores da comunhão trinitária apresentada pela teologia. Como já dissemos antes, esta democracia fundamental visa garantir a participação cada vez maior de todos; por ela vai criando sempre mais igualdade entre as pessoas e os grupos; acolhe e valoriza as diferenças como expressão da riqueza da comunhão e, por fim, reserva espaços para a comunhão com o sentido último da história e com a dimensão mais profunda e mística da existência humana. Tudo isto aponta para a utopia. Ela significa uma referência crítica e, ao mesmo tempo, uma fonte de mobilização rumo a práticas concretas que antecipem a utopia. Enquanto há insuficiente realização de participação, igualdade, diversidade e comunhão, urge um processo de libertação para que se dêem condições para o nascimento de uma nova sociedade. Para essa nova sociedade se pede também uma nova Igreja, que deveras seja o ícone da Trindade, também uma Igreja-comunidade, sem discriminações de qualquer tipo, uma Igreja que trabalhe para construir sua unidade, como se diz no Vaticano II, "da unidade do Pai e do Filho e do Espírito Santo" (*Lumem Gentium*, 4).

4. Conclusão: Um Deus que toma o partido da libertação e da revolução

O homem da modernidade acha que para se fazer livre pessoal e politicamente deve livrar-se de Deus e de todas as instâncias religiosas que veiculam seu discurso na sociedade, a Igreja e a religião em geral. O ateísmo procura assim apresentar uma face humanista. A partir da experiência de um sem número de cristãos contemporâneos, revelou-se que Deus e a religião não são inimigos dos processos de libertação. Pelo contrário: o Deus bíblico impele para a libertação dos oprimidos. Jesus nos deixou em herança uma gesta libertadora e "uma memória perigosa e subversiva". Em nome de Deus e do Evangelho muitos se insurgiram contra a iniqüidade do sistema social desumanizante. A visão de um Deus-Comunidade e Comunhão pode projetar imagens socialmente revolucionárias; pode dar origem a sonhos de transformação social que mobilizem os pobres em seus anseios por uma convivência mais participada e fraterna para, através de uma prática histórica, traduzi-los em realidades sociais. Deus-Trindade é o que é. A religião é o que é, expressão do esforço humano para irromper em direção ao Alto, à Transcendência. Mas tanto Deus-Trindade como a religião incidem vigorosamente na sociedade. Na perspectiva daqueles que lutam contra a pobreza e em prol dos pobres, significam não o freio e sim o acelerador no processo de libertação. Encontramos Deus e Cristo e o seu Espírito mais certamente com aqueles que se comprometem na luta pela transformação do mundo do que junto àqueles que se obstinam em somente conservá-lo e reproduzi-lo. O Deus Trinitário é sempre e cada vez maior e nos chama para formas sempre mais humanas de vida pessoal e social, sempre mais comunicativas e participativas. Onde isso acontece, pouco importa a etiqueta ideológica ou o espaço cultural, ali está irrompendo a divindade com sua vida, graça e liberdade.

TEOLOGIA DA LIBERTAÇÃO:
O GRITO ARTICULADO DO OPRIMIDO

A Teologia da Libertação (TL) representa a primeira grande corrente teológica nascida na periferia dos centros metropolitanos da cultura e da produção teológica com repercussão ao nível de toda a Igreja. Inicialmente formulada na América Latina (AL), hoje constitui já um marco referencial e de reflexão para todos os grupos que se consideram oprimidos: os cristãos pobres da África e da Ásia, as minorias discrimindas nos Estados Unidos (negros e hispanos) e os diversos movimentos feministas.

1. As veias abertas: a pobreza faz pensar e agir

A temática da libertação aflorou na AL, especialmente no Brasil, nos primeiros anos da década de 60 no contexto da análise do fenômeno do subdesenvolvimento. Até então se interpretava a pobreza generalizada das grandes maiorias latino-americanas com categorias analíticas da ciência do social como era elaborada nos países cêntricos (norte-atlânticos). Ensinava-se que o subdesenvolvimento é fundamentalmente um problema de atraso técnico (países em via de desenvolvimento); a terapia se fazendo mediante a moder-nização. Mais tarde se descobriria a dimensão política do problema: o subdesenvolvimento é parte de um mesmo sistema econômico-político-social imperante no mundo ocidental (capitalismo liberal) onde há países ricos e desenvolvidos e países pobres e subdesenvolvidos, em relação de interdependência. A solução para esse desequilíbrio reside, assim se pensava, em estreitar as mútuas relações em todos os níveis e, assim, gestar um desenvolvimento mais homogêneo, sem mudar o sistema. Nos anos 60, um grupo de analistas sociais latino-americanos (Fernando H. Cardoso, E. Falleto, G. Frank, T. dos Santos, O.F. Borda, G. Arroyo, e outros) começaram a interpretar o subdesenvolvimento com categorias do subdesenvolvimento. Aí se mostra que o subdesenvolvimento não é outra coisa senão a outra face do desenvolvimento. Há um sistema global de inegável desenvolvimento mas profundamente desigual, gerando um centro rico e uma periferia pobre. As relações entre os dois pólos não são de interdependência, e sim de verdadeira dependência e de opressão (países subdesenvolvidos é sinônimo de países mantidos no subdesenvolvimento). Diante desse processo gerador de pobreza e miséria se impõe um processo de libertação, capaz de gerar um desenvolvimento mais simétrico e livre. As categorias básicas – dependência/libertação – não constituem apenas uma análise, mas também uma denúncia: a dependência é exploração que provoca uma indignação ética; a libertação visa um processo que supere historicamente o atual sistema.

Esta nova interpretação do subdesenvolvimento animou práticas que já vinham sendo feitas, visando mudanças estruturais, a partir dos pobres, de seus valores e de sua capacidade revolucionária. O sujeito da transformação social deve ser o povo, e não as elites, juntamente com aqueles estratos sociais que se associam organicamente ao povo. O Movimento de Educação de Base (MEB), a Ação Popular (AP), ambos do Brasil, e o método de Paulo Freire (Pedagogia do Oprimido, Educação como prática da Liberdade) podem ser entendidos no quadro dessa atmosfera libertária.

Nos movimentos populares ligados aos interesses da libertação participavam muitos cristãos e agentes de pastoral, especialmente da Ação Católica Operária (ACO), da Juventude Universitária (JUC) e da Juventude Estudantil Católica (JEC). Em seus círculos introduziram-se pela primeira vez as reflexões de fé no arco teórico de dependência/libertação. Consideravam já insuficientes as teologias do desenvolvimento ou da revolução, mais de tipo europeu, e viam a urgência de uma TL. Já se achavam comprometidos com o povo em práticas alternativas. As reflexões se faziam em cima dessas práticas e não à parte delas. O compromisso já assumido com os oprimidos levantava perguntas à fé cristã. As grandes perguntas eram: A fé cristã é motor ou freio no processo de libertação econômica, social, política e educacional do povo? Como ser cristão em um mundo de miseráveis, mas cheios de anseios de libertação? Que conteúdo teológico tem objetivamente o processo de libertação? A libertação não tem nada a ver com o Reino de Deus?

Nesses círculos cristãos se desenvolveu uma verdadeira mística de encontro com o Senhor nos pobres que não é um indivíduo mas toda uma classe social de explorados. Na raiz da TL – como de toda e qualquer verdadeira teologia, seja a de um Santo Agostinho, Santo Tomás, de Suárez ou de K. Rahner – se acha uma experiência mística, ou seja, um encontro forte e novo com o Senhor. A teologia se esforça por tematizar e traduzir aquilo que significa esta experiência instauradora. Mas em sua raiz se encontra a experiência das veias abertas e a paixão pelos oprimidos que é unificada com a paixão por Deus. Mais que a admiração é o sofrimento que faz pensar e principalmente obriga a agir.

2. Reflexão teológica sobre as práticas libertadoras

O compromisso com a libertação dos oprimidos propiciou privilegiar (sem excluir) pontos da fé e da tradição que mais apontavam para a temática libertadora; assim a importância salvífica dos pobres (Mt 25,31-46), além de serem os primeiros destinatários do Reino de Deus (Lc 6,20); a fé que salva é somente aquela que passa pela prática do amor (Lc 7,21-23), o sentido libertador da práxis de Jesus, o conflito que acarretou sua morte como consequência de sua vida, a ressurreição como triunfo da causa do Reino que é de justiça, amor e paz; a temática do Reino de Deus que já começa a despontar na história e envolve todas as dimensões da criação (por isso, também a política, a economia, a cultura etc.); o êxodo-libertação que mostra o compromisso de Deus com os oprimidos; a unidade da história vista do ângulo da salvação ou perdição, a ponto de se poder afirmar: não há regiões neutras porque tudo ou constrói o Reino ou se opõe a ele; as realidades escatológicas (salvação, céu, inferno etc.) já se anteciparam dentro dos processos históricos sob os sinais daquelas realidades que concretizam justiça, fraternidade, santidade no nível pessoal e social etc.

Essas reflexões permitiram aos cristãos comprometidos compreender que as instâncias econômica, política e social são mais que isto: são lugares de historificação de graça ou de pecado, de opressão ou de libertação. Isto quer dizer: o econômico, por exemplo, é mais que econômico; é teologal e sacramental porque veículo de uma realidade de salvação ou de perdição. A fé discerne o teologal (a dimensão objetiva de presença ou de negação de Deus) de todas essas realidades; pertence à tarefa teológica desentranhar esse conteúdo teologal não manifesto e fazê-lo manifesto mediante uma reflexão, uma celebração litúrgica ou uma expressão de oração.

A segunda assembléia-geral do Episcopado Latino-Americano, realizada em Medellín, Colômbia (1968), assumiu vigorosamente a temática da libertação integral "do homem todo e de todos os homens" (Juventude 5, 15) e a pobreza voluntária como compromisso para com os pobres contra sua pobreza que é um mal que Deus não quer por humilhar o homem (Pobreza, 4). Este fato significou um respaldo oficial ao discurso da libertação e às práticas libertadoras dos cristãos especialmente nas bases da sociedade.

Depois de Medellín aconteceu toda uma proliferação significativa do discurso libertador a nível de teologia, catequese, pastoral, liturgia, sem que muitas vezes houvesse nele um rigor metodológico. O ano de 1971 constitui um marco teórico importante: publica-se em Lima o primeiro ensaio de sistematização da temática da libertação: *Teologia da Libertação*, de Gustavo Merino Gutiérrez, e, no Brasil, *Jesus Cristo Libertador*, de Leonardo Boff (primeiro em forma de 10 artigos na revista *Grande Sinal* e depois em livro). Desde então começa a se produzir vasta bibliografia no horizonte da libertação, com diverso valor epistemológico, mas sempre tentando pensar a fé a partir das práticas concretas dos cristãos e em função delas.

Nesse contexto, menção especial merece a encíclica de Paulo VI *Evangelii Nuntiandi* (1975) que dedica 10 números à relação libertação/evangelização (29-39). Assim, o tema produzia eco na mais alta instância eclesial de forma bem positiva. Anuncia-se o programa: "A Igreja tem o dever de anunciar a libertação de milhões de seres humanos, sendo muitos deles filhos seus espirituais... Isto não é estranho à evangelização" (n. 30). Se não é estranho, como articular evangelização com libertação?

Primeiramente, o Papa condena um duplo reducionismo para o qual a TL, em sua expressão mais teológica e crítica, sempre teve grande atenção; por um lado, o reducionismo político, e por outro o religioso. Pelo lado político: a Igreja não aceita "reduzir sua missão às dimensões de um projeto simplesmente temporal" (n. 32); pelo lado religioso: "A Igreja não admite circunscrever sua missão somente ao campo religioso, como se ela se desinteressasse pelos problemas temporais do homem" (n. 34). A Igreja relaciona sem identificar simplesmente libertação humana com salvação em Jessu Cristo (n. 35), porque discerne entre ambas laços de ordem antropológica, teológica e de caridade (n. 31). Diz o texto: "A Igreja se esforça por inserir sempre a luta cristã em favor da libertação no desígnio global da salvação que ela mesma anuncia" (n. 38, cf. n. 9). Esta pista de aprofundamento foi aproveitada em pormenores e mais aperfeiçoada por alguns teólogos da libertação (por exemplo, por Clodovis Boff, *A Sociedade e o Reino*, Petrópolis, 1979).

Esse tema foi também objeto de estudo da Comissão Teológica Internacional, que em outubro de 1976 publicou seus resultados: *Relação entre a promoção humana e a salvação cristã*. Infelizmente, as perspectivas ficaram bem aquém das expectativas e do nível de aprofundamento já conseguido pela reflexão latino-americana.

A terceira assembléia dos bispos da AL, celebrada em Puebla, México (1979), fez da temática da libertação um dos eixos fundamentais de todo o documento sobre *A evangelização no presente e no futuro da AL*. Primeiramente, assume e faz frutificar a metodologia já consagrada por esse estilo de pensar a fé: *ver* (análise da realidade), *julgar* (segundo os critérios da fé) e *agir* (estabelecimento de pistas de ação pastoral). Em segundo lugar, acentua como nunca antes de forma tão oficial que a libertação pertence "à íntima natureza da evangelização" (n. 480), e faz parte integrante, indispensável e essencial da própria missão da Igreja (n. 355, 462, 476, 480, 1245, 1302): "Anunciar o evangelho sem implicações econômicas, sociais, culturais e políticas pode ser sinal de instrumentalização da Igreja em função da ordem estabelecida" (n. 558). Em conseqüência disto, Puebla assume uma terminologia que implica abandonar a idéia de mera reforma do sistema e fala de "mudanças estruturais" (n. 131, 438, 1055), atingindo as bases da própria sociedade (n. 388, 438, 1055, 1196, 1250) e postulando nova sociedade (n. 12, 642, 842, 1305). Em terceiro lugar, se oferece um tratamento específico da libertação (n. 480-490). Sublinha-se a importância de comunicar ao homem todo e a todos os homens "uma mensagem particularmente vigorosa em nossos dias sobre a libertação, sempre no intuito global da salvação" (n. 479). Trata-se, sempre, de uma libertação integral, baseada em "dois elementos complementares e inseparáveis: libertação *de* todas as escravidões... e libertação *para* o crescimento progressivo no ser" (n. 482). Por ser integral, a libertação abrange todas as dimensões: pessoal, social, política, econômica, cultural, religiosa e "o conjunto das relações entre elas" (n. 483). Em conseqüência disto, todas as atividades da Igreja devem ser penetradas pela dimensão de libertação: a evangelização deve ser libertadora (n. 485, 487, 488, 491); a liturgia deve levar a um compromisso libertador (n. 972); a educação cristã deve anunciar explicitamente o Cristo libertador (n. 1034); todos os estratos da Igreja, desde a Hierarquia até as Comunidades Eclesiais de Base (motor de libertação, n. 96), devem tornar-se portadores da mensagem de libertação integral do homem e do mundo. Põe-se fortemente ênfase em que esta libertação deve ser compreendida e executada a partir da fé e do Evangelho: "A AL necessita de pessoas conscientes de sua responsabilidade histórica e de cristãos zelosos de sua identidade" (n. 864). Urge-se, portanto,uma síntese vigorosa e vital entre "a fé que se professa e a prática como compromisso real que se assume na realidade" (n. 320; cf. 783, 864). Puebla criou um consenso suficientemente amplo em torno da libertação que propicia a elaboração mais sistemática desta dimensão inerente à fé e à vida e mensagem de Jesus.

3. Como se constrói a Teologia da Libertação

A libertação, na compreensão da TL, não pode ser somente um tema da reflexão teológica entre outros muitos. Quer ser um horizonte a partir do qual se pensa o conteúdo total da fé em função de práticas de transformação histórica. A questão que então se coloca é esta: como se constrói esse tipo de teologia? Que mediações e instrumentos utiliza para construir o seu discurso?

a) De que libertação se trata?

Primeiramente, trata-se de decidir de que libertação se está falando. Consagrou-se a expressão libertação integral do homem todo e de todos os homens, ou seja, de todas as dimensões oprimidas da vida humana (pessoal e social) sem exclusão de homem algum. É um processo global que em uma simultaneidade dialética abrange as instâncias econômica (libertação da pobreza real), política (libertação das opressões sociais e gestação de um homem novo) e religiosa (libertação do pecado, *recriação* do homem e sua total realização em Deus). Estas não são fases sucessivas cronologicamente, e sim simultâneas, de tal sorte que lutando de forma libertadora na instância econômica aí se dá não só uma libertação econômica, mas também política e religiosa. Isto quer dizer que no econômico acontece também justiça e graça. E assim dialeticamente acontece em cada uma das instâncias, uma aberta e presente na outra. Jamais se trata, então, de uma libertação metafórica, e sim real e histórica. Na AL os oprimidos reais são os pobres, aqueles cujos rostos foram tão pateticamente descritos pelo documento final de Puebla (n. 32-39) e cujos sinais de pobreza foram descritos pela *Evangelii Nuntiandi*: "Carestias, doenças crônicas e endêmicas, analfabetismo, pauperismo, injustiças nas relações internacionais e especialmente nos intercâmbios comerciais, situações de neocolonialismo econômico e cultural, por vezes tão cruel como no antigo colonialismo político" (n. 30; Puebla, n. 26). Libertar de todas essas opressões não é somente um problema acadêmico, mas também político, humano, religioso, inclusive messiânico. A TL quer pensar a dimensão teológica presente neste processo histórico.

b) Opção prévia; pelos pobres contra sua pobreza

Em segundo lugar, uma TL que não se evapora em eufemismos supõe do teólogo uma clara definição e consciência de seu lugar social. Toda teologia, seja ela qual for, se acha socialmente situada. O teólogo da libertação optou por ver a realidade (social) a partir dos pobres, analisar os processos no interesse dos pobres e agir na libertação junto com os pobres. É uma opção *política*, visto definir o teólogo como agente social que ocupa um determinado lugar na correlação de forças sociais, ou seja, do lado dos pobres e oprimidos. Trata-se ao mesmo tempo de uma opção *ética*, porque não se aceita a situação assim como ela está, indigna-se eticamente diante do escândalo da pobreza e revela-se interesse confessado pela promoção dos pobres. Esta é somente possível com uma mudança estrutural da realidade histórico-social. Por fim, esta opção pelos pobres contra sua pobreza é *evangélica*, porque os pobres, segundo os evangelhos, foram os primeiros destinatários da mensagem de Jesus e eles constituem o critério escatológico mediante o qual se define a salvação ou a condenação dos homens e de cada homem (Mt 25,31-46).

O principal interesse da TL consiste em criar uma ação dos cristãos que seja efetivamente libertadora. Tudo deve convergir para a prática (amor). Mas, como conferir eficácia ao amor cristão? Para tanto, faz-se necessário conhecer melhor a realidade, os mecanismos produtores da pobreza e os caminhos que levam a uma sociedade de justiça para todos. Aqui cabe falar das três mediações da TL. Mediação refere-se aos meios com que a teologia se dota para realizar o que se propõe: libertação histórica e integral. As três mediações principais são: a sócio-analítica, a hermenêutica e a prático-pastoral, que correspondem aos três momentos: ver, julgar, agir.

c) Mediação sócio-analítica (ver)

Definida a opção básica pelos pobres contra sua pobreza, mister é realizar uma correta análise do sistema gerador de pobreza das grandes maiorias. A opção pelos pobres em si não garante a qualidade da análise. Esta tem de ser feita com a utilização de um instrumental adequado das ciências do social. Que tipo de análise assumir e que teoria social privilegiar? Aqui se faz importante a definição do lugar social do analista e a determinação do sentido de sua análise: em função da libertação dos oprimidos. Este é o interesse confessado da análise que, de si, jamais é totalmente desinteressada. Há duas tendências básicas da análise social: a *funcionalista*, que vê a sociedade principalmente como um todo orgânico (geralmente a visão dos que ocupam o poder), e a *dialética*, que contempla a sociedade, de forma especial, como conjunto de forças em tensão e conflito por causa da divergência de interesses (a visão dos que geralmente se acham à margem do poder). A primeira é reformista, visto preocupar-se com o funcionamento e aperfeiçoamento de um sistema considerado bom e que deve ser mantido. A segunda, a dialética, presta atenção aos conflitos e desequilíbrios que afetam os empobrecidos e postula uma reformulação do sistema social, de forma a apresentar mais simetria e justiça para todos.

Neste ponto, a TL privilegiou a análise dialética da realidade social, porque corresponde melhor aos objetivos intencionados pela fé e pelas práticas cristãs de libertação dos marginalizados e sem-poder. Aqui se vêem muitos grupos fazendo uma utilização não servil do instrumental analítico elaborado pela tradição marxista (Marx, as várias contribuições do socialismo, de Gramsci, do marxismo acadêmico francês e de outros teóricos), desvinculado de seus pressupostos filosóficos (materialismo dialético). Neste caso, considera-se o marxismo como ciência e não como filosofia. Na análise da realidade social conflituosa entram dados de antropologia social, de psicologia social e de história. Tudo deve concorrer para uma compreensão estrutural e causal da situação de pobreza em que vivem tantos milhões de forma injusta e desumana.

d) Mediação hermenêutica (julgar)

Hermenêutica é a ciência e a técnica da interpretação mediante a qual nos habilitamos a compreender o sentido original de textos (ou realidades) não mais compreensíveis *imediatamente* pelos homens de hoje. Queremos referir-nos às Escrituras cristãs e aos textos maiores de nossa fé pela distância temporal e conceptual que existe entre eles e nós. Para compreendê-los, temos de interpretá-los. Mediante a mediação hermenêutica elaboramos os critérios teológicos com os quais lemos o texto sócio-analítico (a realidade analisada). Somente assim a realidade social, com suas contradições, pode ser apropriada teologicamente e se transformar em página teológica. O que é que Deus nos tem a dizer sobre os problemas dos pobres, captados pela racionalidade científica? Aqui não basta a razão; faz-se necessária a fé.

Mediante a Fé, a Escritura e a Tradição (doutrina da Igreja, o *sensus fidelium*[*], o ensino dos teólogos) identificamos na realidade presença ou ausência de Deus. Onde a análise social diz pobreza estrutural, a fé diz pecado estrutural; onde a análise diz acumulação privada e excludente de riqueza, a fé diz pecado social de egoísmo etc.

Em síntese, pensamos que a tarefa da teologia se realiza, em face da realidade social, *em três níveis: primeiro*, discernindo o valor histórico-salvífico da situação – à luz das categorias teológicas como Reino de Deus, salvação, graça, pecado, justiça, caridade, fé que se faz verdadeira na prática etc. – se julga se este tipo de sociedade se orienta ou não em conformidade com o desígnio divino. É o momento profético da teologia. Em *segundo* lugar: fazendo uma leitura crítico-libertadora da própria tradição da fé; perguntando até que ponto uma certa compreensão do Reino, da graça, do pecado, da atividade do homem no mundo não acaba, sem querer, reforçando aquilo que precisamente se quer superar – o abismo entre ricos e pobres. Deve-se evitar o bilingüismo, ou seja, a construção de um discurso teológico paralelo ao sócio-analítico, bem como a mistura dos dois discursos sem se dar conta dos diferentes campos epistemológicos. Importa articular um com o outro e elaborar uma teologia que saiba, de fato, interpretar à luz da fé e da Tradição os desafios da realidade social, especialmente dos pobres. Em *terceiro* lugar: fazendo uma leitura teológica de toda a práxis humana, independentemente de sua definição ideológica. O teológico não reside no discurso, e sim nas práticas. Pertence à tarefa da teologia poder dizer da presença ou da ausência do Reino em todo tipo de prática histórica ou forma de convivência social. A fé cristã elabora sua imagem do homem, da sociedade, do futuro e do futuro terminal da história. Embora o ideário cristão não possa ser totalmente esgotado por nenhuma prática política ou sistema social, informa as formações sociais e ajuda o cristão em suas opções concretas. Assim, a fé cristã ajuda na escolha do instrumental sócio-analítico que melhor desmascare as injustiças contra os pobres.

e) Mediação prático-pastoral (agir)

A leitura sócio-analítica da realidade articulada com a leitura hermenêutica leva a práticas pastorais de libertação. Que fazer? A ação tem leis próprias, diversas daquelas da análise e da reflexão teológica. Primeiro, deve-se atentar para o jogo total das forças sociais (econômicas, políticas, ideológicas, repressivas, religiosas), para não tropeçar em um voluntarismo ingênuo. Não fazemos o que queremos, e sim aquilo que nos é permitido pelas condições objetivas da realidade. Impõe-se a prudência pastoral, que não é medo mas sabedoria para o que é viável. A seguir, faz-se mister organizar a ação desde a instância própria da Igreja, de sua identidade de fé, resgatando a dimensão de libertação presente na liturgia, nos conteúdos catequéticos, teológicos, na pastoral direta. A Igreja atua diretamente sobre as consciências e os valores. A partir daí, pode ter uma missão pedagógica imprescindível de desbloqueio e de compromisso para com a libertação das opressões que afetam a todos os homens, especialmente os mais necessitados. Deve-se buscar uma articulação com outros grupos sociais que também visam uma mudança estrutural e uma libertação dos oprimidos. A igreja contribui com uma dimensão religiosa e transcendente para o processo de libertação, considerando-o a partir da perspectiva integral e como passo de antecipação possível da salvação de Jesus Cristo. Por fim, os cristãos e organizações de cristãos podem e devem, sem com isso comprometer a oficialidade eclesial, encontrar uma atuação que não se limite somente a ser simbólica (própria da fé), mas podem e devem atuar no nível diretamente político e infra-estrutural. Sempre deve ficar clara a definição estratégica por uma libertação que implique a gestação de uma sociedade diferente na qual seja menos difícil o amor e a fraternidade, mesmo quando, por circunstâncias históricas, somos forçados a medidas meramente reformistas. Estes são apenas passos táticos e não metas estratégicas. Elas devem apontar para a libertação integral.

f) Mística da libertação e compromisso

O compromisso dos cristãos para com os humilhados e ofendidos deste mundo não é só sustentado por uma análise crítica da realidade, nem só pelo rigor de um discurso teológico sobre o sócio-analítico, mas também por uma prática e uma mística de solidariedade e identificação com os oprimidos. É esta mística poderosa que alimenta o serviço aos irmãos como serviço prestado ao próprio Deus. A paixão por Deus se une à paixão pelo povo. A identidade cristã se conserva na medida que recebe estímulo da oração, da meditação das Escrituras e da vivência de fé comunitária. Só assim o crente se dá conta e sabe que os processos de verdadeira libertação são historificações da gesta do Deus libertador com seu povo.

4. Tendências dentro da Teologia da Libertação

Ponto de partida da TL é a indignação ética diante da pobreza como "humilhante flagelo" (Puebla, n. 29), o encontro com o Senhor no esforço de junto com os oprimidos buscar os caminhos de libertação. Existem várias formas de trabalhar esta experiência de base. Afloram então diversas tendências dentro da mesma teologia da libertação.

a) Espiritualidade de Libertação

Assim como não se dá nenhuma revolução social sem uma mística política, assim também não existe libertação integral que não seja provocada, animada e acompanhada por uma mística ardente. Não se trata de sem mais articular fé e ação. O grande desafio é articular *mística* e *política*, fé e libertação histórica. Os grandes temas que alimentam esta perspectiva são os da justiça do Reino, da pobreza como solidariedade, do êxodo, do seguimento de Cristo, da cruz como preço a pagar por toda libertação autêntica, da ressurreição como triunfo daquele que sofre injustiça, da Igreja pascal.

b) Releitura libertadora das Escrituras

A partir das angústias e anseios dos pobres se relêem os textos fundadores de nossa fé. Aí aparece claramente que a mensagem de Jesus é realmente boa-notícia e que o tema da libertação perpassa toda a Escritura. Sem excluir os demais textos, põe-se especial ênfase nos textos e situações que tangem à opressão/libertação: o povo de Israel, produtor dos textos sagrados, como povo oprimido, que conheceu a escravidão e o exílio e a ameaça permanente das grandes potências de então; a tradição profética tão sensível aos temas sociais da justiça e da pobreza; a figura de Jesus, homem pobre e frágil neste mundo, como libertador ao mesmo tempo histórico e trans-histórico, sua opção preferencial pelos pobres, sua mensagem do Reino como total libertação de toda a criação; a prática das comunidades primitivas que compartilhavam e viviam a fraternidade evangélica.

Uma leitura das Escrituras, feita do lugar dos poderosos deste mundo, facilmente encobre ou espiritualiza esta vertente de libertação presente nos textos sagrados.

c) Releitura libertadora dos conteúdos da teologia

Esta tendência se esforça por desentranhar das principais categorias e tratados da teologia, como foi elaborada pela tradição, a dimensão libertadora aí apresentada: assim, na Cristologia, na Eclesiologia, na doutrina dos sacramentos, no tratado da Graça, do pecado, da escatologia etc. já se produziram significativas contribuições teológicas latino-americanas que ajudam o crente a viver sua fé de modo engajado e libertador.

d) Reflexão teológica a partir da análise social: anseios de libertação

Esta tendência realiza de forma mais rigorosa os passos que descrevemos acima: parte da realidade da pobreza, interpretada sócio-analiticamente, identificando especialmente os anseios de libertação dos oprimidos; interpreta-a à luz da fé e aponta para práticas de libertação efetiva. A arte consiste na articulação rigorosa dos diferentes discursos para que a Teologia da Libertação seja deveras teológica e tenha eficácia.

e) Reflexão teológica a partir da análise social: força de resistência

Esta tendência dá os mesmos passos que a precedente. Apenas desloca o acento, insistindo na força de resistência do povo dentro dos mecanismos de opressão e cativeiro. A teologia a partir do cativeiro não é uma alternativa para a Teologia da Libertação, e sim elaboração da capacidade de resistência do povo, valorização dos espaços de liberdade conservados pelos pobres (a religiosidade popular, o sentido da festa, de solidariedade etc.). A opressão jamais se completa e sempre existem células de liberdade e processos de libertação em curso.

f) O povo como sujeito da libertação

Esta tendência sublinha o fato de que o verdadeiro sujeito da libertação é o próprio oprimido. Sua cultura popular, particularmente sua radical religiosidade, suas formas de organização popular, as comunidades cristãs de base são motores de libertação e de conscientização. Potenciar, purificar e aprofundar tais elementos constituem caminhos para uma libertação popular.

g) Pedagogia popular de libertação

Esta vertente utiliza enormemente as contribuições do pedagogo brasileiro Paulo Freire, para fazer com que o próprio povo descubra os caminhos de sua libertação a partir de seus valores, cultura e práticas. Especialmente se aplica na catequese e na pastoral popular. Sem o exercício concreto de práticas de participação, de democracia e de libertação, não se pode gestar nenhuma sociedade de homens livres e libertados.

h) Releitura da história a partir dos vencidos

Existe na AL todo um trabalho de grande seriedade que tenta rever a história a partir da memória dos marginalizados, indígenas, escravos, mestiços e pobres. Isto permite novas interpretações do passado e do presente cuja leitura fora seqüestrada pela ideologia das classes dominantes. Esta ótica visa conferir consciência ao povo, sem a qual não tem raízes e os apoios necessários para alimentar a luta de libertação. A *História Geral da Igreja na América Latina*, projetada para 13 tomos, é o melhor fruto desse esforço.

i) Filosofia da Libertação

A filosofia pensada no marco da libertação se propõe fundamentalmente duas tarefas; uma, desconstrutiva da filosofia imperante que ocultava nossos povos como oprimidos; por isso, pretende pensar a partir da exterioridade do Outro, do que se situa além do sistema opressor. A outra, construtiva, pretende, a partir de uma práxis libertadora, fazer um esforço de esclarecimento das categorias reais que permitam ao povo gestar uma sociedade mais humana e participada. Aqui a política, como ontologia das relações com a autoridade, ocupa o lugar de uma *philosophia prima*[*].

j) Teoria da Teologia da Libertação

A libertação não é uma prática cega; ela possui sua teoria que lhe dá clareza, estabelece a gramática para um discurso teológico rigoroso, articulado com os demais campos epistemológicos que entram nesse tipo de reflexão da fé. É sinal de autonomia do pensamento teológico quando consegue elaborar seus próprios passos metodológicos e dar-se conta de seu alcance e limites. A última fase da TL, especialmente depois da importante obra epistemológica de Clodovis Boff (*Teologia e prática*; *teologia do político e suas mediações*. Petrópolis, Vozes, 1978), se caracteriza por esta preocupação que confere credibilidade à TL, frente a outros modos de realizar a tarefa da inteligência da fé.

O mais importante na mente dos teólogos da libertação não é a teologia, e sim a libertação concreta dos oprimidos. Sempre que isto acontece, é sinal de que o Reino de Deus já se aproximou.

MARXISMO NA TEOLOGIA: A FÉ PRECISA DE EFICÁCIA

Este tema vem prejudicado por forte carga emotiva que precisamos ultrapassar, se quisermos aceder à questão com relativa lucidez teórica. A reação negativa, seja por parte da Igreja seja por parte da ordem capitalista, é compreensível. Cada qual se opõe por motivos diversos. A Igreja, como todo organismo que não aceita ser morto, se opõe porque, caso o marxismo viesse a triunfar, significaria a liquidação da religião em nível público e a sistemática pregação do ateísmo no processo educativo do povo. O capitalista estruturalmente é contra porque defende seus bens e o seu poder, especialmente a propriedade privada, negada pelo marxismo como sistema dominante numa formação social.

Como se depreende, a oposição obedece aos imperativos do instinto de sobrevivência. As razões são mais que legítimas, mas podem fechar-nos à contribuição que o marxismo seria capaz de trazer na dilucidação de problemas sócio-históricos. Não se pode olvidar que mais da metade da humanidade vive sob regimes de inspiração marxista. Somente este fato representa um desafio grave a todos quantos não perderam ainda um mínimo de solidariedade para com a sorte dos demais homens. Em princípio, a Igreja, como o disseram os bispos em Puebla (n. 539), "deixa-se interpelar e enriquecer pelas ideologias", ou no Vaticano II: "Ela progrediu muito e pode progredir com a própria oposição dos seus adversários ou perseguidores" (*Gaudium et Spes*, n. 44). Ademais, a oposição sistemática não faz silenciar as questões sempre suscitadas pelo marxismo, o que lhe confere atrativo e dignidade: *Como vocês, capitalistas e cristãos, se solidarizam com os oprimidos do mundo? Que fazem vocês para a gestação de estruturas e formações sociais que tenham como resultado mais participação, liberdade e justiça para o maior número possível?* Não é suficiente a resposta de um conhecido capitalista norte-americano: a melhor maneira de ajudar um pobre é não ser um deles. É expressão de inumana insensibilidade.

1. Onde está o verdadeiro problema?

Historicamente, o marxismo (Marx et consortes) nasceu e se desenvolveu em função de práticas políticas concretas que visavam responder às interrogações acima apontadas. Ele não se situa, primariamente, na instância teórica, prolongando a primeira ilustração com a pergunta: qual é a verdade da história e da sociedade? Assenta-se na instância prática, nos conflitos e lutas sociais emancipatórias dos oprimidos, inaugurando a segunda ilustração com a pergunta: como se há de transformar a realidade para que seja mais humana e por isso mais verdadeira? Não se trata mais da posição do bem-pensante, mas do militante. Se quisermos entender alguma coisa útil do marxismo, há que entrar por esta embocadura; não é uma escola acadêmica ao lado de outras mais (Kant, Hegel ou Aristóteles), pelo menos não em primeira plana, nem temos a ver, inicialmente, com um corpo fechado de doutrinas, mas com um tipo de prática histórica libertária que exige, em função de sua eficácia, um momento teórico, segundo Marx, cambiável consoante as novas exigências da prática. O militante se interroga: qual é o quadro teórico adequado para me propiciar uma captação mais pertinente do real social em seus mecanismos, contradições, estrangulamentos e saídas viáveis, a fim de atuar transformadoramente sobre ele? Aqui está o cerne e também a grande força persuasiva do marxismo que deve ser enfrentada e não obviada. O medo face ao marxismo é medo frente à sua possível verdade. E quando alguém teme a verdade passa a controlar e a reprimir. Se nele entretanto há verdade, cumpre assumi-la e inseri-la numa totalização mais abrangente do que aquela do marxismo.

Primeiramente, importa romper os obstáculos epistemológicos de base que impedem uma visão mais serena do marxismo. A interpretação dominante criou uma corrente ideológica de associações ligadas ao marxismo: a este vem unido ateísmo, violência, repressão bárbara, coletivização despersonalizante, campos de concentração etc. Não há como negar que tudo isso ocorreu nos movimentos que se reclamam marxistas. Mas é perigoso argumentar com este tipo de raciocínio, pois tais fatos não são específicos do marxismo. É indescritível a iniqüidade social exigida pela implantação do sistema capitalista, ontem e ainda hoje nos é dado assisti-lo na periferia de nosso próprio país. A paixão dos operários e camponeses não é evidentemente contada pelos patrões e seus intelectuais orgânicos. E Jesus Cristo não tem nada a ver com os abusos inimagináveis da Santa Inquisição nos seus piores momentos de caça a hereges e a bruxas; tem a ver sim, mas de forma condenatória. Apesar disto, o marxismo deverá justificar (e podê-lo-á?) o porquê de seu totalitarismo. Entretanto, o marxismo não é só isso como a ideologia dominante nos quer fazer crer, bem como o capitalismo não é apenas o que a mordência crítica, especialmente leninista, nos apresenta, nem o Cristianismo se identifica com os mecanismos da Santa Inquisição. Cumpre ultrapassar este tipo de obstáculos e buscar ver o que está realmente em causa com o marxismo. Então se fazem necessárias as distinções, segundo o adágio dos antigos: *qui bene distinguit, bene docet*: quem bem distingue, bem ensina e aprende.

2. Os vários sentidos do marxismo

Para as necessárias distinções nos ajudam João XXIII na *Pacem in Terris* (1963)[*] e Paulo VI na *Octogesima Adveniens* (1971). Em primeiro lugar nos adverte João XXIII que "importa não identificar falsas idéias filosóficas com movimentos históricos de finalidade econômica, social, cultural ou política, embora tais movimentos encontrem nessas idéias filosóficas a sua origem e inspiração (...) Quem ousará negar que nestes movimentos (...) não possa haver elementos positivos, dignos de aprovação?" (n. 159). Aplicando isso ao marxismo: uma coisa é sua cosmovisão filosófica atéia e outra é sua prática histórica dos movimentos que se reivindicam ao marxismo, o novo tipo de sociedade que criaram, particulamente nos marcos do ideário socialista. Paulo VI, na carta apostólica *Octogesima Adveniens*, propõe um discernimento quanto aos vários "escalões da expressão marxismo" (n. 33): 1. Marxismo como uma prática histórica de luta de classes; 2. Marxismo como uma prática econômico-política; 3. Marxismo como uma prática teórico-filosófica (materialismo dialético) de corte ateu e materialista; 4. Marxismo como uma prática científica, "um método rigoroso de exame da realidade social e política (...) com a pretensão de decifrar sob um prisma científico as molas reais da evolução da sociedade" (n. 33) (materialismo histórico).

Como se nota, cada escalão situa o marxismo num nível epistemológico diferente, o que exige também um ajuizamento diverso. Uma coisa é ajuizar o marxismo como metafísica (doutrina do ser total), outra coisa como ciência (metodologia do saber). O Papa recorda ainda que "seria ilusório e perigoso mesmo esquecer a ligação que une radicalmente estes escalões e aceitar os elementos de análise marxista sem reconhecer as relações com a ideologia" (n. 34). Sem embargo, as próprias distinções introduzidas pelo Papa supõem que não se deve entender o marxismo linearmente; é possível inserir rupturas, pois cada escalão possui um valor epistemológico diferente. Note-se que não existe uma condenação em bloco, mas uma advertência para as ilusões e perigos. A ligação entre um escalão e outro, digamos, entre o materialismo dialético (ateísmo) e materialismo histórico (ciência), não é necessitante e intrínseca, mas histórica e conjuntural. Por isso é possível separá-los. Pelo fato de a ciência moderna pressupor um *ateísmo* metodológico (Deus não é uma hipótese de trabalho para o cientista), não significa que seus produtos científicos sejam ateus; da mesma forma, o fato histórico de Freud ter sido ateu não invalida sua representação da psique humana, bem como o fato de Jung ter sido teísta não confirma sua psicologia analítica. É que o discurso sobre as coisas (ciência) se situa em outro nível que o discurso sobre o sentido último da vida (religião). Esta distinção se aplica também ao marxismo.

3. Que tipo de marxismo pode ser útil à teologia?

Queremos agora nos deter em duas questões específicas: Que tipo de marxismo, destes apontados pelo Papa, é útil à teologia? A que tipo de teologia é útil o marxismo? Vamos à primeira questão. Muito rapidamente, urge avaliar cada tipo de marxismo. Ao primeiro sentido, o marxismo como prática histórica de luta de classes, baste-nos dizer o seguinte: a luta de classes, antes de mais nada, é um dado analítico. Na sociedade há interesses divergentes e antagônicos; por isso vigoram conflitos e tensões entre os grupos que corporificam estes interesses. O marxista possui a sua maneira de sair deste problema, na direção de uma sociedade de colaboração e de igualdade com a superação das relações de exploração e de excludência. Trata-se menos de condenar moralmente a sociedade de classes quanto de superá-la politicamente com a derrota da classe dominante capitalista e a vitória da classe operária que criará não a reprodução do sistema que derrotou, mas novo tipo de relações sociais à base da propriedade social dos meios de produção (economia) e a socialização dos meios do poder (política). O enfrentamento, segundo o marxismo, se dá entre oprimidos e opressores; a luta é de morte, mas geradora de um salto qualitativo na forma da convivência, mais participada e fraterna. O cristão tem a sua maneira de inserir-se dentro desta luta que está aí; também ele, porque está contido no ideário de seu Evangelho, sonha com uma sociedade onde não há pobres nem ricos, mas relações de justiça, comunhão e participação. Seu empenho é pela libertação que gera comunhão e participação. É a grande consigna do documento final dos bispos em Puebla (1979): peleja contra as causas que produzem a luta de classes, principalmente o privilégio e a posse da propriedade sem sentido social; mais que enfrentar-se com o opressor (categoria analítica e não moral), procura também atingi-lo por todos os meios, geralmente não violentos, ou com aquela violência que se justifica à luz dos critérios éticos e que, de certa forma, é inevitável. Trabalha sobre os dois pólos da relação oprimido-opressor, porque, consoante a antropologia cristã, a opressão atravessa o coração de ambos e por isso ambos necessitam de converter-se e serem homens novos, sem espírito de vingança e de revanchismo, a começar pelo pólo primordial que é aquele do opressor. Finalmente, a luta assume uma aura diversa pela convicção de que o opressor também, apesar de tudo, é filho de Deus, imagem e semelhança do Pai, e por isso sempre passível de ser amado e perdoado, sempre convocado à conversão e à solidariedade; vale comprometer-se pelos empobrecidos porque são violados em sua dignidade de irmãos e filhos de Deus e, finalmente, porque Jesus se comprometia com eles.

O marxismo como prática econômico-política deve ser julgado politicamente pelo tipo de sociedade que produz e pelas condições que propicia de realizar "a felicidade" (sentido aristotélico) social. O que a teologia poderá dizer é que o ideário socialista-comunista ofereceria à fé, caso viesse a se *historizar*, mais possibilidades que o capitalismo de realizar topicamente a utopia cristã acerca do homem e da sociedade. Não deixa de ser sintomático o fato de os primeiros socialistas terem sido cristãos. Isso não significa legitimar os *socialismos* hoje vigentes; não representam nenhuma alternativa desejável por sua tirania burocrática e afogamento das liberdades individuais. O ideário socialista pode e deve ser historificar em outras formas.

Com referência ao terceiro escalão de marxismo, como uma prática teórico-filosófica, o juízo deve ser, por parte da fé, totalmente categórico, porque está numa oposição frontal com o Cristianismo. O Marxismo se apresenta como uma alternativa ao espiritualismo, como um radical materialismo filosófico (contra o materialismo mecanicista e vulgar). Somente a partir de 1877-1878, com a crítica de Engels contra Eugen Dühring (*Anti-Dühring*), se pode falar de uma concepção do mundo dialético-materialista. Não é tanto a posição do Marx histórico, mas de seu amigo Engels, embora Marx pessoalmente tenha sido um ateu radical, seguido nisto pela tradição ortodoxa dos marxistas russos que representam o materialismo dialético. Engels e sucessores borram a diferença entre natureza e história mediante um único princípio *omniexplicativo* de todo o real: a matéria interpretada dialeticamente.

As três teses básicas articuladas no *Anti-Dühring* são: 1. A unidade do mundo consiste na sua materialidade; 2. As formas fundamentais de todo ser são espaço e tempo; 3. O movimento é a forma da existência da matéria. A diferenciação do movimento (mecânico, químico, biológico, consciente) é responsável pela diversidade qualitativa das manifestações do único princípio monista, a matéria. Nega-se toda a referência transcendente à história e um sentido para além do espaço e do tempo. Deus é um vocábulo vazio, projeção do fundo onírico da mente humana alienada. Esta metafísica se opõe a todas as concepções espiritualistas e religiosas. O Cristianismo se encontra em seu oposto. Não há composição possível.

A quarta acepção de marxismo, como uma prática científica, um método de análise sócio-histórica também chamado de materialismo histórico, permite um juízo bem mais positivo. Aqui se trata de uma teoria científica; em ciência só vale o que melhor explicar os problemas que cada ciência se propõe. Já os medievais estabeleceram as regras da justa relação entre ciência e fé. Na medida em que revela a verdade das coisas, a ciência é considerada um instrumento do próprio Deus, a verdade suprema, mesmo que o cientista não seja um crente. A teologia poderá se apropriar desta verdade (e também devê-lo-á) sob o risco de incorrer em erro sobre o próprio Deus quando recalcitra e se fecha à luz que as ciências aportam. É o que Santo Tomás diz em diversos lugares de seus escritos, fazendo frente às críticas que recebia dos tradicionalistas de seu tempo (os da escola platônico-agostiniana) por utilizar o instrumental teórico de um pagão como Aristóteles no corpo de sua construção teológica.

Cumpre esclarecer os termos da teoria científica do materialismo histórico. Primeiramente, temos a ver com uma teoria, e não com dogmas; o Marx histórico era muito consciente de ser sua teoria um conjunto aberto que deve se desenvolver caso não queira morrer. Como toda teoria, o materialismo histórico não visa apresentar conhecimentos concretos, mas um arsenal de instrumentos abstratos (conceitos, modelos, paradigmas) mediante os quais se produzem conhecimentos. O objeto do conhecimento são as formações sócio-históricas e suas conjunturas. Diz-se que é *materialismo*, vale dizer, uma alternativa ao idealismo na interpretação das formações sócio-históricas. O idealismo, típico da tradição ocidental, culminando em Hegel, privilegia a idéia (a consciência que uma época faz de si) como o fator determinante, em última instância, na explicação da formação, estruturação e evolução das sociedades humanas. O marxismo sustenta que as condições materiais de produção e reprodução da vida encontram-se na base, em última instância, de todo o edifício sócio-histórico e das instâncias ideológicas e jurídico-políticas. Estas não são mera reflexão especular da instância econômica (Marx sempre se negou a afirmar isso, contra a vulgata do marxismo dogmático); elas possuem uma existência relativamente autônoma e suas próprias leis de funcionamento, guardando uma referência permanente de *última instância* com a infra-estrutura econômica. Diz-se também materialismo *histórico*, quer dizer, as condições materiais dentro de uma totalidade social não são definidas de uma vez por todas; variam historicamente e se relacionam entre si dialeticamente com todas as demais instâncias. Não é aqui o lugar para sequer apontar as principais categorias do materialismo histórico. Como toda teoria científica, a proposta teórica marxista é discutível; ela vale pela luz que traz aos problemas em tela, especialmente como crítica ao sistema capitalista e proposição do socialismo. Serve de arma teórica para as classes exploradas em busca de sua libertação; para isso foi pensado e querido o marxismo como materialismo histórico. Esta teoria científica pode ser útil para os cristãos interessados num melhor conhecimento (sempre aproximativo) da realidade social, particularmente de seus conflitos e mecanismos de marginalização. E aqui devemos dizer que os agentes de Igreja, em geral, se encontram com o marxismo quando mergulham no mundo cultural do pobre. Aí o encontram não como filosofia materialista e negadora de Deus, mas como o único instrumento a seu alcance para entender sua condição de explorados e como um caminho de organização, de formação de consciência crítica e de mobilização dos setores populares.

4. A que tipo de teologia pode ser útil o marxismo?

Perguntávamos: que tipo de marxismo pode ser útil à teologia? Podemos agora responder: o marxismo como teoria científica das realidades sócio-históricas. Ele nos ajuda a entender não Deus, a graça, o Reino, mas a formação, os conflitos e o desenvolvimento das sociedades humanas.

Fazíamos também outra pergunta: para que tipo de teologia é útil o marxismo (materialismo histórico)? Respondendo sem outras mediações: para aquele tipo de teologia que reflexiona à luz da fé sobre a situação de cativeiro e de libertação dos grupos humanos oprimidos. Existem escolas teológicas que não colocam na agenda de seu trabalho a meditação teológica sobre a paixão dolorosa da humanidade; atêm-se aos temas clássicos de Deus, da Trindade, de Cristo, da Igreja, dos sacramentos, da escatologia; pouco se preocupam com os destinatários de suas reflexões. Sem embargo, existe uma outra, particularmente vigorosa na América Latina, a assim chamada Teologia da Libertação, que se julga infiel a Deus e aos irmãos, se não refletir à luz da mensagem de Jesus, homem pobre e sem poder neste mundo e ao mesmo tempo Filho do Pai todo-poderoso, sobre o pecado da opressão econômica, política, cultural e espiritual e da graça da libertação em que estão empenhados milhões de humilhados e ofendidos de nosso mundo.

Como entra a teoria marxista da história dentro deste tipo de teologia? Entra num momento do projeto mais amplo da elaboração teológica. A Teologia da Libertação quer ser e de fato é verdadeira teologia, vale dizer, discurso sobre Deus. Mas logo se dá conta que o Deus de Jesus Cristo é um Deus sensível ao grito do oprimido e que quer libertar o povo escravizado pelos faraós da história. Não é um Deus qualquer, soberanamente indiferente ao clamor que sobe da terra, suplicando justiça e humanidade. É um Deus que toma partido pelo oprimido contra o seu opressor. Ademais, a Teologia da Libertação é novamente teologia porque à luz de Deus e de Jesus Cristo relê e interpreta a realidade social conflitiva. E aqui aflora o problema: importa conhecer de modo o mais científico possível esta realidade, superando o mero empirismo ou uma concepção funcionalista da sociedade que satisfaz os interesses dos idealistas e dos poderosos. A opção política, ética e evangélica prévia em favor dos pobres contra a sua pobreza ajuda a escolher aquele instrumental que faça justiça aos reclamos de dignidade por parte dos explorados. Neste momento de racionalidade e objetividade, o teólogo pode se utilizar do aporte da teoria marxista da história. Note-se: *no momento de conhecimento da realidade social conflitiva*. Feita esta operação, entra propriamente a atividade especificamente teológica: ler esta decodificação social (feita mediante o instrumental marxista) à luz da fé, das Escrituras, do Magistério, da doutrina social da Igreja etc. Quando, portanto, se acusa a Teologia da Libertação de estar infiltrada de marxismo, se passa por cima desta visão que acabamos de expor. O problema não é a teologia, é a ciência. O marxismo não entra em todas as partes da teologia; entra no momento da apreensão que o teólogo faz da realidade social; utiliza este método e não outro porque lhe parece mais adequado para denunciar as falsificações ideológicas do capitalismo, ocultando as verdadeiras causas que geram o empobrecimento, primordialmente a acumulação da riqueza em poucas mãos com a exclusão das grandes maiorias. Este tipo de análise se afina melhor com a intenção da fé que quer a libertação do oprimido e também do opressor. Mas a fé não está, como tal, ligada a este método; só faz uso dele quando precisa de lucidez em sua relação com a sociedade e o conflito de interesses que vigoram nela; a fé se sente vinculada a Deus e à Sua palavra reveladora; não perde sua identidade quando procura ver mais claro o que crê (teologia) e aquilo com o qual se relaciona (sociedade).

5. A grandeza e a superioridade da fé

Para quem tem fé, a utilização do materialismo histórico não pode representar um perigo fatal; somente para espíritos anêmicos, com fé que não crê em sua própria grandeza e superioridade, o marxismo representa o anjo exterminador e mau. A fé, por sua própria natureza, se movimenta num horizonte muito mais vasto – aquele do Absoluto diante do qual podemos, sem perder a dignidade, ajoelhar-nos – dentro do qual cabe a contribuição da teoria marxista da sociedade, na medida em que é produtora de luz sobre os problemas sócio-históricos. Há que se superar o tratamento fetichista que se tem dado entre os cristãos ao método de análise marxista, uma espécie de anti-sacramento que distila *ex opere operato** maleficios sobre todos os que entram em contato com ele. Ele não precisa ser nada disto, desde que saibamos articular corretamente o discurso da fé com o discurso científico marxista. Meter medo e criar fantasmas é aceitar o jogo capitalista, pois destarte ele distrai acerca de sua própria iniqüidade; no nosso sistema ocidental, é o capitalismo que deve ser denunciado como o mais próximo e real maleficio para as grandes maiorias pobres.

O que propomos não é teologia dentro do marxismo mas a utilização do marxismo (materialismo histórico) pela teologia. A teologia é o referente maior, e não o marxismo; ela possui sua gramática própria, mas, quando busca eficácia libertadora no nível social, se apropria, à sua maneira, da contribuição da racionalidade marxista e elabora a sua síntese à luz de seus próprios critérios teológicos.

Max construiu seu socialismo científico em permanente polêmica com o socialismo religioso e utópico. Era o passo necessário para evitar mistificações. Hoje entendemos mais e mais que um e outro não se opõem, antes, pelo contrário, se exigem. Ambos correspondem a duas dimensões humanas, aquela da racionalidade e a outra da esperança. Talvez seja chegado o tempo de se fazer a síntese entre um socialismo com densidade científica e o socialismo aberto ao futuro ilimitado e ao transcendente. Possivelmente os cristãos poderão trazer uma valiosa contribuição na medida em que superem velhos preconceitos históricos. Não há que fechar caminhos que se estão abrindo por causa do medo ou da demasiada prudência. Ninguém tem o direito de pôr obstáculos ao acesso a uma verdade mais plena.

O diálogo entre a fé e o marxismo, conduzido pela Teologia da Libertação, ajudou a Igreja a voltar a suas origens e a se tornar mais fiel a si mesma. Foi isso que disse Fidel Castro e com isso concluímos estas reflexões: "Poderia definir a Igreja da Libertação ou a Teologia da Libertação como um reencontro do Cristianismo com suas raízes, com sua história mais formosa, mais atraente, mais heróica e mais gloriosa. Este fato é de tal magnitude que obriga a toda a esquerda na América Latina a tomar em conta tal verificação como um dos acontecimentos mais fundamentais que ocorreram na nossa época. Podemos dizer, assim, por que tende precisamente a privar aos exploradores, aos conquistadores, aos opressores, aos interventores, aos saqueadores de nossos povos, aos que nos mantêm na ignorância, nas doenças, na miséria, repito, tende a privá-los do instrumento talvez mais precioso com o qual podem contar para confundir as massas, enganá-las, aliená-las e mantê-las na exploração" (Frei Betto, *Fidel e a Religião*, 1987, p. 291).

MÍSTICA E POLÍTICA: CONTEMPLATIVO NA LIBERTAÇÃO

1. O choque espiritual: o encontro com Deus na classe pobre

O que caracterizou, nos últimos anos, a vida eclesial latino-americana foi uma crescente tomada de consciência da responsabilidade da fé nas mudanças sociais que propiciam mais justiça e participação das grandes maiorias pobres de nossos países. À luz da fé e em solidariedade evangélica com os mais necessitados, cada vez mais numerosos e significativos grupos de Igreja, até episcopados inteiros, procuraram viver e ensinar a fé cristã de tal forma que seja de fato um motor de libertação integral do homem. Assim, no seio das comunidades cristãs se acha em marcha vasto e bem articulado processo de libertação que nasce da unidade fé-vida. Junto com isso, se tem elaborado o correspondente discurso crítico, denominado Teologia da Libertação (TL) ou teologia feita nos interesses da libertação integral, especialmente dos mais oprimidos da sociedade. Mas o que sustenta a prática e a teoria (teologia) libertadora é uma experiência espiritual de encontro com o Senhor nos pobres. Por trás de toda prática inovadora na Igreja, na raiz de toda teologia verdadeira e nova se esconde, latente, uma experiência religiosa típica. Essa constitui a palavra-fonte: tudo o mais provém dessa experiência totalizadora, é esforço de tradução nos marcos de uma realidade historicamente determinada. Só a partir desse pressuposto se pode entender as grandes sínteses dos teólogos do passado, como Santo Agostinho, Santo Anselmo, Santo Tomás, São Boaventura, Suárez, e do presente, como Rahner e outros mestres do Espírito.

Toda experiência espiritual significa um encontro com um rosto novo e desafiador de Deus, que emerge dos grandes desafios da realidade histórica. Grandes mudanças sócio-históricas carregam no seio um sentido último, uma exigência suprema que os espíritos religiosos detectam como proveniente do mistério de Deus. Deus só possui sentido quando, de fato, aflora como o radicalmente importante de uma realidade dada em suas sombras e luzes. Desse modo, Deus não surge meramente como categoria definida dentro do marco religioso, e sim como acontecimento de sentido, de esperança, de futuro absoluto para o homem e sua história. Esta situação propicia uma experiência própria e típica do mistério de Deus.

O que acentuamos acima significa o momento subjetivo da experiência. Mas podemos enunciar o mesmo dentro de uma linguagem estritamente teológica. Dizemos então que Deus, em sua vontade de autocomunicação, se revela concretamente na história. O homem capta um rosto novo de Deus porque Deus assim se está revelando. Ele coloca seus sinais sacramentais, escolhe seus emissários, faz criar um discurso adequado e incita a práticas conseqüentes. E sempre haverá espíritos atentos que saberão identificar a nova voz de Deus e ser fiéis a suas interpelações.

Cremos que nos últimos anos houve irrupção vulcânica de Deus em nosso continente latino-americano: Ele privilegiou os pobres como seu sacramento de autocomunicação. Nos pobres fez ouvir suas exigências de solidariedade, de identificação, de justiça e dignidade. E as Igrejas souberam ser obedientes (*obaudire*: ser ouvintes) ao apelo de Deus. Diante do escândalo da pobreza urge agir pelos pobres contra a pobreza, em função de uma justiça para todos. Essa atuação possui nítida dimensão de libertação que nasce como historificação da fé que deseja ser adesão ao Senhor presente nos pobres. Lutar com os pobres, fazer corpo com seus anseios é comungar com o Cristo pobre e viver em seu seguimento. Esta perspectiva implica ser contemplativo na libertação: *contemplativus in liberatione* – e supõe nova forma de buscar a santidade e a união mística com Deus. O choque espiritual com a nova manifestação de Deus produziu traços próprios à espiritualidade, tal como é vivida e praticada em muitos cristãos comprometidos com a libertação integral de seus irmãos. Esse choque espiritual se acha na base da TL. Antes de tentar uma descrição dessa espiritualidade, conviria situar-se na grande tradição espiritual da Igreja e também sublinhar os pontos de sua originalidade. O grande problema, que urge esclarecer, é como ser contemplativo na libertação; como, nas práticas pastorais e em contato com o povo, viver um encontro vivo e concreto com Deus. Talvez refletindo sobre este tema, a partir do pano de fundo da tradição espiritual cristã, se possa identificar melhor o específico dessa espiritualidade latino-americana.

2. A diferença espiritual: a síntese oração-libertação

Certamente, a formulação mais clássica da busca-da unidade fé-vida foi elaborada pela tradição monacal, sob o lema *ora et labora*: orar e trabalhar. Não cabe aqui fazer a trajetória histórica dessa inspiração. Basta captar sua tendência dominante, que consiste no predomínio soberano do *ora* sobre o *labora*. Essa espiritualidade toma como eixo de organização da vida espiritual o momento da oração e da contemplação, alternado com o do trabalho. A oração capitaliza todo o valor e se exprime mediante os sinais do campo religioso: liturgia, ofício coral, exercício de devoção e toda a gama de expressões religiosas. O trabalho em si não é mediação direta a Deus; é-o na medida em que vem banhado pelos influxos da oração e da contemplação; ele significa a profanidade e a pura natureza; constitui o campo de expressão ética e o lugar do testemunho cujo sentido se elabora no âmbito da oração. Esta se prolonga trabalho adentro, e o faz também sagrado. A concepção de fundo implica uma espécie de "monofisitismo espiritual": a única natureza da oração resgata a profanidade criacional e natural do trabalho. Por isso, perdura um paralelismo nunca superado totalmente: de um lado, a oração; de outro, o trabalho.

A partícula e (*et*) é índice desse bilingüismo teológico. Seja como for, essa espiritualidade encheu de oração e elevação o trabalho de muitos cristãos e povoou de sinais religiosos todos os rincões considerados profanos.

O desenvolvimento sócio-histórico caminhou na direção de uma relativa autonomia do profano e de uma cultura do trabalho. A operacionalidade e a eficiência são eixos da moderna cultura, cuja expressão acabada se acha em nossos dias sob o império da empresa científico-técnica. O lema se inverte: *labora et ora*, trabalha e ora. Descobre-se o caráter divino e crístico da criação e do trabalho como forma de colaboração humana na ação divina. Deus não nos deixou de presente um mundo acabado, mas quis associar-nos à sua tarefa transformadora. O trabalho possui dignidade e sacralidade próprias, não por estar batizado pela oração ou pela boa intenção sobrenaturalizante, e sim por sua própria natureza criacional inserida no projeto cristológico. O que importa é o trabalho feito em sua reta ordem, ordenado à construção da cidade terrena intencionada por Deus e antecipadora da cidade celeste. Especialmente o trabalho da justiça, comprometido com os pobres, realiza o que toda oração procura: o contato com Deus. A tradição é explícita quanto a isto (cf. Is 1,10-20; Jr 22,16) e Jesus se reporta diretamente a ela (Mc 7,6-8). "Não são as prédicas e sim as práticas que nos garantem a salvação" (Mt 25,31-46). A oração continua tendo seu lugar e valor, mas sua verdade se mede pela qualidade de expressão da prática verdadeira e eticamente correta. Em sua forma mais radical, esta espiritualidade do caráter divino da matéria e do trabalho sobre ela levou a um esvaziamento da oração, da expressão litúrgica e devocional.

Essa perspectiva coloca a ênfase no caráter objetivo da oração que pervade todas as esferas e não se restringe ao campo da consciência e da explicitação. Noutras palavras, a presença de Deus não se realiza automaticamente nem de forma exclusiva ali onde se fala de Deus e se cultua sua memória, e sim sempre e objetivamente onde se historifica uma prática correta de verdade e de justiça, embora não exista consciência explícita de Deus. Mas o predomínio do trabalho, vivido religiosamente, sobre a oração deixa persistir novo paralelismo que pode chegar a um "monofisitismo espiritual"[*], agora sob a égide da categoria trabalho. A oração é outra forma de trabalho e de prática, perdendo sua especificidade como oração. Enquanto se continua falando de trabalho e oração, *labora et ora*, não se alcançou suficientemente a unidade fé-vida, ação-oração.

A síntese que urge elaborar, e está em gestação na América Latina, é a da oração *na* ação, *dentro* da ação e *com* a ação. Não se trata de rezar por um lado e agir pelo outro, nem de uma oração fora do compromisso concreto com a libertação dos oprimidos, e sim de rezar no processo de libertação, vivenciar um encontro com Deus no encontro com os irmãos. Podemos dizer que cada grande santo conseguiu essa síntese, vital e concreta, que sempre constituiu o segredo de toda vida autenticamente cristã.

Na AL, porém, cabe-nos viver uma situação de certo modo nova, ou no mínimo com acentos bem particulares. O problema não é simplesmente a relação oração-ação, e sim oração-libertação, ou seja, oração-ação política, social, histórica, transformadora. Em sua formulação correta, a questão se coloca em termos de *mística* e *política*. Como estar comprometido radicalmente com a libertação dos oprimidos e ao mesmo tempo comprometido com a fonte de toda libertação, que é Deus? Como compaginar a paixão por Deus, característica de todo homem verdadeiramente religioso, com a paixão pelo povo e sua justiça, nota distintiva de todo militante político? Essa síntese, para ser completa e consistente, deve aproveitar toda a riqueza do *ora et labora*, da oração como encontro privilegiado com o Senhor; deve aproveitar também toda a verdade presente no *labora et ora*, todo o valor religioso do trabalho e do compromisso realizador da justiça e da fraternidade.

Não se trata de fazer uma síntese verbal ou uma correta correlação dos termos. Trata-se de viver uma prática cristã que ao mesmo tempo seja imbuída de oração e de compromisso, que o compromisso nasça da oração e que a oração aflore do coração do compromisso. Como alcançá-lo?

3. Paixão por Deus na paixão pelo empobrecido

A experiência da fé viva e verdadeira constrói a unidade oração-libertação. Mas deve-se entender corretamente a experiência de fé. Como o temos dito muitas vezes, a fé, em primeiro lugar, é uma forma de viver todas as coisas à luz de Deus. A fé define o *de onde* e o *para onde* de nossa existência, que é Deus e seu desígnio de amor, comunicado e realizado em todas as coisas. Para o homem de fé, a realidade é, originalmente, não profana e sagrada, e sim simplesmente sacramental: revela Deus, evoca Deus, vem embebida da divina realidade. Por isso, a experiência de fé unifica a vida, por contemplar a realidade unificada por Deus como origem e como destino de tudo. Como forma de vida, a fé viva implica postura contemplativa do mundo: vê e acha pegadas de Deus por todo o lado. Mas não basta que a fé seja viva; importa que seja verdadeira. É somente verdadeira a fé que se faz amor, verdade e justiça. Agradam-Lhe não só os que O aceitam, e sim os que constroem seu Reino, que é de verdade, de amor e de justiça. Só esta fé comprometida é fé salvífica, por isso verdadeira. "A fé sem obras é inútil" (Tg 2,21). "Uma fé pura, mas sem obras, também a têm os demônios" (Tg 2,20).

A fé cristã sabe que Cristo tem uma densidade sacramental especial nos pobres. Eles não têm só necessidades que se deve socorrer; possuem uma riqueza única e própria: são portadores privilegiados do Senhor, destinatários primeiros do Reino, com potencial evangelizador de todos os homens e da Igreja (Puebla, 1147). O crente não tem apenas uma visão sócio-analítica do pobre, identificando sua paixão e as causas que geram os mecanismos de seu empobrecimento. Supondo tudo isto, olha a classe dos empobrecidos com os olhos da fé e descobre neles o rosto sofredor do Servo de Javé. E esse olhar não se detém no contemplativo, como que "usando" o pobre para se unir ao Senhor. Cristo se acha identificado com eles e quer ser aí servido e acolhido. Esta situação de miséria provoca uma comoção do coração: "Eu estava com fome..." (Mt 23,25). Alguém está deveras com o Senhor, nos pobres, quando se compromete a lutar contra a pobreza que humilha o homem e vai contra a vontade de Deus, por ser fruto de relações de pecado e exploração. A mesma fé verdadeira implica e exige um compromisso libertador: "... e me destes de comer" (Mt 25,36). Se não empreende uma ação libertadora, não somente não ama o irmão mas também não ama a Deus (1Jo 3,17): O amor não pode ser apenas "com palavras e de boca, mas com obras e de verdade" (1Jo 3,18).

Essa experiência espiritual confere unidade à relação fé-vida, mística-política. O problema que se coloca aqui é: como manter esta unidade? Como alimentá-la diante de todas as forças de desagregação? Esta visão contemplativa e ao mesmo tempo libertadora não emerge espontaneamente; é a expressão mais significativa da fé viva e verdadeira. Mas, como dar consistência a esta fé?

Aqui emergem os dois pólos: a oração e a prática. Sem embargo, a questão não é ficar na polarização ou na justaposição. Cairíamos assim de novo em algum daqueles "monofisitismos" que acima criticamos. É mister articular dialeticamente os dois pólos. É necessário considerá-los como dois espaços abertos um ao outro, que se implicam mutuamente. Deve-se porém privilegiar um dos pólos da relação: o da oração.

Pela oração, o homem exprime o que de mais nobre e profundo existe em sua existência: pode elevar-se acima de si mesmo, transcender todas as grandezas da criação e da história, assumir uma posição "extática" e travar um diálogo com o Supremo Mistério e gritar: Pai! Com isto, não deixa para trás de si o universo, e sim o assume e o transforma em oferenda a Deus; mas se livra de todas as cadeias, denuncia todos os absolutos históricos, os relativiza e se enfrenta, sozinho e nu, com o Absoluto, para fazer com Ele história. Aí se descobre Deus como o Santo; com Ele estamos diante do sumamente Sério e Definitivo. Mas, ao mesmo tempo, este Deus assim Santo e absolutamente Sério se revela como um Deus comprometido, sensível aos soluços dos oprimidos. Pode dizer: "Vi a opressão de meu povo... ouvi suas queixas contra os opressores, demorei-me em seus sofrimentos e desci para livrá-los..." (Ex 3,7-8). Portanto, o Deus que pela oração diz ao homem: Vem! Na mesma oração diz: Vai! O Deus que chama é o mesmo que lança o compromisso de libertação. Manda unir a paixão por Deus com a paixão pelos oprimidos. Melhor: exige que a paixão de Deus em Jesus Cristo seja vivida na paixão dos irmãos sofredores e necessitados.

A ação de serviço ao irmão e de solidariedade com suas lutas de libertação aflora do próprio seio da oração que atinge o coração de Deus. A oração alimenta a ótica pela qual se permite ao crente ver no pobre e em toda uma classe de explorados a presença sacramental do Senhor. Sem a oração, nascida da fé, o olhar se faz opaco e vê na superfície, não consegue descer até aquela profundeza mística na qual entra em comunhão com o Senhor presente nos condenados, humilhados e ofendidos da história.

Por outro lado, o pólo da prática libertadora remete ao pólo da oração como a fonte que alimenta e sustenta a força na luta e garante a identidade cristã no processo de libertação. Interessa ao cristão que a libertação seja de fato libertação e, por isso, antecipação do Reino e concretização da redenção de Jesus na história. A fé e a oração permitem-lhe contemplar seu esforço, muitas vezes pouco relevante, como construção histórica do Reino. A prática social tem sua densidade concreta e intramundana, mas seu significado não se esgota nessa determinação; a fé desvela seu sentido transcendente e sua significação salvífica. Por isso, para alguém que compreendeu essa perspectiva, o serviço libertador com os irmãos constitui uma verdadeira diaconia ao

Senhor, um associar-se à sua obra redentora e libertadora e uma real *leiturgia* no Espírito. Eis o que significa ser *contemplativus in liberatione.*[*] A contemplação não se realiza apenas no espaço sagrado da oração, nem no recinto sacrossanto da Igreja ou do mosteiro; ela encontra seu lugar também na prática política e social, banhada, sustentada e alimentada pela fé viva e verdadeira.

É nobre apanágio de nossa Igreja latino-americana o fato de que os bispos, os sacerdotes, religiosos e leigos mais comprometidos pelas causas dos pobres (sua justiça, direitos e dignidade) são também os mais comprometidos com a oração; unem em um mesmo movimento de amor e dedicação Deus e o próximo mais necessitado.

4. Características principais e os desafios desta espiritualidade

Como se poderia identificar alguns traços mais significativos desta contemplação vivida em contexto de libertação?

a) Oração materializada de ação

A oração libertadora recolhe todo o material da vida comprometida: as lutas, os esforços coletivos, os erros e as vitórias conquistadas; dão-se ações de graças pelos passos dados; pede-se não tanto individualisticamente, mas em função de todo um caminhar, por aqueles que sofrem e pelos que os fazem sofrer; na oração ressoa especialmente a conflitividade do processo de libertação; a confissão dos pecados é espontaneamente comunitária; ninguém se esconde por trás de palavras etéreas, mas abre o coração até para as coisas mais íntimas; é uma oração que reflete a libertação do coração; acusam-se especialmente as incoerências entre o professado e o vivido, a falta de solidariedade e de compromisso.

b) Oração, expressão da comunidade libertadora

A oração privada tem seu valor permanente e assegurado; mas nos grupos comprometidos a oração é essencialmente um compartilhar experiências e práticas iluminadas e criticadas à luz da fé e do Evangelho. A experiência não se limita a uma esplêndida privacidade da alma com seu Deus, mas se abre ao outro no escutar e no comunicar. Um conforta o outro; comenta os problemas do outro; ajudam-se mutuamente nos problemas revelados; não existe "vergonha" sagrada que esconda as visitas e iluminações divinas. A grande maioria tem a alma como livro aberto. Isto já revela o processo de libertação no seio da própria comunidade.

c) Liturgia como celebração da vida

A liturgia canônica conserva seu caráter vinculante e exprime a catolicidade da expressão de nossa fé. Mas, na medida em que as comunidades unem fé e vida, mística e política, mais e mais inserem no litúrgico a celebração da vida compartilhada por todos. Neste campo, aflora uma rica criatividade que possui dignidade e sacralidade garantidas pelo sentido apurado que o povo tem do sagrado e do nobre. Aproveitam-se símbolos significativos do grupo, fazem-se coreografias e, muitas vezes, verdadeiros autos espirituais com expressões corporais próprias do povo.

d) Oração heterocrítica

A oração libertadora serve muitas vezes de exame crítico das práticas e atitudes dos participantes da comunidade. Sabem criticar-se mutuamente sem melindres e suscetibilidades pessoais. O que importa são os critérios objetivos: o Reino, a libertação, o respeito pelo caminhar do povo. A partir de tais realidades, confrontam-se as práticas dos agentes de pastoral. Há verdadeiras conversões e auxílios que vêm desta sinceridade e lealdade.

e) Santidade política

A tradição cristã conhece o santo ascético, mestre de suas paixões e fiel observante das leis de Deus e da Igreja. Quase não se conhecem santos políticos e santos militantes. No processo de libertação, criou-se a situação para outro tipo de santidade: além de lutar contra suas próprias paixões (tarefa permanente), luta-se contra os mecanismos de exploração e de destruição da comunidade. Aí emergem virtudes difíceis mas reais: solidariedade com os de sua classe, participação nas decisões comunitárias, lealdade para com as soluções definidas, superação do ódio contra as pessoas que são agentes de mecanismos de empobrecimento, capacidade de ver além dos imediatismos e trabalhar por uma sociedade futura que ainda não se vê nem se vá talvez gozar. Esse novo tipo de ascese possui exigências próprias e renúncias, a fim de manter o coração puro e orientado pelo espírito das bem-aventuranças.

f) Coragem profética e paciência histórica

Muitos cristãos comprometidos têm a coragem, haurida da fé e da oração, de enfrentar os poderes deste mundo lutando em favor das causas do povo e de sua dignidade pisoteada. Nisso mostram a *parrhesia* (coragem) apostólica de se arriscarem a sofrer perseguições, prisões, demissões do emprego, torturas e até a eliminação física. Apesar dessa coragem evangélica, têm paciência histórica para o caminhar lento do povo, sensibilidade por seus ritmos, acostumados que estão a sofrer repressões. Têm confiança no povo, em seu valor, na sua capacidade de luta, apesar de suas limitações, equívocos e atraso intelectual. Crêem vivamente na força do Espírito que age nos humildes e sofredores e na vitória de sua causa e no direito de sua luta. Essa atitude nasce de uma visão contemplativa da história, da qual somente Deus é Senhor.

g) Atitude pascal

Toda libertação tem um preço a ser pago; existe uma morte e uma ressurreição que devem ser assumidas com jovialidade e serenidade evangélicas. Não se temem sacrifícios, ameaças e reais situações de martírio. Tudo isto se assume como parte do seguimento de Jesus. Existe forte sentido da cruz como passo necessário para a vitória. A ressurreição é vivida como o momento em que triunfa a justiça, em que o povo vence a luta e faz a vida mais digna de ser vivida. É a ressurreição de Jesus em marcha como imenso processo de libertação que ganha corpo na história. Isto é celebrado e vivido como força de presença do Espírito no seio da história.

Poderíamos enumerar outras características deste tipo de oração, que se faz cada vez mais realidade nas comunidades comprometidas na libertação dos mais necessitados. Sempre aparece a unidade de oração-ação, fé-libertação, paixão por Deus expressa na paixão pelo povo. Cada vez mais se criam novas possibilidades objetivas para a emergência de novo tipo de cristão, profundamente comprometido com a cidade terrestre e ao mesmo tempo com a cidade celeste, convicto de que esta depende da forma como nos tivermos engajado na criação daquela. O céu não é inimigo da terra; começa já na terra. Ambos vivem sob o arco-íris da graça e do gesto libertador de Deus em Jesus Cristo.

Isto não é mera teologia. É vida e mística de muitos cristãos.

O SOCIALISMO COMO DESAFIO TEOLÓGICO

Pode ser o socialismo objeto de uma reflexão teológica? Pode e deve. O objeto da teologia, já no-lo ensinaram os mestres medievais, é Deus em si mesmo e todas as realidades, porque todas elas estão ligadas a Deus e Deus está ligado a elas contanto que sejam vistas e lidas à luz de Deus. Antes, porém, de ver as realidades à luz de Deus, devemos vê-las nelas mesmas. Um erro sobre as coisas pode redundar num erro sobre Deus e sobre a leitura que fazemos a partir de Deus. Por isso, o próprio Santo Tomás, na "Suma contra os Gentios", adverte que para se fazer uma boa teologia se necessita conhecer previamente muitas outras coisas (1.1, c.4). Fazer uma reflexão teológica do socialismo implica conhecer primeiramente o socialismo e depois se perguntar em que medida ele se ordena a Deus, a seu plano como nos é dado a conhecer pela revelação e nos foi exarado claramente na vida, na prática, na morte e ressurreição de Jesus e na reflexão e vivência dos homens e dos fiéis na força do Espírito. Numa palavra, cabe responder a esta questão: como está presente e ausente o Reino de Deus dentro do socialismo? Responder a esta questão é refletir teologicamente sobre o socialismo.

1. Algumas reflexões teológicas sobre o socialismo

Tentarei articular algumas reflexões teológicas, incompletas e mancas, sobre o socialismo que captei numa viagem à União Soviética, junto com outros 4 teólogos e dois jornalistas, durante 15 dias, a convite da Igreja Ortodoxa Russa. Houve muitas viagens, longos diálogos e oportunidade de observação do socialismo assim como aparecia aos olhos atentos.

1.1. Que é socialismo

Dissemos acima que importa ver primeiramente o socialismo e depois lê-lo à luz de Deus. O socialismo é um conjunto de relações sociais de produção mediante as quais os meios de produção (terras, fábricas, ciência e técnica) são colocados sob o controle da sociedade (povo organizado) representada pelo Estado social; as relações sociais e políticas se organizam sobre o social (os interesses coletivos e não os individuais estão no centro); e a produção cultural procura traduzir e dar expressão aos valores de toda a coletividade em sua diversidade de concretização. Neste sentido o socialismo representa, face ao capitalismo, uma verddeira revolução. O capitalismo coloca o indivíduo no centro, seu desempenho, seus valores, sua propriedade privada, seu lucro privadamente acumulado, o predomínio do mais forte em termos econômicos, políticos, intelectuais, militares. O modo de produção capitalista deu origem a várias formações sócio-econômicas (países capitalistas centrais, periféricos, países capitalistas com elementos de modos de produção anteriores e diversos, feudais, tribais etc., como na América Latina), mas todas elas hegemonizadas pelo capitalismo. Assim também o socialismo deu origem a várias formações sócio-econômicas (socialismo soviético, chinês, jugoslavo, cubano, argelino etc.), mas todas elas como expressão do projeto socialista no qual o *social* organiza a sociedade. Na União Soviética percebe-se que um certo tipo de socialismo se consolidou. Não é apenas um ou outro elemento que é distinto do sistema capitalista. Trata-se de uma totalidade distinta. É outra forma de organizar a sociedade, de hierarquizar as prioridades e de situar o povo (as grandes maiorias que vivem do trabalho) dentro do processo global da sociedade. Em primeiro lugar, nota-se claramente que na União Soviética as questões coletivas ganharam um espaço de realização maior e mais completo: trabalho, lazer, alimentação, saúde, escola, moradia, transporte, serviços básicos são garantidos para todos. Em razão disso emerge uma sociedade mais igualitária, menos conflitiva, pois as dissimetrias sociais foram amplamente reduzidas. Numa palavra, fez-se a revolução da fome, revolução fundamental, sem a qual todas as demais revoluções são parciais e elitistas. Um cadáver não faz política nem louva a Deus. Garantir a vida e os meios básicos para a vida constitui uma busca milenar da humanidade, principalmente dos pobres e marginalizados. Dentro do socialismo se logrou concretizar historicamente este anelo e consolidá-lo face às ameaças internas e externas vindas do capitalismo. O socialismo se mostrou como um caminho também rápido e integrador para o desenvolvimento de todas as forças produtivas e uma forma humana de organizar política e culturalmente as populações.

Não devemos, entretanto, desconhecer o preço histórico que foi pago para tal implantação. Dentro de um quadro de guerra mundial (o final da Primeira e toda a Segunda Guerra Mundial), e dentro de um processo revolucionário contra o regime dos czares e de desmontagem do capitalismo russo (com fortes traços feudais), houve milhões de mortos. A centralização do poder pelo partido marxista-leninista criou condições histórico-sociais para o despotismo de Stalin. A tática de implantar primeiramente na União Soviética o socialismo (socialismo num só país) e depois implementá-lo no mundo todo levou a um controle de todos os partidos revolucionários comunistas no mundo inteiro. Gerou também uma imensa burocracia que incorporou vícios como a morosidade, a corrupção e a falta de interesse real pelo todo, denunciados e também punidos vigorosamente pelo atual secretário-geral do partido M. Gorbachev. Para as pessoas religiosas, acresce ainda as restrições com referência à liberdade de expressão pública das religiões, a suspeita permanente contra o fenômeno religioso e, numa certa época, as perseguições ferozes movidas contra as igrejas e os judeus. A liberdade de expressão constituiu e continua a constituir um problema não plenamente resolvido para o socialismo real, seja soviético ou outro qualquer. Falta por fazer ainda a revolução da liberdade política. Como iremos enfatizar mais adiante, importa questionar o fato de o Estado ser o único agenciador do processo socialista. Não poderiam as demais forças sociais se responsabilizar pelo projeto socialista, por seu desenvolvimento e sua consolidação? Por que, fundamentalmente, o Estado é populista, quer dizer, faz tudo *para* o povo, mas não chegou ainda a ser popular, quer dizer, fazer tudo *através* do povo e *com* o povo? Convém logo desfazer um eventual equívoco: o populismo socialista tem pouco a ver com o populismo capitalista. No capitalismo, os governos populistas fazem *para* o povo, mantendo sempre o povo numa posição subalterna, pois o governo sempre zela para que os interesses das classes dominantes (por causa do capital) sejam garantidos e satisfeitos. No socialismo o povo realmente ocupa o centro e, normalmente, as políticas estatais vão na direção dos interesses objetivos das maiorias.

O socialismo estabeleceu uma relação nova entre o trabalho e o lucro. O trabalho ocupa uma centralidade indiscutível. O lucro é subordinado ao imperativo social (socialização dos lucros). Isso tem como conseqüência que os níveis de exploração da força de trabalho sejam menores ou qualquer tipo de exploração, como da mulher, da erótica, da propaganda comercial, seja mantido sob controle social. Do ponto de vista público a sociedade socialista apresenta-se ética, respeitadora dos outros, da ecologia e de tudo o que é coletivo. Bastem-nos estas indicações mínimas, pois são mínimas mesmo, para lançar a questão teológica. Como fica o socialismo em face do Reino de Deus ou à luz de Deus?

1.2. *Que significa "à luz de Deus"?*

Convém esclarecermos a expressão "à luz de Deus". Parte-se das realidades que dizem respeito a Deus ou que são de Deus e através delas se procura interpretar a questão em tela, no caso, o socialismo. Pergunta-se sempre em que medida Deus está presente ou ausente no processo socialista? Aqui entram em questão algumas categorias teológicas como revelação, natureza de Deus como comunhão de três divinas Pessoas, o Logos, o Espírito, o Reino de Deus, a graça e o pecado. Como se trata de categorias da liberdade divina e humana todas elas são dialéticas, quer dizer, implicam sua realização bem como sua negação. Vejamos rapidamente cada uma delas, na brevidade própria deste ensaio.

a) REVELAÇÃO: O Vaticano II, por sua constituição dogmática *Dei Verbum* (c. I), recolheu a compreensão teológica dominante segundo a qual a revelação é fundamentalmente auto-revelação do próprio Deus. Deus se entrega a si mesmo às pessoas humanas, na sua história e nas suas estruturas de compreensão (ambas sempre interligadas intrinsecamente: "gestis verbisque intrinsece inter se connexis": *Dei Verbum* I, n. 2), de tal sorte que ninguém na história ficou sem a visita de Deus. O ser humano é, por isso, um permanente ouvinte da Palavra de Deus, que ininterruptamente se autocomunica com os homens e as mulheres como a seus amigos. Tal fato depende somente de Deus. Mesmo que as pessoas se fechem a Deus, Deus não deixa de se autocomunicar, dando vida, subsistência e sentido. A revelação, neste sentido, está sempre ocorrendo, embora em Jesus Cristo (assim crêem os cristãos) se chegou a uma culminância não mais ultrapassável da autocomunicação de Deus. Em Jesus, Deus está totalmente presente, sem resto, quer dizer, Deus se fez homem de verdade com a estrutura antropológica que todos carregamos. Este evento representa o amor supremo de Deus, sua vontade de associar a si a história humana e de se fazer companheiro em nossa aflição e alegria. Para alguém que tem fé, isto significa que Deus está se comunicando às pessoas, concretamente, dentro daquela formação sócio-econômica socialista, visita-as nas mediações históricas, ideológicas e políticas típicas da União Soviética. Dentro delas encontra as pessoas e se dá a si mesmo como graça e salvação. Todas estas mediações, por mais seculares e até irreligiosas que sejam, não deixam de ser, da parte de Deus, um sacramento possível, capaz de comunicar a presença divina.

b) DEUS-COMUNHÃO: Para os cristãos, a natureza íntima de Deus não é solidão mas comunhão. Deus é a comunhão de três Únicos, igualmente eternos, infinitos e bons, o Pai, o Filho e o Espírito Santo. Eles estão unidos entre si de tal forma absoluta e plena que são um só Deus-comunhão. Daí ser a Trindade das Pessoas num único amor e numa única comunhão (natureza divina) a expressão correta do Deus simplesmente. Ele é trino não porque os cristãos assim o crêem, mas os cristãos o crêem porque descobriram que Deus é assim mesmo, comunhão de Pessoas divinas. Ora, esse Deus, ao revelar-se, se revela assim como Ele mesmo é. Se Ele é comunhão e não solidão, então lá onde há comunhão entre as pessoas e lá onde se superam os individualismos, aí está ocorrendo uma manifestação histórica do Deus-comunhão na comunhão humana. Esta comunhão humana possui sua consistência própria; não deixa de ser humana. Mas ela está aberta a algo maior ou guarda dentro de si um apelo mais profundo; realiza uma utopia e concretiza uma busca do coração humano e da vontade coletiva dos povos. Para alguém que realizou a ruptura existencial da fé, significa que tais realidades humanas são sinais da presença da Divindade. A comunhão humana é sacramento (sinal e instrumento) da comunhão divina. Deus somente pode ser captado, em sua realidade íntima, através da experiência da comunhão. Por isso, se uma sociedade coloca o social no centro ao invés do individual, tem mais possibilidades objetivas de significar a essência íntima de Deus. É por esta razão que podemos dizer: no socialismo, enquanto projeto que vai além do socialismo real (que significa uma concretização histórica do projeto), Deus-comunhão encontra possibilidades mais adequadas de expressão de si mesmo; o socialismo é o que é, mas pelo fato de colocar o social em seu centro de organização do todo se capacita mais do que qualquer outro sistema que não se proponha o mesmo objetivo a revelar Deus-comunhão na história. No socialismo real, apesar das contradições que apontamos acima (o preço humano em sua implantação, a urgência da revolução da liberdade política etc.), encontramos bem ou mal o social hegemonizando o processo histórico-social. Ele cria formas de convivência mais sociais e mais solidárias. O atendimento das necessidades sociais coletivas é melhor realizado que no capitalismo, mesmo naquele mais avançado como nos EUA ou nos países europeus que, como é conhecido, encerra uma dolorosa contradição, vale dizer, uma franja significativa de marginalizados e mesmo pobres, sem ainda acrescentar outras contradições como a integração menor da mulher, dos negros e indígenas, dos velhos e excepcionais.

c) *O VERBO ETERNO ENCARNADO E RESSUSCITADO*: Outra categoria cristã é aquela do Verbo eterno que "ilumina todo ser humano que vem a este mundo" (Jo 1,9). O Verbo é o Filho, segunda Pessoa da Trindade, que significa a revelação universal de Deus. Pouco importa o signo ideológico da pessoa; ela não deixa de ser iluminada pelo Verbo. Em outras palavras, toda verdade humana em qualquer campo do saber, mesmo aquela captada pelo irreligioso e ateu Marx, se refere à Verdade suprema que é o Verbo. Os marxistas-leninistas estão também sob a vigência do Verbo. Por isso, um cristão se recusa admitir que Marx, Lênin, Gorbachev e outros teóricos socialistas só pensaram ou pensam a mentira. Seria ofender aquela Luz que ilumina toda a inteligência, o Filho. Esse Verbo se encarnou e deu uma destinação definitiva (escatológica) à natureza humana. Ela está para sempre dentro do próprio mistério de comunhão de Deus. Mesmo que, um dia, esta humanidade seja destruída por uma hecatombe nuclear, ela na natureza humana de Jesus, Deus encarnado, está garantida e para sempre eternizada em Deus. Como encarnado, o Verbo atingiu a humanidade do Jesus histórico e através dela, mediante aquela unidade misteriosa que existe entre todos os seres humanos, tocou também a nossa própria humanidade. Como ressuscitado, entretanto, ele está presente em todos, pois a ressurreição o libertou dos laços do espaço e do tempo e lhe permitiu uma comunhão direta com todos os seres. É a dimensão cósmica do Verbo encarnado e ressuscitado. Em outras palavras, o Logos encarnado e ressuscitado está presente e ausente na União Soviética, não apenas nos cristãos de lá, mas em todas as pessoas. Reforça nelas a busca da verdade, o encontro de toda luz que ilumina os absurdos existenciais e confere sentido à caminhada pessoal e coletiva, ou está ausente no fechamento à verdade pelo dogmatismo, pela violação da verdade do ser humano ou pelo desconhecimento do próprio Deus.

d) *O ESPÍRITO SANTO, MOTOR DA HISTÓRIA*: O Espírito Santo, terceira Pessoa da Trindade, significa a ação de Deus na história. Ele atua especialmente nos momentos de crise, quando se dão as mudanças qualitativas ou se tomam decisões que fazem caminho. Ele está por detrás de toda a criatividade e de toda a irrupção do novo. É nos processos revolucionários e libertários, levados avante pelos oprimidos, que o Espírito mostra sua especial presença. A revolução socialista de outubro de 1917 marcou um novo na história da humanidade. Ela não é alheia ao Espírito, dentro de todas as contradições que comporta. O Espírito é também aquele que, depois de entrar no surgimento do novo, ajuda a consolidá-lo para que não seja suplantado pelas forças do velho e da morte. Ele é o vivificador, aquele que incentiva todos os mecanismos produtores de vida e de comunhão. Este Espírito, que está no mundo todo, está também soprando na União Soviética. Poderá ser negado, bem como o Verbo da verdade, por toda sorte de centralização, de dogmatismo ou de preguiça burocrática, mas, a despeito destas contradições, Ele não deixa de animar a sociabilidade e os meios que produzem e reproduzem vida.

e) *O REINO DE DEUS*: É uma das categorias fundamentais da interpretação cristã da história. O Reino representa o projeto histórico de Deus em sua criação cósmica e humana. Nada está fora do âmbito do Reino. Nele distinguimos duas dimensões: a utópica e a histórica. Reino expressa a utopia derradeira de uma criação e de uma convivência humana totalmente reconciliadas e plenamente realizadas. Esta utopia não é oposta à realidade, mas pertence à realidade. A realidade não é apenas um dado e um feito, mas significa também uma possibilidade e uma exigência de mais ser. O utópico está presente no histórico. Por isso, a utopia é sempre utopia da história, utopia que a história projeta do fundo de suas inesgotáveis possibilidades. O Reino nasce deste transfundo da esperança histórica e, ao mesmo tempo, representa o dom de Deus que excede toda a expectativa histórica. A história não sabe toda a dimensão de promessa e de esperança de que é habitada. A fé ajuda a desvelar esta profundidade. A outra dimensão do Reino é a história. A utopia se antecipa e se concretiza no processo sempre aberto para um mais e para um melhor. Mas importa enfatizar o já agora e o aqui. Sem esta concretização, a utopia seria ideologia alienante; sem a utopia, a concretização seria opaca e frustrante. Escatologia e história vêm sempre juntas. O Reino é escatológico e, porque é isso, também é histórico, se dá dentro de articulações políticas, econômicas e ideológicas, sempre limitadas mas também abertas a aperfeiçoamentos e a serem totalmente superadas pelo novo que antecipará, sob forma distinta, o definitivamente Novo escatológico.

O Reino deve ser pensado sempre dialeticamente. Ele se constrói na contradição. Sua contradição não reside em seu interior (no coração) ou exterior (na sociedade), pois que ele se realiza em ambas as dimensões, mas reside em seu antagonismo frontal, o anti-Reino. Entre ambos há luta. O Reino, como se vê na prática de Jesus, se constrói contra o anti-Reino. E os bens do Reino são as atitudes e as estruturas que produzem mais justiça, mais vida, mais possibilidades de liberdade para as pessoas humanas e para as formas de seu convívio. Na União Soviética há Reino e anti-Reino. No nível da infra-estrutura produziram vida para os marginalizados como jamais antes na história russa. Aí estão bens do Reino realizados por pessoas que até se definem contra Deus, mas não contra a vida. Mesmo sem o saberem e até explicitamente se opondo, as pessoas não deixam de ser operadores do Reino ou do anti-Reino. O Reino de Deus é mais que o bem-estar social, mais que qualquer avanço no domínio da natureza que venha em benefício da sociedade. O Reino não se identifica *com* nada deste mundo, nem com a Igreja. Mas ele se identifica *nos* processos que vão ao encontro da liberdade e da promoção da vida, particularmente dos mais carentes dela. *Aí* ele ganha identidade sem também exaurir-se *aí*. Mesmo concretizado, o Reino jamais perde sua dimensão utópica. Esta dimensão permite que questionemos cada concretização, obriga também que ela se mantenha aberta a reformulações e até superações. Isso vale particularmente para o socialismo real soviético. Se nele descobrimos bens do Reino de Deus, detectamos também elementos de anti-Reino na medida em que, durante muitos anos, se enrijeceu num estatismo voraz, na medida em que o partido se fixou dogmaticamente em postulados leninistas nem sempre válidos para todas as circunstâncias e reprimiu com mão de ferro o pensamento divergente, de onde poderia surgir o novo.

Tais fenômenos negativos apontam para a presença do anti-Reino ao lado dos inestimáveis bens do Reino que os soviéticos souberam pelo socialismo construir.

f) GRAÇA E PECADO: Graça significa a própria presença de Deus na história, assim como o expusemos acima. Todos se encontram sob o arco-íris da graça divina. As pessoas podem também negar-se à presença de Deus. É o pecado. Graça e pecado se dão nas mediações pessoais, políticas e sociais. Por isso as práticas humanas (ligadas às mediações) possuem sempre um caráter ético, são portadoras de bem ou de mal, graça ou pecado, ou de ambos simultaneamente. Na verdade, a existência humana guarda uma ambigüidade fundamental. Nunca é apenas veiculadora de graça, mas também de pecado. Por isso importa ver onde está a predominância, quem detém a hegemonia, se a graça, se o pecado. Neste sentido cabe analisar mais as atitudes que os atos, os projetos fundamentais das pessoas e da sociedade que as práticas tomadas sigularmente. O projeto socialista é fundamentalmente ordenado para algo que está no projeto de Deus: a comunhão, a solidariedade, a superação da centração no eu, no capital e no ter. Pode, entretanto, veicular este projeto dentro de mediações que comportem desvios, obstáculos poderosos para a concretização deste projeto, sem contudo destruir-lhe a direção. Na forma como percebemos a organização social na União Soviética (quando comparada com aquela do nosso capitalismo latino-americano, dependente e excludente), evitando a erotização e mercantilização de tudo, resguardando a sanidade básica das relações humanas e sociais, se dá a possibilidade objetiva de viver com mais facilidade o espírito evangélico e de se observar os 10 mandamentos. Em outras palavras, a graça encontra pré-condições naturais (a graça supõe a natureza) mais favoráveis para poder fazer seu caminho na história. O pecado pode sempre ser feito, mas a sociedade pode organizar-se de tal maneira que se lhe criem bons obstáculos.

Estas são algumas categorias com as quais um cristão faz a sua leitura da realidade sócio-histórica. Como asseveramos mais acima, todas elas são dialéticas, pois comportam seu contraponto negativo. Deus é afirmado não apenas quando reconhecemos na consciência e aceitamos no coração sua realidade de comunhão, mas também quando, mesmo sem o saber, atuamos na linha de seu projeto histórico e dos bens que o constituem. Assim Deus tem servidores em todos os quadrantes e seu Reino é levado avante por todos aqueles que, consciente ou inconscientemente, se lançam na criação de relações que tenham como conseqüência mais vida, que se jogam por uma causa que vai ao encontro do bem do povo e atende suas necessidades fundamentais e outras também humanas. Todas estas ações são humanas e possuem um conteúdo social e político. Mas também, para quem tem fé, são portadoras do eterno, de algo que está ordenado ao Reino de Deus ou ao anti-Reino. A União Soviética nos faz pensar muito. Logrou, ao cabo de 70 anos, consolidar uma forma de convivência que representa um desafio para a história, para as igrejas e também para o pensamento teológico. Como identificar lá Deus e sua ausência? Como evangelizar num contexto de socialismo? Que lugar está reservado para as igrejas e as religiões? Estas questões nos levam a refletir sobre mais um ponto: a questão da religião dentro do socialismo.

2. O grande desafio: Reconciliar o socialismo com a religião e a religião com o socialismo

As conquistas sociais do socialismo, particularmente grandes quando analisadas a partir da ótica dos marginalizados do Terceiro Mundo latino-americano (pois este é o nosso ponto de vista), nos colocam a nós teólogos uma grave interrogação: tudo isto foi conseguido sem uma explícita referência religiosa, pelo contrário, lutando contra a religião, particularmente o Cristianismo. Como é possível que o socialismo real contenha significativos bens do Reino sem passar por nenhuma mediação religiosa? Pode o Reino estar objetivamente lá onde é subjetivamente negado? As reflexões que fizemos acima talvez nos ajudem a entender por que isso é possível. O reino é de Deus, representa a causa de Deus na história. Deus atua sem pedir licença a ninguém. Pode fazer de um ateu um servidor seu. É como na parábola do juízo final (Mt 25,31-46). As pessoas se solidarizam com os nus e famintos sem dar-se conta de que estão acolhendo o próprio Deus. E ficam pasmadas quando, sem o saber, descobrem que serviram ao Juiz do universo (25,40). Assim é também com tantos ateus e outros que se opõem à religião (importa saber a que tipo de religião se opõem e de que Deus se declaram ateus), mas que assumem uma causa humanitária e digna. A busca da justiça, da relação humana para com os outros, da verdade que implica até sacrifícios de ordem pessoal são realidades sob as quais se oculta o próprio Deus. Neste contexto seria interessante analisarmos a posição de Marx.

2.1. Marx foi ateísta ou irreligioso?

Sabemos que a militância ateísta marcou as primeiras gerações da Revolução de Outubro. O partido marxista-leninista se define pelo materialismo e também pelo ateísmo. O Estado soviético é laico e, por isso, fundamentalmente, em termos da Constituição de 1977, artigo 52, respeita a liberdade de consciência e de religião. Condena a discriminação pelo fato de religião. Há liberdade religiosa, existem as igrejas, elas se reproduzem, embora sua liberdade seja limitada ao espaço físico dos templos e o ensino reduzido à família. Mas há, mesmo assim, uma situação de privilégio para o ateísmo. Ele é ensinado na rede escolar, ao passo que as religiões não podem veicular sua mensagem nas escolas. Marx na verdade nunca foi um ateísta, quer dizer, nunca fez do ateísmo uma bandeira e um elemento imprescindível de seu sistema. Nos escritos de 1844 considera a crítica à religião como "premissa a toda crítica" social e política. Seu tema é a alienação, a falsa percepção da realidade concreta. Marx vê na religião a expressão maior da alienação, porque a religião fala do *outro* mundo e do céu como a situação reconciliada, da pura felicidade, sem conflitos e contradições. Ora, Marx percebe que importa descobrir *este* mundo, conflitivo, miserável e não celestial. Enquanto a religião ocupa a mente do proletário com o discurso do *outro* mundo, o impede de descobrir *este* mundo e de lutar para transformá-lo e, aí sim, poder falar-se eventualmente num céu. A religião apresenta uma teoria fantástica do mundo; importa construir a teoria real do mundo real. Daí o combate de Marx à religião. É um combate político à função que a religião desempenhava em seu tempo na sociedade. Marx vai mais longe, pois procura compreender a função concreta da religião: ela é, em primeiro lugar, *expressão* da miséria ("o suspiro da criatura em agonia"). O proletário, extremamente explorado, foge para o fantástico, como forma de suportar a miséria e resistir à espoliação da plusvalia de seu trabalho. A religião o ajuda como o ópio ajuda ("a religião é o ópio do povo"), pois amortece a dureza da miséria real. Em segundo lugar, a religião é também um *protesto* contra a miséria ("é um estado de ânimo de um mundo sem coração, é o espírito de um mundo sem espírito"). A religião pretende superar, embora de forma fantástica, pensa Marx, a miséria real da exploração. Para Marx a crítica da religião ajuda a desenvolver no proletário a consciência crítica e fazê-lo descobrir a realidade conflitiva sem ilusão e sem inversão espiritualista, apresentadas pela religião. Em lugar da interpretação religiosa da miséria deve vir a interpretação crítica e científica. Este é o propósito de Marx. Não se opõe, sem mais, à religião; opõe-se ao efeito social alienador que ela pode propagar. A crítica religiosa se transforma numa crítica política. Curiosamente, em 1875, Marx critica o programa de Gotha do Partido Operário Alemão e, em face à perseguição que Bismarck desencadeara contra o Partido Católico Alemão (Kulturkampf), toma a defesa da liberdade religiosa. Reforça a exigência do Partido Operário Alemão, pois "todo mundo tem direito de satisfazer suas necessidades religiosas, assim como suas necessidades físicas, sem que a polícia ponha o nariz nisso". Mas Marx vai mais longe e nisso se revela sua irreligiosidade. Cobra do Partido uma outra exigência, de "liberar a consciência de todo o fantasma religioso", para chegar a uma pura consciência crítica sobre os mecanismos produtores de miséria. Diz que se deve salvaguardar a liberdade de consciência de cada um, mas, ao mesmo tempo, lutar para que a religião não distorça a compreensão da miséria e não projete para o outro mundo a solução de problemas cuja solução deve ser encontrada aqui mediante a consciência crítica, a organização do proletariado e a luta revolucionária. Neste ponto de vista Marx é antes um irreligioso, em nome do materialismo histórico (as condições reais da vida, das lutas, das idéias), do que um ateísta, alguém que pratica a militância do ateísmo como crítica negativa de Deus.

De todas as formas, o partido marxista-leninista se apresenta como materialista e ateu. Impregnou a sociedade soviética de outros fantasmas a respeito da religião e do surgimento do Cristianismo. Hoje, entretanto, percebe-se em grupos importantes da intelectualidade socialista uma renovada discussão sobre a religião. Dão-se conta de que a interpretação marxiana é redutora. Em tese, consoante Marx, desaparecendo a miséria, causa da religião, deveria desaparecer também a religião. Ora, o socialismo erradicou a miséria. Nem por isso desapareceu a religião. Pelo contrário, ela subsiste, se reproduz e se expande. Deve possuir outra origem, antropológica, na capacidade questionadora do espírito que coloca questões últimas para a pessoa e para a história, na experiência oceânica do ser humano, sempre insaciável e capaz de utopias, irrealizáveis dentro dos condicionamentos históricos, como, por exemplo, a ressurreição dos mortos, como reconciliação com todos os que caíram na luta pela justiça social em todas as lutas da história. O ser humano não se satisfaz com um minuto de silêncio diante da tumba do proletário anônimo caído na repressão dos patrões. Não é sem razão que um marxista sério como Ernst Bloch, em seu livro "O espírito da utopia", postule a metempsicose (transmigração das almas) como forma de fazer justiça aos injustamente matados pela causa da libertação humana. "Non omnis moriar, non confundar in aeternum", "não morrerei totalmente, não serei para sempre confundido", mas retornaremos, dizia ele, para gozar dos anelos cumpridos, e para participar das esperanças realizadas, da mesa comum e farta, do reino da liberdade enfim conquistado. São exatamente as religiões que se especilizaram na tematização destes questionamentos. Por isso, onde há religião, há sempre esperança, há sempre promessa de porto e salvamento (E. Bloch). Elas não precisam significar uma distorção alienadora da realidade. Elas podem se tornar revolucionárias. As Igrejas do Terceiro Mundo estão mostrando o potencial libertador do Cristianismo. Em suas origens, o Cristianismo foi religião de escravos e de condenados da terra, não para legitimá-los nesta situação, mas para garantir-lhes a boanova da libertação e da vida.

Marx combateu o socialismo utópico religioso em nome do socialismo científico. Hoje nos damos conta de que um tipo de socialismo não é inimigo do outro. Naquela conjuntura histórica se impunha a Marx, dada a força da dominação burguesa, elaborar uma teoria séria do caminho de superação da dominação rumo ao socialismo. Por isso era importante acentuar o caráter "científico", quer dizer, racional, crítico e analítico do socialismo como oposição ao capitalismo. Hoje, que se implantou e solidificou o socialismo em vastas porções da humanidade, importa recuperar a vigência do socialismo utópico. Ele não se opõe, mas se compõe com o socialismo "científico". Ele é urgente para o próprio socialismo real que perdeu muito de sua utopia inicial. A utopia, já asseverávamos antes, não se opõe à realidade, pertence às possibilidades abertas da própria realidade. O socialismo real passa pela mesma crise pela qual passam todos os grupos revolucionários. De classe revolucionária, o proletariado se transforma em classe dominante. Haverá sempre aqueles que não são do Partido, que não são facilmente assimilados ao processo de socialização. A utopia é guardada pelos oprimidos e marginalizados. São eles que sonham e são os portadores da consciência subversiva e perigosa.

Hoje esta utopia vem elaborada dentro da Teologia da Libertação. O fascínio que a Teologia da Libertação exerce lhe vem, em grande parte, pelo seu lado utópico, mais comunista do que socialista, por um ideal ainda mais radical que aquele do socialismo real, como o formulou certa vez Fidel Castro.

2.2. A função evangelizadora da Teologia da Libertação e da Igreja Popular

Observando o interesse que intelectuais soviéticos tinham pela Teologia da Libertação, pode-se presumir que ela venha desempenhar um papel importante na ultrapassagem das posições dogmáticas do partido marxista-leninista com referência à religião. Um dos cientistas da Academia Soviética de Ciências o reconheceu claramente: os teólogos da libertação são interlocutores privilegiados para o estudo do fenômeno da religião. Em primeiro lugar, porque são pessoas que assumem sua função religiosa e são religiosos. Em segundo lugar, porque representam uma religião revolucionária, que assume e articula os interesses dos oprimidos. Em terceiro lugar, não rechaçam a priori o marxismo, pelo contrário, assumiram significativas categorias dele e fizeram uma síntese própria entre fé e marxismo no interesse da transformação da sociedade, aliada ao interesse específico da própria religião. Foi com longos e penetrantes diálogos com Frei Betto e outros teólogos da libertação que Fidel Castro, no contexto de razões pessoais, modificou profundamente sua visão do Cristianismo e da possível relação com o socialismo.

O diálogo será grandemente facilitado se as próprias igrejas (ou religiões) se abrirem ao desafio do socialismo. Era penoso ouvir em vários diálogos com teólogos ortodoxos e também católicos na Letônia e Lituânia que nas academias teológicas e faculdades religosas não se estudava marxismo. Este estudo se impõe por motivos de evangelização e por razões de conhecimento da própria realidade nacional. Como se poderá dialogar em termos de evangelização se não conhecemos o universo do outro? O Cristianismo antigo partia sempre do pressuposto de que há por todas as partes valores, na cultura helênica, romana e bárbara, que são expressão do Logos e vêm de Deus. No socialismo real há inegavelmente valores a serem ajuizados positivamente por um cristão. É a base comum para um diálogo franco. Deve-se também superar um obstáculo comum entre cristãos e até presente nas posições oficiais das Igrejas, o de rejeitar totalmente o socialismo por causa de seu lado irreligioso e concretamente ateu. Ora, seria julgar o socialismo apenas por um de seus elementos. Há toda a dimensão social, de organização da infra-estrutura, dos avanços reconhecidos em vários campos da integração humana e da relação homem/mulher-natureza, que devem ser considerados numa perspectiva mais globalizante. Pelo fato de ser irreligioso, não significa *ipso facto* (as reflexões que fizemos no primeiro ponto nos ajudarão a compreender isso) que o socialismo seja injusto e iníquo. Não é o *dizer* Deus que garante a presença de Deus, mas o *agir* conforme o plano de Deus, que encerra a justiça, a solidariedade e a promoção e defesa da vida, realidades presentes no projeto e na prática do socialismo.

2.3. Que modelo de Igreja é adequado à sociedade socialista?

Assim como o socialismo necessita se reconciliar com a religião, assim também devem as religiões (particularmente as igrejas) se reconciliar com o socialismo. Devem, primeiramente, admitir o fato até certo ponto irreversível da existência e consolidação do socialismo como formação econômico-social. Em seguida, ver em que medida encontram aí dentro o seu lugar, sob que forma convivem e incorporam a cultura socialista, sempre dentro de uma crítica que deve presidir a todos estes processos; e, por fim, em que medida as religiões, especificamente o Cristianismo, colaboram para a construção do socialismo. Em outras palavras, como o socialismo encontra sua expressão política, econômica, cultural, folclórica, estética, deve poder econtrar também sua expressão religiosa. Somente assim se dá um bloco histórico homogêneo e os socialistas que crêem podem, no código de sua cultura e modo de ser, expressar-se religiosamente.

O socialismo apresenta também um desafio à estrutura social da Igreja. Que tipo histórico-social de Igreja é adequado à sociedade socialista? Na Igreja há estruturas que vêm do Novo Testamento e estão ligadas à prática de Jesus e dos Apóstolos (a estrutura doutrinal, sacramental, ministerial e serviçal etc.). Entretanto estas estruturas assumem formas históricas, próprias de cada fase social. Assim um bispo do tempo de Santo Ireneu no século III não é o mesmo que no tempo de Carlos Magno, que no tempo de São Francisco, que antes do Vaticano II e nos dias de hoje no interior do Brasil, como em São Félix do Araguaia, no Mato Grosso. Temos a ver sempre com a figura do bispo mas com traços distintos, próprios da cultura ambiente. Nos primeiros séculos do Cristianismo, o povo ajudava na escolha do bispo; depois perdeu totalmente esta prerrogativa. No primeiro milênio predominou uma Igreja-comunhão como uma vasta rede de comunidades interligadas entre si; depois assumiu a predominância uma Igreja-sociedade, hierarquizada e dividida fortemente entre clérigos e leigos, na qual os bispos, mais que pastores no meio do povo, apareciam como autoridades eclesiásticas colocadas acima do povo. Uma Igreja-sociedade se ajusta melhor que uma Igreja-comunhão à sociedade capitalista, que também opera uma forte divisão entre os que detêm o capital e os demais que vivem com a venda de sua força de trabalho.

O socialismo cobra da organização da Igreja uma forma mais participativa, com melhor divisão eclesiástica do trabalho religioso, na qual o poder sagrado é também socializado entre todos os membros da comunidade; isso não significa que não haverá bispos e presbíteros, mas que assumirão uma função diferente e incorporarão um estilo de coordenação e animação distinto do que aquele exercido nos quadros de uma Igreja-sociedade.

Uma Igreja de base, constituída fundamentalmente por Comunidades Eclesiais de Base, com círculos bíblicos e uma pastoral popular que propicie ao povo cristão participar, comentar a Palavra de Deus, criar valores religiosos e construir junto com os pastores a Igreja como comunidade, seria o modelo funcional ao sistema socialista. Haveria certo isomorfismo entre a forma de organização social e a forma de organização eclesial. Uma não seria reduzida à outra, mas haveria certo harmonização estrutural. De mais a mais, este tipo de estruturação eclesial permitiria uma melhor evangelização do socialismo e uma vivência dos ideais cristãos dentro da sociedade socialista. Mesmo assim haverá sempre espaço para a profecia válida para dentro da Igreja e também para a sociedade. Quer dizer, haverá sempre dimensões sociais e eclesiais que representam um obstáculo ao espírito evangélico e que, por isso, estão sujeitas à conversão e à transformação. Por causa da utopia evangélica, uma Igreja jamais será totalmente contemporânea e sincrônica com seu tempo. Ela apresenta exigências que ultrapassam as formas já realizadas (dentro da Igreja e na sociedade) e que demandam sempre novas concretizações.

A partir desta reflexão podemos ver o caráter profético da Igreja dos Pobres na América Latina. Aqui se está preparando já agora uma forma de ser-Igreja adequada à sociedade futura que, estamos seguros, um dia virá; uma sociedade mais social, menos discricionária e baseada numa democracia de cunho popular, na qual o povo organizado será o grande sujeito histórico da construção social. Aí os cristãos não serão os últimos a chegar, buscando um lugar numa sociedade que não ajudaram a construir; ao contrário, desde os seus primórdios, estiveram presentes; fizeram de sua fé uma promessa, sim, de vida eterna, mas também fator de inspiração para uma vida humana e digna já aqui neste mundo. Por isso, esta nova sociedade conterá, desde a sua raiz, elementos cristãos que vieram daqueles fiéis (desde cardeais até simples fiéis) que estavam em todas as trincheiras e em todas as frentes, lutanto ombro a ombro com outros na construção de uma sociedade mais conforme à utopia de Jesus e ao plano do Pai, mais igualitária, participativa, respeitsdora das diversidades e aberta à comunhão com o outro e ao grande Outro, Pai de todos e padrinho dos pobres.

A visita à União Soviética nos ajudou a pensar os caminhos do Reino de Deus na história, numa sociedade muito diferente da nossa. Os judeus no exílio babilônico descobriram que fora do judaísmo havia pessoas tementes a Deus, justas e solidárias. A partir desta experiência, o Dêutero-Isaías elaborou sua compreensão grandiosa de Javé como único Deus e por isso Deus universal, de todos os seres e de todos os homens. Todos são chamados a ser povos de Deus, também o povo soviético. Oxalá ocorra a verdadeira libertação que é a reconciliação do socialismo com a dimensão religiosa do ser humano, e das Igrejas com o socialismo como uma forma possível de convivência e de realização da vocação social do ser humano. Então se poderá evocar o nome de Deus e ver nas conquistas humanas a presença do dom de sua graça. Sem precisar alienar a consciência, a religião lhe dará sua última determinação de profundidade, lá onde faz sentido falar de Deus-comunhão e de seu Reino na história.

A MENSAGEM LIBERTADORA DA BÍBLIA PARA AS OPRESSÕES DE NOSSO TEMPO

Podemos dizer e colher muitíssimas coisas da Bíblia. A exegese e a teologia se fazem cada vez mais sofisticadas, a ponto de os próprios especialistas não encontrarem tempo para acompanhar as principais publicações que vêm a lume no mundo inteiro. Apesar de toda esta riqueza, devemos dizer em poucas palavras em que consiste o principal das Sagradas Escrituras.

1. A partir donde lemos a Sagrada Escritura?

Certamente este principal não é igual para todas as gerações. Pelo menos não é acentuado na mesma medida. Cada época tem seus problemas e lê e relê à sua maneira os velhos textos fundadores de nossa fé, isto é, o Antigo e Novo Testamento. Qual é a mensagem principal da Bíblia para nós hoje? Antes de responder a esta pergunta, precisamos esclarecer quem somos nós hoje. É importante deixar claro o lugar a partir donde nós olhamos os textos sagrados. Isso porque, atualmente, há não poucos cristãos que usam de textos bíblicos para legitimar opções que dividem e quebram a fraternidade entre os homens. Não são raros hoje aqueles que em nome de Deus perseguem, reprimem, torturam e matam. E também não é pequeno o número dos que por causa de Deus são perseguidos, silenciados e mortos. E aqui se levanta a angustiante pergunta: de que Deus se trata? Os que matam em nome de Deus possuem a sua leitura da Bíblia e também têm a sua aqueles que em nome de Deus denunciam as injustiças e são mortos. Quem tem razão? É possível qualquer leitura da Bíblia? Ou há algumas leituras que serão sempre desautorizadas pelas próprias Sagradas Escrituras porque vão contra a sua intenção principal e fundamental? Qual é a perspectiva correta de se ler e interpretar os textos inspirados? As reflexões que faremos logo a seguir tentarão responder a esta questão.

Mas antes de tudo queremos deixar clara a nossa situação a partir da qual lemos os textos sagrados. Sempre lemos com os olhos que temos. Que olhos temos nós? Sobre que tipo de textos nossos olhos repousam? Que frases nos chamam mais a atenção? Que mensagens sublinhamos com tinta vermelha? Damos mais importância a algumas perspectivas bíblicas porque elas respondem a problemas que nos afetam a nós hoje. Quais são nossas principais interrogações?

Não se trata aqui de elencar as interrogações de ordem pessoal. Cada um carrega o fardo de sua vida. Cada pessoa humana coloca perguntas existenciais que são só dela. É legítimo que a partir daí procure ouvir a Palavra de Deus, que interrogue e se sinta interrogado. Aqui queremos identificar algumas preocupações básicas que o são para toda a comunidade de fé. Quais são os grandes problemas que a Igreja enfrenta atualmente no Brasil, na América Latina e no mundo? Tendo em mente estas preocupações, tentaremos discernir o principal para nós hoje da mensagem das Sagradas Escrituras.

A Igreja Universal conscientizou o fato angustiante das disparidades que existem entre as várias partes do mundo: uns poucos países como ricos epulões, cercados de muitas nações como pobres lázaros, se debatendo na fome, na miséria e na marginalidade. O mundo em que vivemos não é de paz e de concórdia, mas de enfrentamentos, quebrando os laços da justiça em nível internacional. As conseqüências desta situação são desastrosas: alta taxa de iniqüidade social, guerras, terrorismo, ameaça mundial de um conflito atômico no qual não haverá vencedores, mas só vencidos. Paz, justiça, concórdia, fraternidade são os grandes anelos de todos. Que nos dizem as Escrituras cristãs sobre tudo isso?

Na América Latina a conjuntura não é menos calamitosa. Num continente de tradição cristã e católica se verificam gritantes contradições: o povo reduzido a massa, sem poder participar na decisão dos destinos de suas nações, grandes maiorias pobres ansiando por libertação, doenças endêmicas atribulando as famílias, analfabetismo, baixos ingressos e ausência de meios de participação. Estes são os índices reveladores da presença de pecado na sociedade. Como a fé bíblica ajuda o homem a recuperar sua dignidade perdida e roubada? Qual a imagem de Deus que nos apresentam as Sagradas Escrituras? É um Deus da resignação ou da libertação? É um Deus insensível aos gritos do Jó sofredor de hoje ou trata-se de um Deus que toma partido e tem o coração sensível à dor de seus filhos?

Tais interrogações que nascem das feridas de nossa existência social e política orientam nosso olhar na leitura dos textos sagrados. Discernimos alguns pontos importantes, entre outros tantos, que mais falam para a nossa situação. As Escrituras nos falam da fé verdadeira como prática de amor; de Deus que é comunhão e libertação; do homem reduzido à condição de não-homem pelo pecado, mas chamado a ser livre senhor do mundo, irmão de todos e filho de Deus; de Jesus Cristo, Filho eterno de Deus que se encarnou em nossa situação de não-homens para fazer-nos homens livres e divinos; do Espírito Santo que continua através dos séculos a obra começada por Jesus Cristo; da Igreja que é comunidade que se propõe viver o projeto de Jesus na força do Seu Espírito; e por fim do mundo que não está destinado à destruição mas à glorificação. Abordemos cada um destes pontos rapidamente.

2. A fé verdadeira é a que leva à prática libertadora

A fé primeiramente é um modo de existir e uma atitude fundamental. Viver na dimensão da fé, para a Bíblia significa viver à luz da realidade totalizante de Deus. É considerar o mundo, a história, a vida humana a partir de Deus. A fé implica, portanto, um encontro com Deus como supremo Sentido, como aquela realidade que conta absolutamente, que tudo acompanha e à qual nada escapa. Assim, crer, inicialmente, quer dizer: confiar-se e entregar-se a Deus, como a suprema Realização de nossa vida. O oposto à fé, neste sentido, não é a negação pura e simples de Deus, mas o medo. Aquele que crê em Deus nada teme, porque se sabe nas mãos d'Aquele que tem a ciência de todos os caminhos e detém em suas mãos o sentido de todas as buscas. Esta atitude de entrega irrestrita a Deus abarca todas as dimensões da vida humana. Ela cria uma maneria de conduzir-se no mundo e funda uma interpretação típica da realidade. Para o homem de fé tudo é portador do desígnio de Deus; tudo é sacramento de sua presença; tudo está ligado e religado a Deus; por isso é relativo num duplo sentido: relativo porque está relacionado a Deus, relativo porque é derivado, não é o absoluto. O absoluto só pode ser Deus.

A fé, além de uma atitude fundamental de entrega a Deus, implica a aceitação do desígnio de Deus. Deus tem um projeto sobre o homem e o mundo. Acolhê-lo e dispor-se a realizá-lo é a tarefa da fé. Por isso não basta ter uma fé qualquer; não basta jogar-se nos braços de Deus. Cumpre ter a fé verdadeira. Qual é a fé verdadeira que atinge verdadeiramente Deus e não um ídolo qualquer ou uma projeção de nosso inconsciente em busca de segurança? Verdadeira é a fé que se mostra como prática realizadora de amor efetivo. Verdadeira é a fé que passa de uma atitude de entrega irrestrita a Deus, abarca todas as dimensões aos irmãos como serviço, como solidariedade nas necessidades, como construção de relações fraternas e justas entre os homens. Verdadeira é a fé que liberta do egoísmo e das falsas seguranças, que liberta para a descoberta do outro e de suas necessidades. Só esta fé é fé no Deus bíblico e no Deus de Nosso Senhor Jesus Cristo. Só esta fé constrói e está a serviço do projeto de Deus que é a gestação de um mundo reconciliado e justo, a instauração de seu Reino neste mundo e fazê-lo culminá-lo no céu. E o Reino começa a se formar lá onde floresce amor, se instaura a justiça, se estabelece a fraternidade, se inaugura a comunhão e se fortalece a liberdade. Deus só é encontrado quando se vivem estes valores. Quem professa Deus e está longe da justiça, quem crê em Deus e não cria fraternidade, não professa nem crê no Deus verdadeiro, mas num ídolo. Qual é e como é o Deus verdadeiro testemunhado da primeira à última página da Escritura?

3. Deus que é comunhão e libertação

Para a experiência bíblica, Deus é fundamentalmente o Santo. Santo quer dizer o Totalmente Outro, Aquele que habita numa luz inacessível e está para além de tudo o que podemos pensar e imaginar. Com este Deus não se brinca. Diante d'Ele o homem deve, como Moisés, tirar os sapatos, isto é, portar-se com sumo respeito, pois estamos diante do Absoluto. Várias são as passagens bíblicas nas quais se diz: ninguém pode se aproximar de Deus sem morrer! A Deus ninguém jamais viu. Ele é o Sublime, o Sacrossanto, o Misterioso, o Fundamento último de todo existir e viver.

Mas este Deus, assim transcendente, não é um Deus impassível em face do drama dos homens. É um Deus que pode dizer: "eu vi a opressão do meu povo no Egito, bem como tenho ouvido o seu clamor por causa de seus opressores. Conheço, pois, a sua dor. Estou decidido a libertá-lo" (Ex 3,7-8). O Deus santo toma partido. Nem tudo vale para Ele. Ele é um Deus que abomina toda a iniqüidade (Jt 5,22). Ele defende a justiça do oprimido; é arrimo do órfão abandonado; protege o pobre contra a espoliação do poderoso; apresenta-se como a força dos fracos contra a prepotência dos soberbos. O Deus bíblico é um Deus ético. O culto que Lhe agrada não são os sacrifícios, as longas orações, os muitos ritos, mas a misericórdia, a justiça e a retidão do coração. Ele odeia a mentira, a exploração do homem por outro homem. Seus servidores não são aqueles que Lhe gritam

'Senhor', mas aqueles que Lhe obedecem e Lhe fazem a vontade que é sempre buscar o justo, o reto e o fraterno. Ele é só luz. Só estão com Ele os que andam na luz, vale dizer, os sinceros. Quem vive o amor sabe que está com Deus porque Deus é amor e não se encontra fora do amor.

Deus, portanto, assume um compromisso com todos aqueles que são injustiçados e violentados em sua dignidade. Quem viola a imagem de Deus que é o homem, viola o protótipo, viola o próprio Deus. Ele não fica impassível frente aos crimes deste mundo. Exige conversão e restabelecimento da relação justa. Sem isso, o homem não entra no Reino nem gozará da felicidade divina.

Esse Deus santo que toma partido dentro da história em favor dos pequenos e fracos contra os poderosos e soberbos tem um projeto. Ele o vai realizando ao longo de toda a história. A maldade humana não o pode destruir nem fazê-l'O desistir. Ele o realiza apesar e até mediante os fracassos humanos. Seu projeto é instaurar o seu Reino. O Reino significa a soberania de Deus sobre todas as coisas com o triunfo da verdade, da justiça, do amor e da concórdia entre os homens. Este Reino de Deus se constrói contra o reino do homem decaído e enrijecido em seu fechamento, em sua vontade de dominação, de lucro e de egoísmo. O projeto de Deus se constrói num conflito irrefragável; trabalha-se nele mediante a conversão, o despojamento de todos os dinamismos que se recusam à comunhão com Deus e com os homens.

Apesar de Deus se opor a toda sorte de injustiça, Ele não deixa de amar a todos os seus filhos, especialmente os ingratos e maus. É o que São Lucas, no capítulo 6, versículo 35, diz claramente: ele anda sempre em busca dos homens. Não espera que a ovelha perdida volte sozinha. Ele vai atrás dela (Lc 15,4-7; Mt 18,12-14). É o Deus do filho pródigo, do publicano pecador que se arrepende (Lc 15,11-32; 18,9-14), dos miseráveis, das rameiras, daqueles que se sentem perdidos diante de Deus. É o Deus da dracma perdida que se alegra quando ela é encontrada. Ele nunca deixa apagar a mecha que ainda fumega nem despreza a cana quebrada. Compadece-se e a todos oferece chance de perdão e de salvação.

Por Jesus Cristo, o Deus bíblico se revelou como Pai de infinita bondade. A expressão Pai não é uma imagem elaborada pela linguagem humana. Ela quer exprimir a própria realidade de Deus como fonte criadora de todas as coisas. Ele as sustenta e conserva com força e amor como um Pai o faz. Chamando a Deus de Pai nos sentimos seus filhos, expressamos o fato de que Ele é uma superabundância que não se fecha sobre si mesma, mas se autodoa em amor e comunhão. O Pai é Pai porque tem filhos. Jesus mostrou-se aos homens como o Filho unigênito do Pai. Nós descobrimos que somos filhos do Pai no Filho Jesus. Ao dizermos como Jesus *Abba*, Papaizinho, externamos a convicção que é fruto da experiência do próprio Jesus de que o Mistério que tudo pervade e sustenta não é uma Realidade aterradora, mas um derradeiro aconchego e um amor pessoal que nos aceita absolutamente.

O Deus de Jesus Cristo, reconhecido pela fé dos apóstolos e aceito pela comunidade cristã, é Trindade, Pai, Filho e Espírito Santo. O princípio último do mundo e da história não é um Ser solitário. É um Deus-família, um Deus-comunhão. Eternamente e desde sempre Ele é um nexo de relações amorosas, um Mistério insondável – origem de tudo, sendo Ele mesmo sem origem – que se chama Pai. Este Pai sai de seu Mistério e se autocomunica e se autorevela e se chama Filho; Pai e Filho se amam mutuamente e se envolvem um no outro expressando o Espírito Santo que é a união do Pai e do Filho. Esta Trindade não ficou fechada nela mesma. Ela se comunicou e fez da vida humana seu templo. A Trindade habita o homem e sua história. Diviniza cada um.

Quem é o homem para ser assim objeto do amor de Deus? Como os autores bíblicos contemplam o homem à luz de Deus?

4. O homem, imagem e filho de Deus

Todos os seres são criados por ordem divina; somente o homem surge por chamamento. Por ser chamado, o homem possui, e somente ele, uma vocação. Ele é um dialogal, capaz de responder ao chamado de Deus. Eis a compreensão bíblica fundamental acerca do homem. Ele não é criatura como as demais. Ele é imagem e semelhança de Deus e é filho de Deus. Existe uma parentesco entre ele e Deus. O homem é *um* da casa paterna de Deus. Na criação, ele é constituído como o ser que existe entre Deus e o mundo. Frente ao mundo, funciona como o representante de Deus. Ele ganhou de Deus o mundo como herança. É a herança que o filho recebeu do Pai. Assim como Deus é criador, deve o homem mostrar-se também criador de todas as coisas boas que ele produzir por sua atividade no mundo. Assim como Deus é Senhor, assim deverá o homem fazer-se senhor de todas as realidades do mundo. Não foi chamado para ser escravo nem para escravizar, mas para assenhorear e responsavelmente administrar, em nome de Deus, a criação. Ele não se faz senhor esbulhando a terra, quebrando o equilíbrio ecológico e desperdiçando as riquezas da natureza. Assim fazendo mostra-se um senhor irresponsável e um filho rebelde. É o que assistimos hoje em dimensões internacioais. O homem é chamado para ser um senhor responsável que sabe administrar o que recebu em herança de Deus e que deve dar contas ao Senhor Supremo.

Frente a outro homem ele não é senhor, mas irmão. Entre irmãos vigora igualdade e mútuo respeito. Deve haver serviços entre os homens e não estruturas de dominação. Toda discriminação, também dentro da Igreja, toda relação de senhor-escravo, de oprimido-opressor significa um atentado contra a fraternidade. Assim, por exemplo, a mulher não foi criada para primeiramente ser a mulher do homem e a mãe de seus filhos. Para o Gênesis (Gn 2,18-23), a mulher, num primeiro e fundamental sentido, é a companheira do homem, a alteridade do amor, da troca e do diálogo em igualdade de condições. Não foi tirada dos pés do homem para ser sua escrava, nem de sua cabeça para ser sua senhora, mas do lado para ser a sua companheira. Evidentemente, não se faz aqui uma descrição de um fato histórico. Mas se utiliza uma metáfora para expressar a igualdade que deve vigorar entre homem e mulher.

Diante de Deus o homem é filho. A expressão filho não é a mesma coisa que criatura. Filho expressa muito mais que um nexo causal. Filho implica uma relação de reconhecimento do Pai, de obediência, de relação amorosa. Alguém é tanto mais filho quanto mais se relaciona, ama, acata e ouve a seu pai. O fato de o homem ser filho de Deus significa que ele pode invocar Deus, chamá-lo com o nome de infinita ternura, como Jesus o fazia, *Abba*, Papaizinho, elevar-se acima de toda a criação e entreter um diálogo com o Absoluto. Aqui reside a grandeza sem limites do homem. Ele tem raízes terrenas, comunga com todos os seres o peso da matéria, guarda reminiscências de sua origem animal. Mas rompe com as ligações terrenas e pode alçar-se infinitamente, olhar para Deus e dizer-lhe carinhosamente: Meu Pai! E esta fala do homem para com Deus é ouvida. Deus olha para o homem e lhe diz: Meu Filho! Quando isto acontece, irrompe o evento da graça: Deus habita o homem e o homem habita Deus. Deus se humaniza e o homem se diviniza. Já começa a se inaugurar o Reino de Deus. Novos céu e terra despontam.

O homem não é apenas filho, irmão e senhor. O homem histórico, testemunhado pelas Escrituras, apresenta-se também como não-homem. Ele aparece também como filho rebelde, como escravizador dos outros e como escravo deste mundo. Porque ele pode abrir-se para Deus, pode também fechar-se. Pode ser aquele da grande resposta como pode ser aquele da grande recusa. Nele não há apenas a história da salvação, mas também a história da perdição. Em sua liberdade, pecou; vale dizer, preferiu um bem relativo ao bem absoluto, ou absolutizou um bem relativo, colocou sua esperança última no mundo, e não em Deus. A conseqüência deste projeto equivocado é a distorção de todas as relações nas quais se articula a vida: de filho obediente se torna filho rebelde, de irmão serviçal se transforma em dominador, de senhor se faz dependente das coisas que ele mesmo criou. O pecado, portanto, não introduz apenas uma distorção na relação homem-Deus; afeta também todas as demais relações, especialmente aquelas axiais para com o próximo e para com o seu mundo e sua cultura. O homem que somos atualmente: além de homens, somos não-homens. Há um irmão-negro que mora dentro de nós, um contrapeso que carregamos e que dramatiza a nossa existência. Clamamos como Paulo: quem nos libertará deste corpo de morte? (Rm 7,24). Suplicamos libertação do pecado como situação que polui e contamina a atmosfera de nossa existência, fazendo que haja, em conseqüência, divisões, ódios, guerras, explorações, iniqüidades de toda sorte que humilham e apequenam a dignidade humana. Cria-se um mundo que Deus não quer. Surgem profetas que denunciam a maldade do homem e da sociedade. São perseguidos e crucificados pelos poderosos organizados em seu projeto de dominação. Deus se apieda dos pequeninos, dos desprotegidos, pobres e últimos da terra. Toma o partido deles. Neles tem uma presença toda especial, a ponto de ser cada pobre um sacramento do próprio Deus (Mt 25,31-46).

Deus além de Pai é suplicado como Libertador e Salvador. Até quando, Senhor, até quando devemos esperar vossa intervenção libertadora que porá fim à situação sinistra e macabra deste mundo? Tais interrogações se encontram de ponta a ponta nos textos sagrados. É o coração humano que sintoniza com o palpitar do coração de Deus e implora a irrupção do Reino e clama pela vinda do Messias Libertador.

5. Jesus Cristo, o Deus libertador encarnado

E Deus ouviu a súplica de todos os séculos. O NT testemunha que, no judeu Jesus de Nazaré, Deus se fez como redentor e libertador totalmente presente, encarnado em nossa situação decaída.

a) Deus se encarnou totalmente no mundo

É a primeira e fundamental afirmação da fé cristã. Deus, o Mistério inefável cujo nome sacrossanto a boca pronuncia com reverência ou guarda um silêncio santo. Este que ninguém jamais viu, foi visto, tocado, palpado pelos homens porque Ele se aproximou da existência humana e Se fez em tudo igual ao homem fraco e mortal, menos no pecado. É uma afirmação inaudita e beira o escândalo para os espíritos piedosos e conscientes das implicações ontológicas desta afirmação. Deus sempre vem representado como o Totalmente Outro, o Santo, o Inimaginável, o Mistério absoluto, numa palavra, o Transcendente. Este e não outro, dizemos, de joelhos, que se autodoou totalmente ao mundo. Assumiu a existência concreta, desde o primeiro instante da conceição, num judeu da Galiléia, Jesus de Nazaré. Este, sendo homem verdadeiro, é também e simultaneamente Deus de fato. É o evento da encarnação como a subsistência real e verdadeira, num mesmo sujeito histórico, da natureza humana e divina. Deus assumiu a alteridade humana sem destruí-la, diminuí-la ou de qualquer forma modificá-la. E esta humanidade real é tão sua, e tão perfeitamente apropriada, que podemos dizer que é a humanidade do próprio Deus.

Esta penetração de Deus na vida humana possui um caráter *histórico*. Vale dizer, assume, juntamente com a vida, as condições e conjunturas sócio-históricas que possibilitam e concretizam esta vida. Trata-se de um processo porque a vida humana encontra-se dentro de um processo. Ela não é dada totalmente num momento. Ela vai-se realizando na sucessão dos momentos. Passa por processos que não são apenas explicitadores do que se encontra implícito na vida inicial. São criadores do *novum* ainda não experimentado. O homem também se constrói historicamente, ele interioriza instituições, hábitos, conflitos sociais, a partir de um núcleo de capacidade que se vão acionando na medida das provocações e intimidações do real. A encarnação surge assim como um processo. Deus vai assumindo ao longo de sua passagem na história os distintos momentos desta história. Assim toda ela é tangenciada e penetrada. É feita história de Deus. Neste primeiro sentido a encarnação significa uma *afirmação do mundo e da história*. Deus deixa sua distância e se aproxima, com simpatia, como diziam os Padres, com amor que chega a identificar-se com o que ama.

Além de afirmação do mundo, a encarnação de Deus significa também um *protesto contra o mundo*. A encarnação é libertadora. Jesus apresenta-se como portador e articulador de um projeto de libertação, principalmente para os pobres. O reino de Deus anuncia e denuncia. Conflita com outros projetos concretizados na história que Ele encontra. Ele reivindica uma total libertação e não apenas de regiões da existência humana e do mundo. Não postula qualquer justiça (comutativa, etc.), não demanda qualquer tipo de amor e de relacionamento entre os homens. Não aceita qualquer tipo de fidelidade para com Deus. Apresenta um projeto próprio face ao poder. No conflito provocado com o *status quo* social e religioso do tempo, Jesus foi derrotado. Foi eliminado fisicamente, sendo crucificado. Sua morte é protesto contra este mundo que discriminava o pobre, o pequeno e o marginalizado que necessitavam da justiça; é negação de um mundo que se havia fechado em si mesmo com sua piedade, com sua dogmática, com sua imagem estabelecida de Deus; é recusa de consagração e legitimação de um mundo onde vigora mais equilíbrio de força e de interesses do que estruturas construtoras de humanidade, justiça e fraternidade. Sua morte é uma denúncia de que há coisas inaceitáveis para Deus. Há valores e opções pelos quais devemos sacrificar a vida, para manter-se na fidelidade a Deus e aos homens.

A vida e a morte eram vida e morte de Deus. O crime humano contra o justo possui características de deicídio. Trata-se da consumação derradeira da iniqüidade humana. Não julgamos a subjetividade dos atores históricos. Julgamos a objetividade contemplada a partir da própria fé que decifra no homem Jesus a presença do Deus encarnado. Pelo assassinato de Jesus o pecado original, como história da recusa salvífica do homem, encontra sua forma extrema e cabal.

Pertence aos eventos da positividade cristã e de seu anúncio a proclamação da encarnação e da rejeição de Deus. A fé cristã professa a máxima afirmação do mundo por parte de Deus (veio para o que era seu... tanto Deus amou o mundo...) e também o máximo protesto de Deus sobre *este* mundo, sobre a *forma* concreta na qual o mundo se havia organizado. Afirma a criação (como obra sua para a qual vem), também em sua situação decadente (estigmatizada pelo pecado), mas também se recusa a legitimar a decadência, sua deturpação em função dos interesses humanos. Daí o significado da vida de Jesus, e os conflitos que provocou, das exigências que postulou, da morte que sofreu e da forma como a suportou. Pertence ao anúncio cristão também a recusa humana e a forma de denúncia que a positividade cristã prenuncia.

b) Deus permanece para sempre no mundo

Encarnado uma vez no mundo, Deus jamais deixou o mundo. A ressurreição marca a presença definitiva de Deus dentro da história. A ressurreição, mais que um milagre, mais que a vitória da vida sobre a morte, representa a presença do termo feliz da criação antecipado dentro da velha criação. O peso principal da ressurreição reside na decifração do sentido de nossa esperança. Ou ela permanece defraudada ou ela se realiza. Trata-se da legitimidade última da imaginação e da utopia.

A ressurreição marca a presença definitiva de Deus encarnado no mundo como o Sentido último do mundo. Este sentido se manifesta em duas direções que a própria existência humana demanda: uma direção de ordem biológica e outra de ordem social. Uma da ordem da infra-estrutura da vida e outra da infra-estrutura da vida humana enquanto humana, social.

Com referência à vida a pergunta que se lança: que destino tem a vida? Nascemos para morrer? A verificação empírica diz que a vida nasce para morrer. A morte é um ponto final. Contra esta constatação protesta a imaginação, o desejo e o utópico. O homem sonha e quer a imortalidade. Não encontra para isso, nem dentro da ordem da natureza nem dentro da ordem da história, alguma verificação. A ressurreição vem responder: o homem nasce para morrer. Mas morre para ressuscitar. A ressurreição demarca o triunfo da vida, num nível superior e pleno. O superior inclui o inferior. Por isso é triunfo da *vida* humana, agora totalmente realizada, em sua identidade de vida, no quadro final em Deus.

A outra questão emerge da vida em sua vertebração no social. Aí se realiza ou se frustra o sentido. Aí se configuram os conflitos mais profundos da existência. É neste nível que o homem faz a experiência das relações humanas ou injustas, discricionárias ou mais eqüitativas. A história, geralmente, é feita por aqueles que detêm o ter, o poder e o saber. Os derrotados, os vencidos, as grandes porções dominadas não fazem história como memória a ser conservada. Neste contexto se levanta a questão: que sentido possui a vida daqueles que morreram por uma causa justa? Que futuro possui aquele que sucumbiu na defesa dos direitos inalienáveis da vida, da justiça? Que valor deve ser conferido àquele que se sacrificou em função de outros e nesse sacrifício foi rejeitado e esquecido na história? Aqui se joga como sentido que conferimos à história. Ela possui somente sentido pelo desenho feito pelos arrivistas?

A ressurreição vem dizer: o humilhado e rejeitado tem futuro porque foi num destes que Deus realizou a ressurreição. A ressurreição somente possui um sentido pleno no transfundo da insurreição. Há uma reconciliação da vida social rompida, porque Deus tomou o partido dos humilhados e ofendidos e mostrou que seu absurdo não é absoluto. Por eles passa o futuro do mundo, porque foi num rejeitado e crucificado que Deus realizou o fato decisivo de toda a história: o triunfo da vida e o triunfo da causa justa defendida com o sacrifício da própria vida.

Estas duas direções da ressurreição respondem às duas direções que o conflito da vida planteia. A utopia do homem é verdadeira. O sonho da imaginação se realiza. Pode-se sonhar com um mundo reconciliado porque ele é possível, não somente no nível onírico e imaginário, mas também no nível histórico. Jesus ressuscitado é a concretização desta busca. Por isso pertence à postividade cristã.

Pela ressurreição se perpetua a presença de Jesus no mundo. Assume não somente um mundo concreto, o seu, ao tempo de sua irrupção na carne e cultura judaica, mas também a totalidade do mundo. Agora como ressuscitado está presente e penetra toda a existência e toda a realidade da criação. A fé testemunha esta presença. Celebra-a. Cria a gramática de sua atualização.

6. O Espírito Santo, outra forma encarnatória de Deus no mundo

O Espírito Santo possui uma missão histórico-salvífica própria; também Ele foi enviado pelo pai e pelo Filho ao mundo para revelar o rosto misterioso do Pai aos homens. De forma única e real desceu sobre a Virgem Maria (Lc 1,35; Mt 1,18); elevou esta simples mulher do povo à altura divina de tal forma que aquele que nascer dela será Filho de Deus (Lc 1,35). Destarte Maria é, sem metáfora e figura, o verdadeiro e real templo do Espírito Santo como analogamente o era Jesus com referência ao Filho eterno. O feminino alcança por Maria, habitada pelo Espírito Santo, sua dimensão divina e eterna, com igual dignidade ao masculino divinizado em Jesus Cristo.

Este Espírito, a partir de Maria, penetrou nos demais irmãos de Jesus, que são todos os que se convertem, fermenta por todas as partes do mundo, purificando, elevando, reconciliando e fazendo a convergência de toda a história para seu Ômega feliz em Deus. Sua missão, além de divinizar o feminino em cada homem e mulher, consiste em guardar ao longo de todos os séculos e nos homens a memória de Jesus (Ele vos recordará tudo o que vos tenho dito – Jo 14,26; ele tomará do meu e vo-lo dará a conhecer – Jo 16,15). O fato escatológico da vida, morte e ressurreição de Jesus não será jamais um fato que possa se esvaziar. Possui um valor eterno de reconciliação e de união homem-Deus. Atualizar sempre o valor perene da libertação de Jesus, fazer que ele informe as mentalidades dos homens, que transforme as estruturas de convivência na direção cada vez mais forte da justiça, da fraternidade, do amor, constituir grupos que vivam intensamente o projeto de Jesus: eis a missão específica que compete ao Espírito Santo.

7. A Igreja: comunidade libertadora e sacramento do Espírito Santo

A humanidade toda foi abraçada pelo gesto libertador de Jesus. Toda a criação é penetrada pelo Espírito de Jesus. A Igreja é a comunidade dos fiéis que se reúne na consciência desta verdade. Ela se reúne para celebrar e sinalizar a redenção de Deus presente no mundo. Por isso dizemos ser a Igreja o sacramento da salvação universal. A salvação não está só na Igreja. Nem o Ressuscitado e o Espírito Santo agem somente nela. Tanto a salvação quanto o Ressuscitado e o Espírito Santo estão no mundo. Mas somente na Igreja eles se tornam palpáveis, sensíveis e identificáveis pelos homens. A Igreja é, na linguagem paulina, o corpo de Cristo ressuscitado e um organismo vivificado pelo Espírito Santo. Mas ela é corpo e um organismo vivo na medida em que se vive da causa de Cristo e se realiza o projeto de Jesus na força do Espírito Santo. Por isso a comunidade dos fiéis tem de ser o lugar do amor, da compreensão, do perdão, da fraternidade, do ser novo. Sempre que imperarem discórdias, lutas de poder, enfrentamento de uns contra outros, aí se empana o sinal e Jesus é marginalizado e o Espírito entristecido. A Igreja não absorve em si todo o mistério de Cristo nem é o único campo de atuação do Espírito. Eles agem por todos os lados e atingem, secretamente, o coração de cada homem que vem a este mundo. O cristão é aquele que sabe desta confortadora verdade universal. Sinaliza-a para que todos possam se sentir perto de Deus e ver que o Pai ama a todos no seu Filho presente no mundo mediante o vigor do Espírito que nos ajuda a aceitar o dom do Pai.

8. O mundo destinado a ser o corpo de Deus

As escrituras não falam só do homem e de Deus e do jogo de relações entre eles. Têm também uma palavra sobre o destino do mundo, infra-humano. Elas não o vêem simplesmente como matéria ou vida que termina na dissolução. O mundo também tem futuro porque ele sempre é objeto do amor de Deus. Quem Deus ama não poderá desaparecer para sempre. O mundo é criatura boa de Deus: em cada momento ele é sustentado e mantido na existência pelo amor divino. O mundo carrega em si os traços de Deus. É também um grande sacramento revelador da Santíssima Trindade. Sê-lo-á em plenitude quando irromper a nova geração de todas as coisas, enfim libertas de toda imperfeição. Os textos bíblicos geralmente fazem representar o fim do mundo dentro da imaginação apocalíptica: "os céus se abalarão, as estrelas cairão e produzir-se-á um cataclisma cósmico". Face a isto, devemos dizer: trata-se não de uma descrição do que ainda irá acontecer, mas de uma linguagem e de figuras que querem realçar a novidade da ação de Deus. Quando ele vier entronizar o novo céu e a nova terra, tudo o que é forte, seguro (como o céu, as estrelas, o sol, o mar etc.) não resistirá nem subsistirá. O sentido não é sinistro: é glorioso; como diz S. Pedro (2Pd 3,13): "Nós, de acordo com a promessa, esperamos um novo céu e uma nova terra em que tem sua morada a justiça".

Aqui está o segredo: no mundo novo de Deus florirá a justiça, o amor e todas as coisas boas. O velho terá definitivamente passado. Então seremos felizes com todas as criaturas na grande casa do Pai.

Como se depreende de nossas reflexões: a mensagem central das Escrituras não coloca em seu centro o pecado e o perdão, mas o amor superabundante de Deus. Esperança, alegria de viver, jovialidade, graciosidade são as características da presença de Deus no meio da história. As angústias de nosso tempo e a paixão de nosso povo que partilhamos não nos devem empanar o brilho que se irradia da revelação de Deus, testemunhada e contida nas Escrituras Sagradas. Elas não nos apresentam apenas uma esperança; não nos fazem somente apelos. Convidam-nos a imitar Deus e a seguir Jesus Cristo como maneiras de já agora vivermos felizes e antecipar o advento do Reino de Deus. Enquanto isso não ocorrer, cremos e esperamos, esperamos e agradecemos, agradecemos e amamos a ressurreição da carne, a vida eterna. Amém.

A NOSTALGIA DO MISTÉRIO: EINSTEIN DESAFIA O HOMEM SECULAR

Por muitos séculos se estabeleceu, em nossa cultura moderna, doloroso conflito entre a experiência científica e a experiência mística, entre o compromisso político revolucionário e o engajamento religioso. De uma religião que se apresentava como ciência se passou a uma ciência que se dava como nova religião. O mútuo distanciamento purificou as pretensões de uma e de outra. A ciência purificou a religião; a religião purificada constitui um fator acrisolador da ciência em sua tendência absolutizante. Lentamente se descobrem irmãs e nascendo de uma profundidade que juntas compartem: é o fascínio do mistério. Diante do mistério que não é o limite da razão, mas o inverso, o ilimitado da razão, silencia o homem secular e desrespeitoso de todos os tabus. Impõe-se uma atitude de reverência e de devota escuta. Este comportamento não é indiferente para o espírito científico, não meramente reprodutor de um saber canônico, mas criador e inovador. É neste contexto que podemos evocar a figura de Albert Einstein. Nele se encontraram as duas experiências de maneira genial: aquela científica com a outra sagrada.

1. A religiosidade da pesquisa

"Einstein fala muito de Deus. Que significa isto? Não parece exato afirmar que um cientista como Einstein se sinta fortemente vinculado a uma tradição religiosa!" Eis o comentário que os físicos Paulo Dirac, Wolfgang Pauli e Werner Heisenberg faziam em 1927 numa reunião em Bruxelas (cf. Heisenberg, *Diálogos sobre la física atómica.* Madri, 1972, p. 103). O próprio Heisenberg, prêmio Nobel de Física (1932), descobridor dos prótons e nêutrons que compõem o núcleo e o formulador do princípio de indeterminação, confessava: "Einstein tem um sentido profundo da ordem central das coisas. Ele encontra pegadas desta ordem na simplicidade das leis naturais. Pensa-se que teve experiência vital intensa e imediata desta simplicidade ao descobrir a teoria da relatividade. Evidentemente, fica ainda um longo caminho a percorrer entre esta experiência e os conteúdos da religião. Duvido que Einstein se encontre ligado a uma tradição religiosa e me inclinaria a crer que a idéia de um Deus pessoal lhe é totalmente estranha. Entretanto, para ele não existe separação nenhuma entre ciência e religião" (*op. cit.*, p. 105). Este testemunho de Heisenberg, que pude ouvir muitas vezes nos meus tempos de estudos em Munique, coloca em termos exatos o que significou a experiência do sagrado na vida e na atividade científica de Einstein. Convém refletirmos sobre esta experiência, dada a relevância que a figura de Einstein ganhou em nossa cultura secularizada. Einstein, apesar de toda a sua ciência e genialidade, não se confessava homem secular, mas "homem profundamente religioso" (*Mein Weltbild*, Frankfurt/Berlim, 1956, 1. ed. 1934, p. 10). Em seu livro escrito juntamente com o físico polonês L. Infeld, sobre a evolução da física de Newton até a teoria dos *quanta* (*Die Evolution der Physik*, Hamburg, 1956), muitas vezes fala do "grande mistério da natureza". Num pequeno escrito de 1938, com o título *Como eu vejo o mundo*, escrevia: "O mais belo que podemos vivenciar é o mistério. É o sentimento-base que se encontra no berço da arte e da ciência verdadeiras. Quem não o conhece, quem não mais se maravilha nem pode mais se admirar, está como que morto e com os olhos apagados. A vivência do mistério, mesmo mesclado de temor, deu também origem à religião.

Saber da existência do impenetrável para nós, de manifestações de uma Inteligência profundíssima e de uma beleza com brilho sem igual, que somente em suas formas primitivas se fazem acessíveis à nossa inteligência, este saber e sentir perfazem a verdadeira religiosidade; neste sentido, e somente neste sentido, eu me conto entre os homens profundamente religiosos" (*Mein Weltbild*, p. 10). A 11 de novembro de 1930, no *Berliner Tageblatt*, num pequeno artigo sobre Religião e Ciência, Einstein explicava sua religiosidade. Não se trata de nenhuma adesão a qualquer religião existente, mas a vivência profunda de uma religiosidade cósmica que ele encontra presente tanto nos Salmos de Davi, em alguns profetas, no budismo, quanto em Francisco de Assis, Spinoza e Schopenhauer (*Mein Weltbild*, p. 16). Como emerge esta religiosidade cósmica? Ela irrompe de dentro de um paradoxo descrito assim por Einstein: "O indivíduo sente a nadidade dos desejos e metas humanos e ao mesmo tempo a sublimidade e a ordem admirável que se revela seja na natureza seja no mundo do pensamento. Sente-se a existência individual como uma espécie de prisão e tenta-se vivenciar a totalidade dos seres como algo uno e cheio de sentido" (*Mein Weltbild*, p. 16). Num outro pequeno escrito, *A religiosidade da pesquisa*, aclara um pouco mais esta experiência: "A religiosidade do pesquisador reside na arrebatadora admiração acerca da harmonia das leis da natureza nas quais se nos revela uma Inteligência superior da qual todo sentido do pensamento humano e nossa capacidade de ordenação não passam de insignificante reflexo. Este sentimento é o móvel da vida e das buscas de todo pesquisador, na medida em que esta vida e estas buscas se elevam acima da escravidão dos próprios desejos. Indubitavelmente, este sentimento é muito aparentado àquele sentimento que encheu as naturezas religiosas e criadoras de todos os tempos" (*Mein Weltbild*, p. 18). Einstein confessa ainda que esta "religiosidade cósmica confere o mais forte e o mais nobre impulso à pesquisa científica" (*Mein Weltbild*, p. 17). Acompanhando um diálogo extremamente rigoroso sobre os pressupostos epistemológicos da mecânica quântica entre Heisenberg e Einstein (1925/1926), se percebe em que sentido para Einstein esta religiosidade cósmica é importante para o pesquisador. Ela deixa o cientista sempre aberto para dimensões da realidade que escapam às suas fórmulas. A religiosidade cósmica relativiza permanentemente nossos esquemas mentais, por mais sofisticados que sejam, deixa o homem como que virgem para captar novos fenômenos: "O possível, o que se espera, é um componente importante de nossa realidade ao lado do fático e que não deve jamais ser esquecido" (W. Heisenberg, *Diálogos sobre la física atómica*, p. 83).

A religiosidade cósmica relembra sempre esta dimensão do ilimitado e do possível. Por outro lado, fica claro que a experiência do sagrado não se faz no limite do saber científico, mas constitui o englobante maior dentro do qual se situa a pesquisa. A ciênca vive daquilo que não é a ciência; esta sempre se define face a uma realidade maior que ela. Isto permite evitar a absolutização do saber científico ou a instauração da ciência como religião.

2. Contudo existe o Místico

A admiração como choque existencial face à experiência do Mistério tem longa tradição no pensamento ocidental. Segundo os gregos, desta admiração nasceu a filosofia. Santo Tomás, comentando a Metafísica de Aristóteles (I, 3), podia dizer: "O filósofo se parece com o poeta porque ambos se ocupam com o maravilhoso (*mirandum*)". Não afirmava outra coisa Ludwig Wittgenstein, o grande lógico-matemático e filósofo da Escola de Viena: "Extasiar-se não pode ser expresso por uma pergunta; também não existe nenhuma resposta" (*Schriften*, vol. 3, 68). "Que o mundo exista é totalmente inexprimível. Não há linguagem; é o místico" (*Tractatus logico-philosophicus*, 6,522). "Não *como* é o mundo preocupa o místico, mas *que* o mundo seja" (*Id.*, *ibid.* 6,44). Face à existência do mundo, de sua ordem interna, se extasia o espírito, como aquele de Einstein; vive uma experiência irredutível, aquela do Sagrado. Importa, entretanto, distinguir como o faz a fenomenologia da religião (R. Otto, N. Söderblom, M. Eliade, e outros) entre a experiência do Sagrado e a experiência de Deus. A experiência do Sagrado se situa no radical antropológico como experiência do Mistério da existência do homem e do cosmo, vivência de um Arquétipo Supremo que responde pelo definitivamente Importante e Decisivo na vida. Esta experiência, como em Einstein, não fala de Deus. Ela termina no êxtase e no silêncio. A experiência de Deus se instaura dentro da experiência do Sagrado, mas ousa decifrar o Mistério sem nome, tira-o do anonimato e chama-o de Deus, de Javé, de Pai, de Brahma ou outra denominação; o homem se sente envolvido não apenas por um Mistério abissal, mas por um Mistério que se comunica e busca um diálogo. Vivencia um encontro, uma presença, uma revelação e um Tu. Einstein não deu este passo. Por isso, ele não pode ser reivindicado por nenhuma religião. Mas ele continua como testemunha fiel daquela dimensão e daquela experiência radical e oceânica da qual nasce tanto a religião como a ciência. Estas são resultados, realidades segundas e continuamente apontam para a sua fonte original. Desta fonte se abeberou Einstein. Sua postura religiosa significará, para os pósteros, um permanente chamado para o espírito se sobrelevar para além da finitude da razão e para se abrir ao ilimitado do Mistério que a realidade evoca.

Nesta abertura pode ocorrer o advento de Deus para o homem secular. Importa estar atento e na expectativa porque já o velho Heráclito sentenciava: "Se não esperares, não encontrarás o Inesperado, porque, sem a espera, Ele é inacessível" (Fragmento, 18).

OITAVA PARTE

CONCLUSÃO: MORRER PARA VIVER MAIS E MELHOR

A LIBERTAÇÃO DE TODAS AS OPRESSÕES: A RESSURREIÇÃO NA MORTE

Ao longo das reflexões que articulamos neste livro certamente se colocou a grave questão: Que futuro, afinal, possuem os vencidos e derrotados da história? A grande maioria da humanidade gasta a sua vida em sobreviver, em lutar por um pouco de dignidade, em resistir às opressões dos poderosos. Nossa história é triturada; as conquistas são amarguradas de tanto suor, sangue, desconsolo e tragédia. O pouco que se alcança custa um preço demasiadamente oneroso para grande parte dos homens. São poucos os que sobrevivem para desfrutar o cumprimento das promessas. Todos os demais semeiam sem ver os rebentos; obrigam-se a crer no invisível e a amar o que não se conseguiu. Afinal, que sentido possui a via-sacra da humanidade? Os sonhos dos oprimidos acerca do reino da liberdade, as projeções dos famintos sobre a mesa comum e farta, os ideais dos não-homens concernindo a recuperação de sua humanidade, afinal, vão se cumprir ou não?

Não satisfaz ao coração recitar a fórmula do sábio: colocamos o tijolo para a catedral do amanhã. Está certo; o homem do porvir, podemos crer e esperar, será melhor e mais livre; mas nós? Fazemos justiça aos injustiçados de ontem e de hoje com promessas que beneficiam somente os pósteros? Foi ruminando tais questões que um grande filósofo marxista heterodoxo moderno, Ernst Bloch, postulou no final de seu livro "O espírito da utopia" (*Der Geist der Utopie*), apesar de seu ateísmo, a metempsicose. Retornaremos – assevera ele – para gozar dos anelos cumpridos e das esperanças imorredouras: *non omnis moriar; non confundar in aeternum!*

A fé cristã apresenta uma mensagem de radical otimismo face a estas questões que fazem morrer as palavras na garganta e sangrar desconsolado o coração: aos oprimidos da história é dada a total libertação e aos matados é ofertada a plenitude da vida, porque foi um oprimido e um crucificado que Deus ressuscitou e assim concretizou o sentido supremo para todos os absurdos intra-históricos. E esta ressurreição não significa apenas um evento de doçura no momento derradeiro da história, mas no momento mesmo em que a morte parece realizar a sua obra mais perfeita: engolir tudo e fazer-se senhora de toda a história, na hora da nossa morte.

Para que esta esperança não pareça ser apenas objeto de fé de alguns e não interesse a todos os homens, tentaremos uma reflexão que se orienta pela racionalidade antropológica. Aí emerge a exigência de uma plenitude.

1. Vai se realizar a utopia?

O homem é um nó de relações e pulsões orientadas para todas as direções. Ele não está fixado neste ou naquele objeto, mas na totalidade dos objetos. Por causa disto é um permanente desertor de tudo o que for estanque e limitado e um eterno protestante e contestador dos mundos fechados. Nele não há somente o *ser*, mas principalmente um *poder*-ser. Ele é *projeção* e tendência para um sempre mais, para um Incógnito, para o *novum* e para o *ainda-não*. O melhor é apenas um esboço e o ponto de chegada é um novo ponto de partida. O homem completo, no termo de seu processo de hominização, ainda não nasceu totalmente. Dentro de cada um mora o *homo absconditus* do futuro. Cada homem concreto emerge como uma abertura indefinida, presa nas estreitezas de uma concretização que não o exaure; experimenta-se feito e ainda continuamente por fazer. Esta experiência confere a cada um a noção do novo, do sem fronteiras, da latência e da patência, do abscôndito e do revelado, da antecipação e da plena realização. A reflexão moderna denominou a este insaciável dinamismo humano de princípio-esperança. Ele se expressa pelo pensamento utópico. A utopia não é o oposto da realidade. Ela pertence à própria

realidade, enquanto expressa o *poder-ser* e as potencialidades humanas reais mas historicamente ainda não con-
cretizadas, projetadas no futuro e aí então plenamente
realizadas. A utopia não arranca do nada. Articula os anseios
não realizados, presentes dentro das buscas humanas.

É neste nível que se coloca uma angustiante interrogação: vai se realizar a utopia? Os dinamismos humanos,
alguns dos quais encontram realização na história, irão
alguma vez encontrar o objeto de sua tendência? A situação
do homem é porventura como aquela de Prometeu ou de
Sísifo, um esperar sem nunca alcançar? Ou a utopia será
um dia total topia? Face a esta questão radical há somente
duas posições possíveis: ou se nega o sentido da busca
humana e a existência está condenada a esperar sem alcançar o termo de sua espera, ou então se afirma a verdade da
utopia e os sentidos intra-históricos são sinais antecipado-
res da plenitude de sentido que ainda está por vir. Ter fé,
em sua radicalidade, é poder decifrar um sentido supremo
(Deus), descanso de todas as buscas, é afirmar um futuro
absoluto (Deus), como convergência das pulsões que movem
interior e exteriormente o homem. "Onde há religião, aí há
esperança", dizia muitas vezes o maior estudioso do pensar
utópico, Ernst Bloch (*Prinzip Hoffnung*, II, 404). E a religião
é a expressão sócio-cultural (regime significante) da fé e da
esperança humanas.

2. A emergência do homem novo ansiado e buscado

É neste horizonte que se situa o Cristianismo e a
radicalidade de sua pretensão. Ele se anuncia como testemunho da emergência do homem novo, como portador da
consciência da irrupção do *homo revelatus*, do Adão escatológico (Rm 5,12-19; 1Cor 15,44), vale dizer, do homem
finalmente plenificado e totalmente realizado. A fé cristã
apresenta Jesus ressuscitado como Aquele Rejeitado e
Crucificado no qual a utopia se transformou em topia levando
assim a história ao seu fim: o homem n'Ele acabou de nascer

349

na total patência de sua realidade abscôndita. O oprimido herda a vida em plenitude. Daí é que a ressurreição não deve ser interpretada como mera reanimação de um cadáver ou volta à vida que Jesus tinha antes, mas como a total e exaustiva realização das possibilidades latentes no homem, possibilidades de comunhão cósmica com todos os seres, superação de todos os liames que estigmatizam nossa existência terrestre, especialmetne os empobrecidos da história, no processo de gestação e radical união com a divindade e humanização.

O centro da fé cristã reside no testemunho da ressurreição. Ela é o fato decisivo da história, porque aí se revelou o sentido último da vida, especialmente a dos injustiçados. A vida é chamada para a vida e não para a morte, pois este é o desígnio do Criador. Paulo bem o entendeu ao dizer: "Se Cristo não ressuscitou, vã é nossa mensagem, vã é a nossa fé (...) se os mortos não ressuscitam, é melhor então dizer: comamos e bebamos porque amanhã morreremos" (1Cor 15,14-32). Mas "se Cristo ressuscitou... então todos em Cristo reviverão" (1Cor 15,20-22). A fé cristã não testemunha apenas a ressurreição de Cristo, ela afirma também a nossa própria ressurreição: Ele é o primeiro entre muitos irmãos, nós ressuscitaremos com Ele (Rm 8,29; 1Cor 15,20; Cl 1,18).

O Cristianismo não celebra, portanto, a memória de um herói morto, mas a presença perene de um vivo e vivente Jesus ressuscitado, "a nossa esperança" (Cl 1,27). Acertadamente dizia Santo Agostinho: "Cristo realizou aquilo que para nós é ainda esperança. Não vemos o que esperamos. Mas somos o corpo daquela Cabeça na qual se concretizou aquilo que esperamos" (*Sermones* 157,3). Cristo antecipa na história o destino da vida de todos.

A fé cristã possui uma enorme relevância antropológica, porque não afirma apenas a ressurreição de Cristo, anuncia também a ressurreição de toda a vida mortal, especialmente daqueles que sucumbiram pela mesma causa de Jesus. Quando se dará esta ressurreição? A doutrina comum sustentava que a ressurreição se constitui um evento escatológico, isto é, do termo da história. Entretanto, de um estudo mais atento das teologias de Paulo e do evangelista João se depreende que a ressurreição é um evento já presente agora. Quem está unido a Cristo, participa de sua vida ressuscitada; a ressurreição é algo que já está crescendo dentro daquele que vive fiel aos apelos do Mistério ou de Deus; na morte, este dinamismo de vida nova e ressuscitada ganha seu caráter de plenitude: "o Espírito que ressuscitou Jesus dará também vida aos nossos corpos mortais" (1Cor 6,14). A ressurreição se dará no fim do mundo de cada pessoa, isto é, no momento da morte. Esta tese vem sendo sustentada mais e mais por toda uma plêiade de teólogos cristãos. (Para um aprofundamento antropológico e teológico, veja os dois livros do autor, *Vida para além da morte* e *A ressurreição de Cristo a nossa ressurreição na morte*. Petrópolis, Vozes, 1975).

A ressurreição na morte não significa que a identidade material de nosso corpo ressuscita, mas a identidade pessoal. Afora alguns neurônios, no espaço de sete anos, toda a matéria do corpo muda; entretanto, afirmamos que possuímos o mesmo corpo que ganhamos quando nascemos. Há, pois, uma identidade pessoal que permanece, a despeito da perda da identidade material. Esta identidade pessoal que possui uma ligação com o mundo material ressuscita na morte. O homem ganha uma relação nova e uma presença plena no mundo: não abandona o mundo, penetra mais profundamente nele – seu núcleo pessoal alcança a plenitude da vida, isto é, ressuscita. Contudo, esta ressurreição pessoal não é ainda completa, porque, enquanto o próprio cosmo não tiver ainda chegado à sua plenitude, o próprio homem, que pertence ao cosmo, ainda não ressuscitou totalmente.

No termo da vida terrestre o homem deixa atrás de si um cadáver: é como o casulo que permitiu o emergir da crisálida e da borboleta, agora na plenitude da vida. A mensagem antropológica básica do Cristianismo se resume nesta proposição: o não-homem introduzirá o homem novo; o sofrimento (Sexta-Feira Santa) gera a forma suprema de vida ressuscitada (Páscoa), e, por fim, não nascemos para morrer, mas morremos para ressuscitar. Nesta certeza damos sentido à vida e à morte, aguardamos a ressurreição da carne e suspiramos pela vida eterna. Amém.

DO QUINTO EVANGELHO: PROCLAMAÇÃO DE JESUS AOS OPRIMIDOS

Naqueles dias, o Cristo do Corcovado estremeceu e se reanimou. O que era cimento e pedra se fez carne e sangue. Estendeu os braços, querendo abraçar o mundo, abriu a boca e disse:

"Sinto pena de vós, milhões e milhões de irmãos meus mais pequeninos, expulsos das terras, solitários embrenhados nas selvas, amontoados nas periferias, caídos em tantos caminhos sem nenhum samaritano para vos socorrer. Bem-aventurados sois todos vós, pobres, famintos, doentes e desesperados não porque sois virtuosos, mas porque sois oprimidos, vítimas de relações humanas iníquas. O Pai, que é vivo e é doador de vida, vos tem em seu coração e vai inaugurar seu Reino de Vida, de justiça e de liberdade começando por vós. Vossas blasfêmias não são para mim blasfêmias, mas súplicas lancinantes; vosso individualismo não é para mim egoísmo, mas vontade ferrenha de sobreviver. Vossa paixão dolorosa perpetua minha Paixão pelos séculos afora.

Ai de vós, donos do poder, que há quinhentos anos sugais o sangue dos trabalhadores. Vós os reduzistes a combustível barato para vossas máquinas de fabricar riqueza injusta. Até meu santo nome vós usastes para legitimar esta vossa ordem que não traz progresso para o povo. Geração perversa, até quando provocareis a paciência destes meus servos sofredores? O juízo exterminador de Deus, que se realiza ainda dentro da história, pesa sobre vossas empresas. Não será Deus quem vos julgará, mas as vítimas que fizestes. Olhai seus rostos! Guardai-lhes os traços! Elas serão vossos juízes. Só haverá para vós um caminho de salvação: solidarizar-vos com as lutas dos oprimidos que visam pão e liberdade não só para si, mas também para vós e para todos!

Bendita pátria-grande latino-americana! Como quero que sejas no meio de todos os povos, que são igualmente povos de Deus, a expressão de minha hispitalidade, da minha jovialidade, da minha alegria de ser, da minha abertura sem cálculo e da graça humanitária de meu e vosso Pai.

Olhai as matas e os cerrados, a gigantesca Cordilheira e os rios caudalosos, os altiplanos e os vales profundos, os animais selvagens e os pássaros sem conta. Eles são todos vossos irmãos e irmãs. Domesticai vossa ganância. Como meu pai os cuida, cuidai-os também vós porque todos eles serão transfigurados e existirão para sempre junto convosco no meu Reino eterno.

Bem-aventurados sois vós, indígenas ameríndios, minhas primeiras testemunhas nestas terras ridentes. Vossas cidades, vossas pirâmides, vossos longos caminhos, vossos rituais, o sol e a lua que venerastes, são sinais do Deus verdadeiro, do Deus do longe e do perto, do Deus por quem se vive. Não faltará misericórdia pelos sacrifícios humanos que oferecestes. Ai dos que vos subjugaram, dos que destruíram vossa cultura, derrubaram vossos altares, confundiram vossos sábios, impuseram suas doutrinas com a violência da cruz e da espada. Felizes aqueles dentre vós que acreditam na força da semente. Ressuscitarão o povo e reanimarão as culturas para o louvor do Nome Santo de Deus.

Bem-aventurados e mais uma vez bem-aventurados meus irmãos negros, injustamente escravizados. A humilhação histórica que sofrestes vos colocou no coração do Pai celeste. Vós sois o Servo sofredor sempre presente na história, libertando pelo sofrimento, redimindo pelo sangue e salvando pela cruz. Vós mesmos não sabeis o bem imenso que trazeis a todos pela iniqüidade que suportastes, resistindo, sem perder a fé, cantando, dançando e sonhando com a Terra da Promissão. Até o último dia se ouvirá o vosso grito reclamando o vosso justo direito de reconhecimento, de liberdade e de vida plena. Maldita a senzala, maldito o pelourinho, maldita a chibata e maldito o grilhão. Bendito o quilombo, advento de um mundo de fraternidade, sinal do Reino celestial.

Bem-aventurados os que lutam pela terra no campo para nela trabalhar e para fazer do chão a mesa posta para as fomes do mundo inteiro. Felizes os que lutam pela terra na cidade para poderem morar com a dignidade de filhos e filhas de Deus. Maldito o latifúndio que rouba a terra que o Pai destinou para todos e que assassina a meus irmãos posseiros. Em verdade vos digo: ainda nesta vida sereis espoliados. E a pouca terra que vos restará será a campa pesada para o vosso cadáver.

Bem-aventuradas sois vós, mulheres do povo, que resistis contra toda subjugação e que lutais por uma sociedade nova na qual homens e mulheres, juntos, diferentes e iguais, inauguram uma fraterna aliança.

Benditos sois vós, milhões de menores carentes e abandonados, vítimas de uma sociedade de exclusão que o Pai abomina. Ele vos enxugará as lágrimas e vos apertará contra o seu seio porque vos ama com infinito carinho.

Felizes os pastores que servem, humildemente, o povo no meio do povo e com o povo. Ai daqueles que estão de costas ao povo e pretendem falar em meu nome, mas usam o cajado contra as ovelhas e não contra os lobos vorazes. Não os conheço e não testemunharei por eles diante do meu Pai.

Bem-aventuradas as comunidades de base, onde os pobres unem fé e vida e onde meu nome é celebrado. Felizes os movimentos de libertação que, sem falar em mim, assumem a mesma causa pela qual vivi, fui crucificado e ressuscitei: gestar um mundo novo no qual a luz tem mais direito que as trevas e a vida vale mais que os bens materiais.

Bem-aventurados os que buscam novos caminhos para a sobrevivência; eu vos asseguro que estarei convosco e me achareis. Bem-aventurados os que esperam entre lágrimas porque seus olhos verão o sol da justiça raiar. Bem-aventurados os que guardam a boa-vontade, alimentam o fogo interior e sabem acreditar no sonho de um mundo novo. Felizes os que fizeram todo o possível e ensaiaram antecipar um pouco do impossível.

Em verdade, em verdade, vos digo: sois verdadeiramente felizes porque sois todos filhos da alegria e já estais no caminho do Reino de Deus que ajudais a construir".

GLOSSÁRIO

A FORTIORI: expressão latina para dizer: com muito mais razão. Ex.: todo homem deve ser justo, *a fortiori* (com muito mais razão) um padre.

AB OVO: a partir do ovo; expressão para dizer: a partir do nada.

ANTE ET RETRO OCULATA: munida de um olho à frente e outro atrás; diz-se da teologia que, com um olho, olha para o passado onde Deus se manifestou e, com o outro, olha o presente onde Deus continua se revelando.

ANTIGO TESTAMENTO: conjunto dos 46 livros aceitos pelos judeus e pelos cristãos como revelação divina, constituindo a primeira aliança (daí testamento) que Deus fez com os homens. Juntamente com os livros do Novo Testamento perfaz o livro da Bíblia.

ASCESE: palavra de origem grega que quer dizer exercício, treino; na linguagem religiosa significa o exercício da moderação sobre todas as paixões humanas em vista do autodomínio e da conquista das virtudes.

BÁCULO: bastão comprido com a extremidade superior curva, encerrando uma cruz, como expressão da função do bispo, que é a de ser pastor dos fiéis.

CANÔNICO: vem de *canôn* que significa norma ou medida oficial com a qual se medem e se julgam as demais medidas. Assim se diz que os livros da Bíblia são canônicos porque eles julgam todos os demais livros religiosos.

CANTUS FIRMUS: literalmente significa o canto firme, vale dizer, a melodia dominante ou o tema de uma composição musical.

CATECISMO: exposição sistemática da fé cristã para o ensino oficial dos fiéis. Existe o catecismo infantil, para os jovens e para os adultos.

CATEQUESE: vem de catecismo; é a atividade de transmitir, fazer comprensível e vivenciável a mensagem cristã sobre o homem, o mundo e Deus.

COMUNIDADE ECLESIAL DE BASE: reunião de cristãos leigos (cerca de 20-35 pessoas) para meditarem a Bíblia e juntos trabalharem na solução de seus problemas. As comunidades começaram a se formar a partir da década de 1960; hoje existem cerca de 150.000.

CONFIRMAÇÃO: sacramento católico, também chamado de crisma; exprime o caráter adulto da fé.

CONTEMPLATIVUS IN LIBERATIONE: contemplativo na libertação; é o desafio dos cristãos latino-americanos de estarem empenhados na libertação com os oprimidos e simultaneamente unidos a Deus dentro deste mesmo empenho.

CREDO: fórmula concisa e oficial que expressa a fé de toda uma comunidade. O credo da Igreja Católica, recitado em cada domingo, data de 325, exarado no Concílio de Nicéia.

DICASTÉRIO: organismo do governo central da Igreja; existem 12 dicastérios ou congregações, espécie de ministério, cujo conjunto se chama cúria romana.

DIVISÃO ECLESIÁSTICA DO TRABALHO: termo tirado da sociologia para expressar as várias especializações na área do trabalho. Na Igreja também existem trabalhos especializados: o clero que governa, ensina e celebra; os religiosos que vivem mais radicalmente a fé e se organizam em comunidades (conventos, mosteiros, casas religiosas); e os leigos que são os cristãos apenas batizados e casados participando de tudo menos nas decisões da Igreja.

DOGMA: expressão grega que quer dizer: a opinião certa. Em teologia dogma é uma verdade revelada por Deus e proposta como tal pela Igreja, dentro de uma definição bem específica, para ser crida por todos os cristãos.

ECLESIAL: tudo o quanto é considerada como uma realidade divina ou como comunidade dos fiéis. Uma realidade eclesial são os sacramentos, a presença de Cristo no grupo que se reúne para rezar.

ECLESIÁSTICO: é tudo o que se refere ao aparelho de governo da Igeja ou que possui um caráter histórico, como por exemplo o celibato dos padres, a língua latina nas celebrações.

ECLESIOGÊNESE: gênese de uma Igreja; palavra criada no Brasil para expressar a novidade das Comunidades Eclesiais de Base; é o título de um livro de Leonardo Boff, traduzido para vários idiomas que já adotaram a palavra.

ECUMENISMO: vem de *ecuméne*, palavra grega para expressar o espaço unificado pela mesma cultura, religião e língua. Em sentido moderno se entende o conjunto dos esforços de ordem teológica, pastoral e prática visando a unificação e a unidade de todos os cristãos.

ÉON: expressão grega, freqüente no Novo Testamento, para expressar este mundo presente, pervadido ainda de toda sorte de ambigüidades, como opressão, liberdade, pecado e graça.

EPISTEMOLOGIA: palavra derivada do grego *epistéme* que quer dizer conhecimento. A epistemologia é a disciplina filosófica que examina a natureza e a validade do conhecimento humano.

ESCATOLOGIA: palavra de derivação grega que significa a doutrina das útlimas realidades que vão acontecer ao homem e ao cosmo: a morte, o juízo, o inferno, o paraíso, a ressurreição universal e a irrupção do novo céu e da nova terra.

ETHOS: palavra grega que quer dizer costume, uso com referência aos valores de uma sociedade. Quando dizemos "o *ethos* de uma sociedade" queremos expressar a atitude moral básica que informa os vários comportamentos.

EVANGELHO: palavra grega que significa boa-notícia. É a mensagem pregada por Jesus, do Reino de Deus; esta mensagem é testemunhada por quatro livros que são as quatro versões do Evangelho segundo S. Mateus, S. Marcos, S. Lucas e S. João.

EVANGELII NUNTIANDI: o Evangelho que deve ser anunciado; exortação apostólica do Papa Paulo VI, de 1975, sobre a Evangelização no mundo contemporâneo. Estima-se que é um dos mais belos documentos de todo o Magistério pontifício.

EX OPERE OPERATO: expressão técnica da teologia dos sacramentos. O rito sagrado produz seu efeito divino no mo mento em que é feito, desde que a pessoa esteja preparada em sua consciência.

FARISEU: palavra hebraica que significa: separado de toda impureza; grupo religioso do tempo de Cristo que se caracterizava por uma observância estrita das leis sagradas. Jesus condenou seu legalismo que os levava a não ter misericórdia para com os fracos e pecadores.

GAUDIUM ET SPES: Alegria e Esperança; com estas palavras inicia-se um dos mais importantes documentos do Concílio Vaticano II que aborda a questão da Igreja dentro do mundo moderno (1965).

GRAÇA: literalmente significa beleza, simpatia, charme. Em sentido teológico, graça significa a comunicação do amor de Deus aos homens que tem como efeito a beleza e a bondade da vida humana.

HERMENÊUTICA: em grego significa interpretação. É a ciência dos métodos de bem interpretar textos, especialmente os textos sagrados das Escrituras cristãs.

HIERARQUIA: é o conjunto dos membros encarregados da condução da Igreja: Papa, arcebispos, bispos diocesanos, bispos auxiliares, padres (cônegos, monsenhores, simples padres), diáconos.

IDEOLOGIA: conjunto de justificativas que visam ou legitimar uma certa prática social de um grupo ou ocultar interesse escusos que conflitam com os interesses comuns. Quando se faz de forma inconscientes surge a alienação ou a ilusão; quando de forma consciente, a perversão intencionada.

JESUS HISTÓRICO: é o Jesus de Nazaré, homem profético que andou pela Palestina pregando o Reino de Deus. Enquanto homem, Jesus é objeto do estudo dos historiadores. O Cristo da fé é o mesmo Jesus histórico mas agora crido pelos apóstolos e seguidores como Filho de Deus encarnado em nossa pobreza.

LAICATO: vem de leigo, que é o membro da Igreja, feito pela fé e pelo batismo. Sua característica principal é viver sua fé no mundo fora dos quadros de governo da Igreja oficial.

LEVIATÃ: nome de um monstro mitológico, conhecido pelo Antigo Testamento como a personificação de todas as forças malévolas (em forma de serpente ou dragão). Desde Hobbes é referido ao Estado totalitário.

LIBERTAÇÃO INTEGRAL: palavra-chave na assim chamada Teologia da Libertação. No processo de libertação das opressões históricas de ordem econômica, política, cultural e religiosa não se deve estancar em nenhuma libertação que se fecha em si mesma, mas abrir-se a outras, visando uma libertação total e integral do homem todo e de todos os homens.

LITURGIA: a disciplina teológica que trata da história e da organização do culto divino (missa, sacramentos, enterro etc.). Etimologicamente significa em grego toda função exercida em nome do povo ou do Estado.

MAGISTÉRIO: exercício da função de ensinar oficialmente as verdades da fé cristã. Esta função em seu aspecto oficial pertence ao Papa, aos Concílios (reunião de todos os bispos com o Papa) e aos bispos tomados individualmente. Os padres participam também quando pregam e os leigos são incluídos, mas não de forma oficial.

MATER ET MAGISTRA: Mãe e Mestra, encíclica do Papa João XXIII, de 1961, acerca da evolução recente da questão social.

MEDELLÍN: cidade da Colômbia, na província de Antioquia. Lá se celebrou, em 1968, a II conferência Geral do Epsicopado Latino-americano e se definiu a linha de uma presença libertadora da Igreja dentro de nossa sociedade.

METAFÍSICA: conjunto sistemático do pensamento filosófico que procura discernir os fundamentos últimos de toda a realidade que, como o nome sugere, ficam num âmbito para além do físico. A metafísica se ocupa do ser enquanto ser, ou do homem como aquela realidade que pergunta pelo ser e o alberga em sua própria existência.

MÍSTICA: vem da palavra mistério e quer expressar o conhecimento intuitivo e experimental do mistério de Deus. Em sentido translato, significa uma idéia poderosa capaz de mover a ação até a atos heróicos.

MITRA: barrete cônico fendido ao meio que os bispos usam em missas pontificiais.

MONOFISITISMO: heresia ou doutrina errônea que sustenta haver em Jesus apenas uma natureza, seja a divina, seja a humana. A doutrina cristã ortodoxa afirma que em Jesus coexistem as duas naturezas divina e humana.

NOVO TESTAMENTO: conjunto de 27 livros aceitos exclusivamente pelos cristãos como expressão da nova aliança (daí novo testamento) de Deus feita em Jesus Cristo. É composto pelos evangelhos, os atos dos apóstolos, as epístolas de S. Paulo, as epístolas católicas e o Apocalipse.

OCTOGESIMA ADVENIENS: exortação apostólica do Papa Paulo VI, publicada em 1971, por ocasião dos 80 anos da encíclica de Leão XIII, *Rerum Novarum*, de 1891.

ONTOLOGIA: etimologicamente, significa a reflexão sobre o ente ou o ser e, neste sentido, é sinônimo de metafísica. Atualmente distingue-se o ôntico do onto lógico. Ôntico é o ser em si mesmo ainda não pensado pelo espírito; ontológico é o ser em sua relação com o espírito, apreendido e dilucidado por ele.

PACEM IN TERRIS: A paz dos povos, encíclica do Papa João XXIII, de 1963, sobre as relações entre os povos.

PASTORAL: vem de pastor, título dado a Jesus Cristo, o Bom Pastor, e aos que na Igreja são encarregados da cura de almas, com o Papa, os bispos, os padres e os agentes ou coordenadores leigos nas Comunidades Eclesiais de Base; pela pastoral se procura fazer viver a fé dentro dos desafios próprios de nosso mundo, da família, da profissão, das classes e dos sistemas econômicos.

PERICÓRESE: ou circumincessão ou circuminsessão: expressão grega que, tomada literalmente, significa uma pessoa conter as outras duas ou as três pessoas se interpenetrarem reciprocamente. É uma expressão para designar a estrutura de comunhão entre as Pessoas divinas; o adjetivo *pericorético* quer designar o caráter de igualdade e reciprocidade total entre as Pessoas e em Deus.

PHILOSOPHIA PRIMA: expressão latina que se traduz como filosofia primeira. Aristóteles usou esta expressão para designar a metafísica, a busca dos últimos fundamentos de toda e qualquer realidade.

POPULORUM PROGRESSIO: Desenvolvimento dos povos, célebre encíclica do Papa Paulo VI, de 1967, que trata do progresso integral e solidário de todo homem e do homem todo.

PRELAZIA: circunscrição eclesiástica presidida por um bispo, mas que não possui ainda total autonomia e plena jurisdição, o que constituiria então uma diocese.

PROPAGANDA FIDE: Propagação da Fé: instituição pontifícia que tem a cargo todas as missões da Igreja Católica, fundada em 1624.

PUEBLA: cidade do México, lugar da III Conferência Geral do Episcopado Latino-Americano para tratar da Evangelização no presente e no futuro da América Latina. Realizou-se em janeiro-fevereiro de 1979 e confirmou, aprofundando, a linha de Medellín, especialmente com a opção preferencial pelos pobres e por sua libertação.

REVELAÇÃO: conjunto das comunicações que Deus livremente fez aos homens dentro da história em vista da salvação de todos. Os cristãos professam que a culminância da revelação divina se deu em Jesus Cristo porque Ele era o próprio Filho eterno de Deus em condição humana.

RICO EPULÃO E POBRE LÁZARO: duas figuras da parábola de Jesus narrada no evange-

lho de S. Lucas (16,19-31) onde se conta a sorte diversa da pessoa avarenta e do pobre: um no inferno e outro no céu.

SACRAMENTOS: os sete ritos principais da Igreja Católica pelos quais cremos receber uma especial graça de Cristo, assim o batismo, a crisma, a eucaristia, o matrimônio, a ordem sacerdotal, a penitência e a unção dos enfermos.

SECULARISMO: a ideologia que sustenta ser o mundo (*saeculum* em latim) a única realidade; tudo começa e se encerra no mundo, deslegitimando qualquer afirmação religiosa; pode ser tomado também como ateísmo, ou agnosticismo.

SENSUS FIDELIUM: o sentir dos fiéis. Em coisas religiosas o povo sente a verdade de Deus, embora não consiga expressá-la de uma maneira teórica, como o fazem os teólogos. Apesar disto possui grande valor e deve ser respeitado pelos pastores.

TEOLOGIA: a disciplina que estuda Deus como a Suprema

Realidade e o Sentido Absoluto do homem e do cosmo. Estuda também todas as coisas enquanto estão relacionadas a Deus.

– *natural*: estudo sobre Deus na medida em que é acessível apenas com o esforço da razão natural sem referência a alguma revelação;

– *patrística*: a reflexão sobre Deus feita pelos escritores cristãos dos primeiros oito séculos, os Padres;

– *escolástica*: a teologia elaborada de forma sistemática pelos grandes gênios dos sécs. XIII e XIV, especialmente por Sto. Tomás de Aquino, S. Boaventura e Duns Escoto com suas *Sumas Teológicas*;

– neo-escolástica: é a volta à teologia dos mestres medievais, propiciada por Leão XIII no final do século XIX até o Vaticano II (1965);

– *clássica*: normalmente se entendem as grandes sínteses conceptuais elaboradas pelos mestres medievais, como Sto. Tomás e S. Boaventura, Duns Escoto e Suárez, do século XVI.

TEOLOGISMO: ideologia que afirma entender e explicar todos os problemas apenas com o recurso da teologia, tornando supérfluas ou irrelevantes as demais ciências.

VADE-MÉCUM: "vai comigo", expressão latina para significar um manual ou um receituário que a pessoa sempre traz consigo (livrinho de missa, de orações, livro médico, jurídico etc.).

VATICANO II: XXI Concílio Ecumênico da Igreja Católica. Concílio Ecumênico é a reunião de todos os bispos para discutirem os problemas que interessam à fé cristã. O primeiro Concílio Vaticano foi em 1869-1870. O segundo foi de 1962 a 1965, sob João XXIII e Paulo VI.

VOCAÇÃO RELIGIOSA: é o chamado que um cristão sente para seguir um caminho mais exigente e sério no seguimento de Jesus e do seu Evangelho. A pessoa então normalmente se faz padre, frade, freira e passa a viver numa comunidade religiosa, emitindo, normalmente, os votos de pobreza, obediência e castidade.

SEDE
PETRÓPOLIS, RJ
Internet: http://www.vozes.com.br
(25689-900) Rua Frei Luís, 100
Caixa Postal 90023
Tel.: (024) 237-5112
Fax: (024) 231-4676
E-mail: vendas@vozes.com.br

UNIDADE DE VENDA NO EXTERIOR
PORTUGAL
Av. Miguel Bombarda, 21 A – Esquina República
1050 – Lisboa
Tel.: (00351.1) 355-1127
Fax: (00351.1) 355-1128
E-mail: vozes@mail.telepac.pt

UNIDADES DE VENDA NO BRASIL

APARECIDA, SP
Varejo
(12570-000) Centro de Apoio aos Romeiros
Setor "A", Asa "Oeste"
Rua 02 e 03 – lojas 111/112 e 113/114
Tel.: (012) 564-1117
Fax: (012) 564-1118

BELO HORIZONTE, MG
Atacado e varejo
(30130-170) Rua Sergipe, 120 – loja 1
Tel.: (031) 226-9010 – atacado
(031) 222-7797 – varejo
Fax: (031) 226-9269
Varejo
(30190-060) Rua Tupis, 114
Tel.: (031) 273-2538
Fax: (031) 222-4482

BRASÍLIA, DF
Atacado e varejo
(70730-516) SCLR/Norte, Q 704, Bl. A, nº 15
Tel.: (061) 223-2436
Fax: (061) 223-2282

CAMPINAS, SP
Varejo
(13015-002) Rua Br. de Jaguara, 1164
Tel.: (019) 231-1323
Fax: (019) 234-9316

CUIABÁ, MT
Atacado e varejo
(78045-750) Rua Marechal Floriano, 611 – sl. 2
Tel.: (065) 623-5307
Fax: (065) 623-5186

CURITIBA, PR
Atacado
(80060-130) Rua Francisco Torres, 733 – Centro
Tel.: (041) 264-9112
Fax: (041) 264-9695
Varejo
(80020-000) Rua Voluntários da Pátria, 41 – loja 39
Tel.: (041) 233-1392
Fax: (041) 233-1570

FLORIANÓPOLIS, SC
Atacado e varejo
(88015-100) Rua Osmar Cunha, 183 – loja 15
Centro
Telefax: (048) 222-4112

FORTALEZA, CE
Atacado e varejo
(60025-100) Rua Major Facundo, 730
Tel.: (085) 231-9321
Fax: (085) 221-4238

GOIÂNIA, GO
Atacado e varejo
(74023-010) Rua 3, nº 291
Tel.: (062) 225-3077
Fax: (062) 225-3994

JUIZ DE FORA, MG
Atacado e varejo
(36010-041) Rua Espírito Santo, 963
Tel.: (032) 215-9050
Fax: (032) 215-8061

LONDRINA, PR
Varejo
(86010-390) Rua Piauí, 72 – loja 1
Tel.: (043) 337-3129
Fax: (043) 325-7167

MANAUS, AM
Varejo
(69010-230) Rua Costa Azevedo, 91 – Centro
Telefax: (092) 233-0154

PORTO ALEGRE, RS
Atacado
(90035-000) Rua Ramiro Barcelos, 386
Tel.: (051) 225-4879
Fax: (051) 225-4977
Varejo
(90010-273) Rua Riachuelo, 1280
Tel.: (051) 226-3911
Fax: (051) 226-3710

RECIFE, PE
Atacado e varejo
(50050-410) Rua do Príncipe, 482
Tel.: (081) 423-4100
Fax: (081) 423-7575
Varejo
(50010-120) Rua Frei Caneca, 12, 16 e 1
Bairro Santo Antônio

RIO DE JANEIRO, RJ
Atacado
(22280-060) Rua Elvira Machado, 5 – Botafogo
Tel.: (021) 295-1224
Fax: (021) 543-3621
Varejo
(20031-201) Rua Senador Dantas, 118-I
Tel.: (021) 220-8546
Fax: (021) 220-6445

SALVADOR, BA
Atacado e varejo
(40060-410) Rua Carlos Gomes, 698-A
Tel.: (071) 329-5466
Fax: (071) 329-4749

SÃO LUÍS, MA
Varejo
(65010-440) Rua da Palma, 502 – Centro
Tel.: (098) 221-5557, ramal 32
Fax: (098) 231-0641

SÃO PAULO, SP
Atacado
Rua dos Parecis, 74 – Cambuci
01527-030 – São Paulo, SP
Telefax: (011) 277-6266
Varejo
(01006-000) Rua Senador Feijó, 168
Tel.: (011) 3105-7144
Fax: (011) 3107-7948
Varejo
(01414-000) Rua Haddock Lobo, 360
Tel.: (011) 256-0611
Fax: (011) 258-2841
Varejo (PUC/SP)
(05014-001) Rua Monte Alegre, 984 – 1º andar
Perdizes
Telefax: (011) 864-1670
Tel.: (011) 3670-8194

COLE

DOBRE AQUI ▼

❖ CADASTRO VOZES

A VOZES quer conhecer melhor você. Por essa razão, gostaríamos muito que preenchesse e nos enviasse o cadastro abaixo. Você estará nos ajudando a atendê-lo com maior eficiência.

Nome: _____
Sexo: ___ Data de nascimento: ___/___/___ Escolaridade: _____ Profissão: _____
Endereço: _____
Bairro: _____ Cidade: _____
CEP: _____ Estado: _____ Tel.: (_____) _____
Fax: (_____) _____ E-Mail: _____
CPF/CGC: _____

✂ RECORTE AQUI

Áreas de interesse:

CULTURAL

- ☐ 60. Administração e Economia
- ☐ 61. Antropologia
- ☐ 62. Comunicação
- ☐ 63. Culinária
- ☐ 65. Filosofia
- ☐ 66. História e Geografia
- ☐ 104. Infanto-Juvenis
- ☐ 67. Letras e Literatura
- ☐ 68. Pedagogia e Educação
- ☐ 69. Política e Sociologia
- ☐ 70. Psicologia, Psicanálise e Logoterapia
- ☐ 71. Serviço Social, Saúde e Trabalho

RELIGIOSA

- ☐ 103. Anjos
- ☐ 80. Catequese e Ensino Religioso
- ☐ 81. Documentos da Igreja
- ☐ 82. Espiritualidade e vida, Auto-ajuda
- ☐ 83. Franciscanismo
- ☐ 84. Liturgia e Devocionários
- ☐ 106. Mariologia
- ☐ 85. Pastoral sacramental, familiar e social
- ☐ 107. Religião
- ☐ 86. Sagrada Escritura - Textos e comentários
- ☐ 105. Santos
- ☐ 87. Teologia, Moral e Igreja

☐ Outras (especificar): _____
_____

Onde você usualmente compra livros?

☐ Livrarias   ☐ Feiras e Eventos   ☐ Mala Direta

O que você leva mais em conta na hora de adquirir um livro?

☐ Autor   ☐ Editora   ☐ Capa   ☐ Preço   ☐ Propaganda   ☐ Recomendação de terceiros

Sugestões: _____
_____

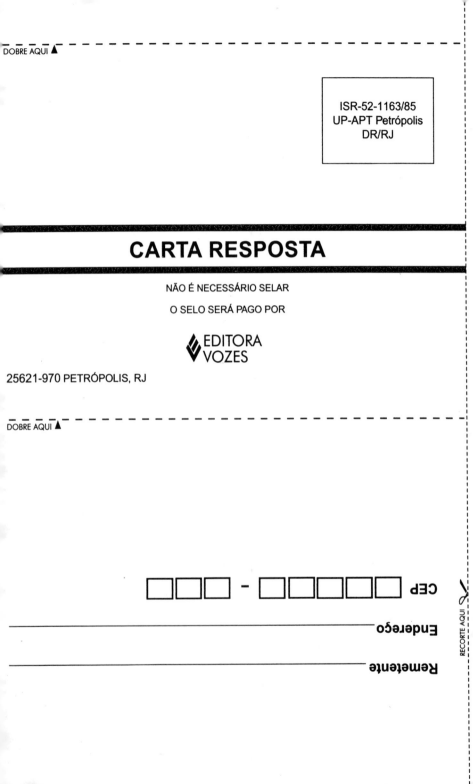